KB188874

서구 문화는 예수님의 가르침과 도에 점점 적대적으로 변하고 있다. 내 평생 타협하라는 압박이 이토록 심한 적은 없었다. 하나님 나라에서 사는 삶에 관한 예수님의 매력적인 비전을 버리라는 요구가 전에 없이 거세다. 참으로 정확한 타이밍에 등장한 책이다. 우리 세대의 깨어 있는 리더가 발하는 목회적 외침인 동시에 선지자적 외침이다. 이 책을 읽고 나서 삶에 대한 세상의 비전보다 예수님의 비전을 믿기로 결단했다.
존 마크 코머 브리지타운교회(Bridgetown Church) 목사

존 타이슨은 열매를 풍성하게 맺는, 우리 세대의 선지자적 목소리다. 나는 뉴욕에서 지내기 시작한 뒤로 10년 넘게 성도로서 존 타이슨 목사와 함께했다. 이 책은 시의적절하고도 설득력 넘치는 비전을 선포하고 있다. 그의 글은 예리한 통찰로 가득하며 또한 명료하다. 책을 읽다가 몇 번이나 자리에서 일어나 "옳습니다!"라고 외치고 싶었다. 이 책은 희생과 사랑을 통해 신앙을 강화하라고 교회들을 부르는 외침이다.
레베카 라이언스 *Rhythms of Renewal*(회복의 리듬) 저자

하나님 나라의 아름다움에 관한 글을 쓰고 예수님의 도가 어떻게 이 세상 나라보다 더 좋고 강한지 이야기하는 것도 좋다. 하지만 정말로 그렇게 사는 일은 완전히 다른 문제다. 존 타이슨은 그렇게 살고 있다. 그의 글과 설교가 보기 드물게 강력한 확신을 뿜어내는 것은 예수님의 말씀과 도가 이 세상이 주는 그 어떤 것보다도 낫다고 진정으로 믿는 사람에게서 나온 것이기 때문이다. 디트리히 본회퍼는 하늘나라 아름다움이 이 땅의 매력보다 훨씬 낫다는 사실을 알았다. 이 책을 다 읽고 나면 본회퍼 같은 이들의 무리에 합류하고 싶은 마음이 불같이 일어날 것이다.
브라이언 로리츠 *The Dad Difference*(아버지가 달라지다) 저자

존은 타협 없이 담대하게 살라고 촉구하며, 그렇게 살기 위한 실질적인 도구를 제공한다. 예리하고 도발적이며 대담하다. 평생 마음에 새길 메시지!
스캇 해리슨 채리티워터(charity: water) 창립자

나는 존이 뉴욕 한복판에서 불굴의 메시지를 몸소 실천하며 사는 모습을 목도했다. 그는 번성하는 공동체를 이끌고, 그의 자녀들을 예수님의 제자로 키우며, 전 세계 교회가 철저하게 복음에 헌신하도록 영향력을 끼치고 있다. 존만큼 내 심령을 깊이 울린 사람은 손에 꼽는다. 저녁 식탁에서 그와 마주 앉아 하나님의 역사하심을 나눌 때나 그가 쓴 글을 읽을 때나 그의 설교를 들을 때마다 무슨 대가를 치르더라도 예수님을 따르겠다는 결단이 내 마음속에 다시 살아난다. 이 책에서 그가 전하는 메시지는 바로 지금 시대에 꼭 필요한 것이다. 제자들의 삶에 나타나는 예수님의 아름다우심을 간절히 보고 싶어 하는 세상 문화 속에서, 존은 어디에서도 볼 수 없는 놀라운 필력으로 진정한 제자의 삶이 무엇인지를 그려 냈다.

배닝 립스처 《지저스 컬처》(Jesus Culture) 저자

오랜만에 더없이 설득력 있고 대담한 책을 만났다. '선지자적 공동체'라는 교회에 관한 존의 급진적이고 명쾌한 비전이 마음에 든다. 이 책은 믿음의 메시지대로 살고, 몸담은 도시를 사랑하며, 열정과 지성으로 주님을 섬기는 사람의 폐부에서 나오는 우리 모두를 향한 경종이다. 그의 열정과 지성은 곧 많은 사람에게 옮아 갈 것이다.

피트 그레이그 24-7프레이어인터내셔널(24-7 Prayer International) 설립자

모든 세대에서 교회는 우리의 삶과 공동체를 파괴하는 강력한 영적·문화적 힘들에 저항해야 한다. 안타깝게도, 저항을 가능하게 하는 깊이 있는 삶이 실종되고 있으며, 그 결과, 우리는 온갖 힘에 굴복하고 있다. 하지만 이 상태로 계속 갈 필요는 없다. 존 타이슨은 매력적인 저항의 비전을 제시한다. 그것은 두려움이 아니라 기쁨의 길이다. 이 놀라운 책에 감사한다.

리치 빌로다스 뉴라이프펠로십교회(New Life Fellowship) 담임목사

그리스도의 몸은 수 세기 동안 여러 시기에 걸쳐 흥망성쇠를 겪었다. 현재 우리는 삶의 모든 영역이 눈앞에서 순식간에 변하는 시대에서 살고 있다. 극도로 분열되고, 어떤 면에서는 정신을 차리기가 힘들다. 이 책에서 존 타이슨은 우리 시대를 정확히 파악하고 나아갈 길을 분명히 제시하고 있다. 이 책에 담긴 글과 진리, 개념들은 한 걸음 뒤로 물러나 우리가 살고 있는 시대를 더 잘 이해할 수 있게 해 준다. 또한 세상을 단순히 관찰만 하는 것이 아니라, 예수님의 도를 따라 세상에 참여할 수 있게 이끈다. 이 시대에 나아갈 길과 번영할 전술들을 알려 주는 책이다.

에릭 존슨 베델교회(Bethel Church) 목사

시대마다 교회는 다양한 도전을 받았다. 그 도전 속에서 교회는 타협과 강압의 가시밭을 뚫고 하늘의 소명을 살아 내야 한다. 감사하게도 이 책은 타협의 시대 속에서 예수님의 더 나은 길을 보여 주고 확신 넘치는 교회라는 희망적인 비전을 제시함으로써 이 도전을 감당할 길을 열어 준다.

마크 세이어즈 호주 레드교회(Red Church) 담임목사

깊은 사랑과 희생적인 돌봄으로
교회가 아찔할 만큼 아름다운 곳일 수 있음을
내게 보여 준 다이앤 코브에게 이 책을 바칩니다.

선한 능력, 아름다운 저항

지은이 | 존 타이슨
옮긴이 | 정성묵
초판 발행 | 2022. 12. 21
등록번호 | 제1988-000080호
등록된 곳 | 서울특별시 용산구 서빙고로65길 38
발행처 | 사단법인 두란노서원
영업부 | 2078-3333 FAX | 080-749-3705
출판부 | 2078-3332

책값은 뒤표지에 있습니다.
ISBN 978-89-531-4362-3 03230

독자의 의견을 기다립니다.
tpress@duranno.com   www.duranno.com

두란노서원은 바울 사도가 3차 전도 여행 때 에베소에서 성령 받은 제자들을 따로 세워 하나님의 말씀으로 양육
하던 장소입니다. 사도행전 19장 8-20절의 정신에 따라 첫째 목회자를 돕는 사역과 평신도를 훈련시키는 사역,
둘째 세계선교™와 문서선교단행본·잡지 사역, 셋째 예수문화 및 경배와 찬양 사역, 그리고 가정·상담 사역 등을 감
당하고 있습니다. 1980년 12월 22일에 창립된 두란노서원은 주님 오실 때까지 이 사역들을 계속할 것입니다.

선한 능력,   아름다운 저항

혼돈과 타협의 세상에서
마음과 영혼을 지키는 길

존 타이슨 지음 | 정성묵 옮김

Beautiful
RESISTANCE

두란노

그것은 이제 교회를 통하여
하늘에 있는 통치자들과 권세자들에게
하나님의 갖가지 지혜를 알리시려는 것입니다.
에베소서 3장 10절, 새번역

contents

'타협의 안락'과

'세상을 거스르는 영광'
사이에서

이른 아침이다. 나는 밤길을 운전한 뒤 커피를 마시며 졸음을 쫓아내려 애쓰고 있다. 이곳은 폴란드. 이곳 언어를 몰라 거리 표지판을 알아볼 수가 없다. 제대로 가고 있는 걸까? 나는 5년 전 어느 책에서 읽은 뒤로 내 머릿속을 떠나지 않던 한 장소를 찾아가고 있다. 바로 디트리히 본회퍼의 삶에서 중요한 의미를 지닌 곳.

오데르강 동편을 따라 차를 몰았다. 공기는 따스하고 주변 강가는 조용했다. 별다르게 눈에 띄는 것은 없었다. 내가 찾고 있는 그 장소에 있을 법한 역사 유적지 같은 건 전혀 보이지 않았다.

그러다 마침내, 무언가 보였다. 강둑 너머 작은 언덕.

나는 긴장과 설렘으로 차를 대고 걸어서 올라갔다. 언덕을 오르다 빈 터에 서니 예상대로 강을 따라 핑켄발데라는 곳이 내려다보였고, 좀 더 오르니 옛 독일 비행장이 한눈에 들어왔다. 약 80년 전 이 언덕에서 이루어진 대화 한 토막이 '그리스도'와 '세상 문화' 둘 중 무엇이 우리 세대를 지배할지 촉각을 곤두세우고 있는 (나 같은) 사람들의 마음을 여전히 울리고 있다.

핑켄발데에서 일어난 새로운 바람

디트리히 본회퍼는 20세기에서도 손꼽히게 모범이 되는 예수님의 제자였다. 교회의 부끄러운 실패가 한창일 때도 그리스도께 충성을 다한 그의 모습은 그의 짧은 생이 끝나고 나서도 오랫동안 크게 울리는 증언이 되었다.

그는 여행을 다니면서 로마가톨릭 교회를 접했고, 당대 주요한 개신교 신학자들과 관계를 맺으면서 교회의 아름다움과 능력에 끌렸다. 스물한 살의 나이에 신학박사 학위를 받았고, 그 이후 히틀러와 타락한 독일 교회에 대한 저항을 이끄는 주요 인물로 커나갔다.

1933년, 독일에서 나치의 위협이 거세졌을 때 나치의 힘 앞에 무릎을 꿇은 교회의 모습에 많은 이들이 우려를 감추지 못했다. 교회는 그리스도께 다할 충성을 히틀러 총통에게 맹세하며 나치 독일제국에 동조했다. 본회퍼 전문가 게일론 바커는 이렇게 말했다. "히틀러는 단순히 독일을 정치적으로만 지배하고 싶어 한 게 아니었다. 그는 시민들의 마음과 영혼을 통제하고 싶어 했다. 따라서 매우 근본적 차원에서 이것은 정치 투쟁인 만큼이나 종교 전투였다."[1] 결국 이는 교회사의 암흑기로 이어졌다. 당시 600만 명 이상의 유태인이 목숨을 잃었다.

많은 이들이 방관하는 사이 나치의 교회 장악은 가속화되었다. 나치의 지지를 등에 업은 무리는 독일복음주의교회[독일에 있는 개신교회 연합 조직]를 장악할 때 아리아인이 아닌 성직자들을 모두 배제시키고, 전례를 독일식으로 바꾸며, 심지어 성경에서 구약을 빼려고 했다.

고백교회[Bekennende Kirche; 1930년대에 독일에서 히틀러의 나치화에 대항한 교회. 권력의 박해에 굴하지 않고 바른 신앙을 담대하게 고백하는 데서 깊은 의의를 찾았다]의 설립으로 이어진 1934년 총회에서 본회퍼는 '바르멘 선언'에 서명했다. 이 선언문은 칼 바르트를 주축으로 작성되었고, 교회는 국가 기관이 아니며 그리스도께 충성해야 한다고 선포했다.

고백교회는 독일 목사들의 나약함과 '그리스도께 순종하고 당시 체제에 저항할' 준비가 전혀 되어 있지 않은 그들의 모습을 보면서 더 강한 훈련이 필요하다고 느꼈다. 1935년, 본회퍼는 정통 신앙을 올바른 행동과 결합시키기 위한 지하 신학교를 세울 책임을 받아들였다. 그의 비전은 산상수훈에서 발견한 예수님의 가치 체계에 따라 사는 공동체를 세우는 것이었다.

하나님의 섭리에 따라 슈테틴 근처에 있는 핑켄발데라는 시골 마을에 있는 큼지막한 빈집을 신학교로 사용할 수 있게 되었다. 원래는 폰 카테 가문의 저택이었던 그곳에서 신학 공부와 공동생활이 시작되었다. 기도, 성경 공부, 죄 고백, 나눔 등의 리듬을 중심으로 신학교 생활이 이루어졌다. 이 신학교의 비전은 본회퍼의 유명한 저작인 《성도의 공동생활》(Life Together)과 《나를 따르라》(The Cost of Discipleship)에 잘 나타나 있다.

신학교 학생들에게 이곳은 지옥의 한복판에서 천국으로 가는 문이었다. 본회퍼는 이 시절 이런 글을 남겼다. "다른 신자들의 존재는 신자에게 비할 데 없는 기쁨과 힘의 근원이다."[2] 이 신학교 공동생활의 일상적인 리듬은 '어떤 대가가 따르더라도 예수님께 충성하는 제자, 나치 독일제국이 아닌 그리스도의 천년 통치를 믿는 제자'라는 비전에 따라 이루어졌다. 그리고 이 확고한 비전은 지하 신학교가 문을 닫은 뒤 스무 명 이상의 학생들이 게슈타포 〔나치 비밀국가경찰〕에게 체포되면서 마침내 시험대에 오르게 된다.

이것이 저것보다 강해야 한다

본회퍼의 벗들은 본회퍼의 설교문을 읽고 핑켄발데 지하 신학교의 제자도 강도가 세다는 소식을 들었다. 의문이 생기기 시작했다. '이 정도 강도의 영적 형성이 과연 필요한가? 이러다 핑켄발데가 불에 타 사라지는 것 아닐까? 그들이 신뢰를 잃고 국가 지도부에 극단적 집단으로 낙인찍히는 거 아닐까?'

빌헬름 니젤이라는 젊은 역사학자는 본회퍼의 강연을 듣고는 "지나친 영성주의를 의심"하며 베를린에서부터 본회퍼를 찾아왔다.[3] 본회퍼는 니젤을 배에 태워 오데르강 강가의 한 작은 언덕으로 데려갔다. 그날의 일을 한 저자는 이렇게 기술했다.

> 본회퍼는 니젤을 데리고 작은 언덕을 올랐다. 언덕 위 빈
> 터에서는 드넓은 들판과 "근처 비행대대의 활주로들"이 훤히
> 내려다보였다. 독일 전투기들이 이착륙을 하고, 병사들은 수많은
> 개미처럼 일사불란하고도 신속하게 움직이고 있었다. 본회퍼는
> "가혹하고 잔인한 …… 나라를 위해" 훈련받는 새로운 독일인 세대
> 이야기를 했다. 그는 나치를 이기려면 더 나은 훈련을 마련해야
> 한다고 설명했다. "오늘날 어디서나 볼 수 있는 이 가해자들보다
> 더 강해야 해."[4]

내 머릿속을 좀처럼 떠나지 않는 이 장면이 나를 그 언덕으로

이끈 것이다. 십자가를 지신 그리스도께 변함없이 충성을 다한 목사, 온 세상을 향한 선지자적 목소리, 디트리히 본회퍼. 나치의 대규모 군대가 훤히 내려다보이는 곳에서 그는 영원의 그림자 안에 서 있었다. 견고한 믿음의 소유자.

그가 핑켄발데 지하 신학교에서 한 일은 히틀러가 자기 군대 안에서 한 일보다 더 강해야 했다.

제자도는 문화적 형성보다 강해야 한다.

충성이 타협보다 강해야 한다.

이것이 저것보다 강해야 한다.

시대가 아름다운 저항을 요구했다.

이런 선지자적 자세는 어떤 면에서 비웃음을 살 만도 했다. 그도 그럴 것이 본회퍼가 시작한 신학교의 규모는 아주 작았고 운영한 지도 얼마 안 됐기 때문이다. 결국 게슈타포는 1937년에 이 신학교를 폐쇄했다. 제3제국('나치 독일'의 다른 표현)의 힘에 비하면 본회퍼의 저항은 계란으로 바위 치기에 불과했다.

하지만 그의 저항은 신실한 교회의 선지자적 씨앗이었다. 시간이 지나자 예수님이 약속하신 대로 그 작은 씨앗은 자라나서 열매를 맺었다. 오늘날 제3제국은 수치스러운 역사로 남아 있다. 히틀러는 무덤에 있고, 독일 교회는 회개하고 있다. 반면, 핑켄발데 지하 신학교가 맺은 열매(공동체, 비전, 사역)는 지금까지 수많은 사람에게 영향을 끼치고 있는 기독교 제자도의 비전을 형성했다.

본회퍼가 옳았다.

이것이 저것보다 강해야 한다.

아니, 이것이 저것보다 강했다.

본회퍼가 니젤과 함께 그 중대한 대화를 나누었을지 모를 지점에 서서 나는 우리가 지금 맞이한 문화적 순간과 이 시대에 만연한 타협을 고민했다. 오데르강을 내려다보는 내내 이런 생각들이 내 머릿속을 맴돌았다.

'그냥 포기하고 이 시대의 권세에 항복해야 할까? 우리의 신앙이 정치적·이념적 힘에 휘둘리는 것을 가만히 보고만 있어야 할까? 맘몬이 우리 마음을 망치는 동안 다른 곳을 쳐다보고만 있어야 할까? 우리 세대에 20만 명의 젊은이들이 교회를 떠나는 모습을 하릴없이 지켜만 봐야 할까?[5] 당장은 미미하나, 우리 후손이 훗날 우리의 충성 곧 타협의 시류 속에서도 사그라들지 않은 이 시대 그리스도인들의 충성을 돌아보게 할 만한 공동체를 세울 수 있을까?'

시대가 절실하게 요구하는 아름다운 저항

지금 상황도 1930년대와 별다르지 않다고 생각한다. 우리는 교회가 세상의 좌파나 우파나 중도와 타협하는 시대에 산다. 그리스도인은 영향력을 점차 잃어 가고 있다. 교회를 압박하는 특정한 '히틀러'는 없지만 대신 우리의 신앙을 무너뜨리려는 수많은 힘이 존재한다. 성, 윤리, 기술, 세속적 이념, 종교, 세계화의 구조 자체가 변하면서 서구 그리스도인에게 익숙했던 기독교적 풍경 은 이제 대부분 사라지고 없다. 서구 문화는 이전 세대와 전혀 다 른 문화로 보일 만큼 달라졌다. 이런 문화적 변화에 교회가 적절 하게 대응하지 못해 불러온 영적 몰락은 말할 수 없이 처참하다.

그리스도께 충성하자고 우리는 이 세대를 향해 외쳐야 한다. 우리 그리스도인은 어떤 대가를 치르더라도 헌신하는 삶, 견고한 믿음의 삶을 살아야 한다. 이것이 저것보다 강해야 한다.

필시 당신도 '교회가 지닌 잠재력'과 '오늘날의 교회가 타협하 는 모습' 사이의 괴리를 느꼈을 것이다. '하나님이 부르신 모습'과 '현재 자기 모습' 사이의 괴리 또한 감지했으리라. 같은 처지에 있 는 제자로서 절박한 마음으로 말한다. 지금, 우리는 아름다운 저 항을 실천해야 한다.

1.

그리스도의 몸을
되살려 주소서!

———————

〔교회는〕세상 속에서 〔세상의〕 방식과 완전히 다르고
세상과 달리 약속으로 가득한 새로운 표징을 세우기 위해 …… 존재한다.
· 칼 바르트, 《교회 교의학》(*Church Dogmatics*)

내 교회를 세우리니.
· 마태복음 16장 18절

"구글에서 하나님(God) 검색하기"라는 제목의 〈뉴욕 타임스〉 (New York Times) 기사에서 세스 스티븐스 다비도위츠는 이렇게 말했다. "지난 10년은, 적어도 지금까지는 하나님께 좋지 않은 시간이었다."

하나님의 존재에 의문을 제기하는 검색이 늘고 있다. ……

포르노 검색량은 85퍼센트 증가하고, 헤로인 검색량은 32퍼센트 증가했다.

십계명은 또 어떤가? 상황이 그리 좋지 않다. '이웃'이 들어간 검색어 중 가장 많이 찾아본 검색어는 물론 "네 이웃을 사랑하라"였다. 하지만 "이웃집 몰카"가 그 뒤를 바짝 쫓고 있다. '하나님'(God)이 포함된 가장 인기 있는 검색어는 비디오 게임 '갓 오브 워'(God of War)다.[1]

그렇다. 지난 10년, 그분의 교회는 교회다운 모습을 보이지 못했다. 예수님이 긍휼과 은혜 위에 세우신 교회는 그분을 닮기는커녕 때로 그분과 완전히 상반된 모습까지 보였다. 유명 목사들의 스캔들, 가톨릭교회 안에서 발생한 학대, 난민 문제나 인종주의나 환경주의 같은 우리 시대 인도주의적 위기에 대한 무관심, 물질주의, 현실 안주. 이런 것들 때문에 숱한 이들이 교회를 떠났다.

이 순간 나는 목사로서 적지 않은 문화적 수치심을 느끼고 있다. 사람들이 내게 직업이 뭐냐고 물으면 어떻게 반응해야 할지 몰라 말을 더듬는다. 예전에는 "세상에서 가장 큰 비영리 단체가 좀 더 효과적으로 가난한 사람들을 돕고 인간의 고통을 줄이도록 돕는 전문 컨설턴트입니다"라는 식으로 재치 있게 대답하곤 했다. 요즘에는 그냥 "목사"라고만 한다. 그러면 으레 사람들은 "아……"라고 어색하게 반응하고 나서 서둘러 덜 어색한 이야기로 화제를 바꾼다. 나는 그리스도인들이 하는 말과 행동 탓에 더이상 기독교와 엮이기 싫다고 말하는 사람들을 많이 보았다. 그들 중에는 최근까지 우리 교회에 다니던 교인도 있다. 나는 시시각각 교회의 평판이 바뀌는 것을 보고 또 체감했다. 그리고 나 역시 같은 그리스도인들의 행동에 낯 뜨거워질 때가 한두 번이 아니었다.

하지만 우리가 교회 문제로 아무리 안타까워한들 가장 슬퍼하실 분은 그리스도이실 것이다. 원수 사랑이라는 가치 위에 세워진 공동체가 어떻게 이토록 일그러질 수 있단 말인가. 니체는 이렇게 말했다. "내가 그들의 구속자를 믿게 하려면 그들이 좀 더 나은 노래들을 불러야 한다. 그의 제자들은 자기가 구원받았음을 지금보다 더 보여 줘야 한다!"[2]

이 시대의 교회는 망가질 대로 망가져서 제 역할을 아예 하지 못하고 있다. 산상수훈을 보면 예수님은 이렇게 말씀하셨다. "너희는 세상의 소금이니 소금이 만일 그 맛을 잃으면 무엇으로 짜게 하리요 후에는 아무 쓸데없어 다만 밖에 버려져 사람에게 밟힐 뿐이니라"(마 5:13). 우리를 바라보는 세상 사람의 시선은 정확하다. 교회는 버려지고, 밟히고 있다.

말라기 2장 3절에서 하나님은 더 강한 표현을 사용하여 이렇게 말씀하셨다. "보라 내가 너희의 자손을 꾸짖을 것이요 똥 곧 너희 절기의 희생의 똥을 너희 얼굴에 바를 것이라 너희가 그것과 함께 제하여 버림을 당하리라." 교회가 실패한 탓에 얼굴에 똥칠을 하고 하나님께 제함을 당했다. 교회가 세상 속에서 풍기는 악취가 코를 찌른다.

이렇게 망가진 교회에 희망이라는 게 있을까?

희망이 있다. 모든 신자는 지역 교회를 통해 예수님의 이야기를 전할 기회를 받았다. 허물 많은 과거 교회사와 상관없이 우리는 예수님의 찬란한 아름다움을 세상에 보여 줘야 한다.

나는 '하나님이 그분의 백성을 사용하셔서 그분의 통치를 증거하게 하신다'는 믿음이 신자 안에 다시 타오르도록 불을 붙이고자 이 책을 썼다. 예수님이 명령하신 대로 살 수 있다는 믿음이 당신 안에서 타오르기를 바란다. 지금은 냉담과 절망을 거부해야 할 때다. 성령이 당신 삶의 흑암과 혼돈 위로 운행하시며 아름답고 매력적인 뭔가를 창조하길 기다리고 계신다. 모든 위대한 부흥은 쇠퇴의 때에 일어났다. 부활은 죽음 가운데 일어난다. 주변 사람들이 당신에게 교회에 너무 빠져 있다고, 그렇게까지 헌신할 필요는 없다고 말하는가? 사람들이 아무리 그렇게 말해도 타협을 거부하기 바란다. 이제부터 우리는 망가진 것들과 아름다운 것들을 비교해 볼 것이다.

혹시 당신도 복음을 경시하는 세상 풍조에 동조하지 않았는지 가슴에 손을 얹고 생각해 보라. 우리가 타협한 삶의 주요 영역에서 회개를 시작할 수 있도록 이 책이 도움이 되기를 바란다. 이 가이드라인은 삶과 우리 교회를 통해 검증한 내용이다. 그리스도께 충성할 때 찾아오는 기쁨과 만족은 세상 시류를 따라 표류할 때의 안락함보다 언제나 더 풍성하다.

이 책에서 당신의 마음속에서 악에 대한 저항이 일어나고 그리스도를 닮아 가는 영적 형성이 이루어지기 시작할 때 찾아오는 기쁨과 난관을 보여 주고자 한다. 우리가 얼마나 망가졌는지 살펴보고 그 해법을 찾아보자. 여러 힘을 비교하고 나아갈 길을 같이 모색하자.

우리 그리스도인들이 그날 그 언덕에서 본회퍼가 보여 준 아름다운 저항의 자세를 갖게 하소서!

더불어 사는 삶과 예수님을 신실하게 따르는 삶이라는 비전이 당신의 삶, 나아가 신음하는 온 세상 속에서 움트는 희망의 씨앗이 되리라 믿는다.

변함없는 약속

20년간 교회라고 불리는 조직과 나는 늘 복잡한 관계 속에 있었다. 예수님은 교회를 신부로 부르셨지만, 내 무신론자 친구 중 한 명은 교회를 매춘부로 불렀으며, 나는 교회의 두 가지 면 모두를 경험했다. 이런 교회의 이중성으로 내 신앙, 그리고 교회와의 관계는 근본적으로 흔들렸다. 예수님을 전혀 닮지 않은 교회의 모습들에 심란할 때가 많았다. 그리고 나 역시 그럴 때가 많았다. 도대체 그 이유가 무엇인지 몰라 답답했다. 나는 예수님의 독단적이고 배타적인 주장들, 역사적 기독교의 성 윤리, 노예제도와 여성 억압에 대한 교회의 공모, 구약 속 폭력, 세상 권력에 동참하는 교회 같은 문제들과 한참을 씨름했다. 교회 이름에 더욱 먹칠을 하는 내 언행도 답답하기만 했다. 내 위선과 교만, 냉담과 정죄의식, 목사와 리더로서 계속해서 경험하는 실패⋯⋯.

그럼에도 불구하고 나는 하나님의 언약 백성에게 있는 잠재력을 늘 기억하려고 애를 썼다. 나는 교회가 세상 속에서 소망과 화해의 원천이 될 수 있다는 믿음을 고집스럽게 부여잡고 있다. 교회를 향한 내 사랑은 맹목적 사랑이 아니다. 나는 숨이 막히도록 아름다운 교회를 본 적이 있다. 물론 형편없는 교회도 봤지만 말이다. 교회는 내게 쓰라린 상처도 주었지만 큰 기쁨도 주었다. 교회를 이끄는 과정에서 나는 트라우마와 위로, 이 두 가지를 동시에 경험했다.

교회를 바라보는 내 시각은 어디까지나 서구의 시각이다. 내가 나서 자란 곳에서는 내가 삶을 바친 교회라는 기관이 더 이상 시대에 맞지 않고 쇠퇴하는 모습을 매일같이 목격할 수 있다. 세상 사람들만 교회에 등 돌리는 것이 아니다. 내 목사 친구 중에도 교회를 떠난 이들이 더러 있다. 그들은 산소 호흡기를 단 채 겨우 버티는 교회의 모습에 넌더리가 난 듯하다. 이런 교회를 계속해서 살리려고 애를 써 봐야 무슨 소용인가? 예수님은 여전히 그분의 교회를 세우고 계실지 몰라도 교회를 살리려는 이들의 노력이 아무 도움도 안 되는 듯하다.

이런 사람들을 볼 때마다 나는 교회를 향한 예수님의 헌신이 변함없다는 역사 속 증거들을 떠올린다. 우리는 예수님의 이름에 줄곧 먹칠을 해 왔지만 자기 백성을 향한 그분의 열정은 변함이 없다. 우리는 위선자다. 개처럼 토한 것을 다시 먹어 대는 위선자. 그분을 곤란하게 만들고 나서는 그분의 메시지를 왜곡한다. 하지만 그분은 십자가의 언약을 절대 버리시지 않는다. 그분께 그 언약은 달면 삼키고 쓰면 뱉는 것이 아니다. 하나님께 사랑은 관념이 아니다. 그분은 사랑 그 자체시다.

성경은 몇 가지 비유를 들어 교회에 관해 이야기한다. 그 비유들은 교회를 향한 예수님의 비전과 헌신을 보여 준다. 오늘날과 같은 상황에서도 그 비전과 헌신은 변함이 없다.

교회, 여전히 그리스도의 신부

사람이 사랑에 빠지면 사랑하는 이에게 자신의 삶을 온전히 내준다. 사랑하는 사람과 함께 있고 싶어서 스케줄과 돈, 심지어 목숨까지도 포기한다. 냉담한 냉소주의자들도 사랑에 빠지면 못 말리는 로맨티스트로 변하지 않던가. 하지만 많은 사람이 교회를 향한 그리스도의 헌신을 이런 시선에서 바라보지 못한다.

교회는 흠 많고 망가진 상태임에도 여전히 예수님이 사랑하시는 대상이다. 바울은 에베소 교회 교인들에게 이렇게 썼다. "남편들아 아내 사랑하기를 그리스도께서 교회를 사랑하시고 그 교회를 위하여 자신을 주심같이 하라 이는 곧 물로 씻어 말씀으로 깨끗하게 하사 거룩하게 하시고 자기 앞에 영광스러운 교회로 세우사 티나 주름 잡힌 것이나 이런 것들이 없이 거룩하고 흠이 없게 하려 하심이라"(엡 5:25-27).

예수님은 단순히 교리적·도덕적·윤리적·사회학적 렌즈를 들이대 교회를 보시지 않는다. 예수님은 '언약'이라는 렌즈 너머로 교회를 보신다.

강연자이자 저자인 프랭크 바이올라는 다음과 같이 말했다.

창세기 1장과 2장에서 성경은 한 여성과 한 남성으로 시작한다. 요한계시록 21장과 22장에서 성경은 한 여성과 한 남성으로 마무리한다. 성경은 혼인잔치로 시작해 혼인잔치로 끝난다.

성경은 결혼으로 시작해 결혼으로 끝난다. ……

당신의 성경책은 사실상 사랑 이야기다.[3]

예수님이 교회에 헌신하시는 것은 단순히 의무감 때문이 아니다. 예수님은 스스로 원해서 교회에 헌신하신다. 하나님은 한 여성과 사랑에 빠지셨으며, 그 여성의 이름이 바로 교회다.

구속사의 처음부터 이 결혼에 대한 비유를 볼 수 있다. 하나님은 이스라엘 자손들을 새로운 부르심으로 이끄시기 위해 모세를 사용하실 때 네 가지 약속을 하셨다(출 6:6-7).

* 내가 너희를 이끌어 낼 것이다.
* 내가 너희를 건질 것이다.
* 내가 너희를 구속할 것이다.
* 내가 너희를 내게로 데려올 것이다.

이 네 가지 약속은 결혼식에서 신랑이 신부에게 하는 약속과 동일한 개념이다. 하나님은 이스라엘 백성을 단순히 구원하신 것이 아니다. 하나님은 그들에게 청혼하셨다. 하나님은 그들을 자신의 "소유"로 부르셨다(출 19:5). 이는 신랑이 신부에게 사용하는 표현이다.[4]

에스겔서는 이 점을 더 자세히 강조한다. "내가 물로 네 피를 씻어 없애고 네게 기름을 바르고 수놓은 옷을 입히고 물돼지 가죽 신을 신기고 가는 베로 두르고 모시로 덧입히고 패물을 채우고 팔고리를 손목에 끼우고 목걸이를 목에 걸고 코고리를 코에 달고 귀고리를 귀에 달고 화려한 왕관을 머리에 씌웠나니 …… 극히 곱고 형통하여 왕후의 지위에 올랐느니라 네 화려함으로 말미암아 네 명성이 이방인 중에 퍼졌음은 내가 네게 입힌 영화로 네 화려함이 온전함이라 나 주 여호와의 말이니라"(겔 16:9-14). 하나님은 최고의 디자이너이시다. 그러니 그분의 신부는 얼마나 아름답게 꾸며질 것인가!

그러나 사실 교회라는 신부를 사랑하기란 참으로 어렵다. 교회는 갈대처럼 흔들리는 마음을 지녔기 때문이다. 때로 교회는 세상의 힘과 장엄함에 현혹된다. 또 툭하면 터무니없는 이데올로기와 우상에게 마음을 주어 그리스도의 적들과 간음을 저지른다. 하지만 그 이유가 어쨌든 하나님은 계속해서 교회를 찾고 회복시키시며 그분께로 다시 데려가신다.

교회를 향한 하나님의 사랑을 보여 주는 이 비전은 말할 수 없이 큰 소망을 준다. 우리는 교회의 실패를 싫어하고 비판하면서도, 교회에 대해 우리가 비판한 그 행동을 스스로도 서슴없이 저질러 왔다. 우리는 다른 사람들을 정죄하고 배척했다. 성적인 죄를 짓거나 위선자처럼 굴었다. 돈과 권력, 사람들의 칭찬을 사랑했다. 그럼에도 불구하고 예수님은 여전히 우리에게 마음을 쏟고 은혜를 베풀어 주신다. 그리스도는 여전히 우리를 찾고, 우리를 집으로 데려가시며, 우리의 죄를 씻어 주시고, 우리에게 한없는 사랑을 부어 주신다.

은혜가 아름답기에 교회도 아름다울 수 있다. 하나님이 변함 없는 사랑으로 사랑하시기에 교회는 새롭게 소명을 추구할 수 있다. 신랑의 사랑 덕분에 그 아름다움으로 망가짐에 저항할 수 있다. 문제는 '우리가 예수님의 사랑에 보답해 이 세대 가운데 그리스도께 충성을 다할 것인가'다.

바이올라는 또한 다음과 같이 말했다. "하나님은 무엇을 찾고 계신가?"

> 그분은 그리스도께 충성할 백성을 찾고 계신다. 그분은 자신이 그리스도께서 사랑하시는 신부의 일부라고 믿는 백성을 찾고 계신다. 자연적인 눈을 통해 보는 것을 중시하지 않고 그분의 시선으로 보는 백성. 그분은 그분의 눈으로 자신을 보는 백성, 거룩한 의의 프리즘을 통해 자신을 보는 백성, 즉 타락이 사라진 새로운 피조물의 일부로 자신을 보는 백성을 찾고 계신다. 이것이 하나님의 원대한 사명을 이루기 위해 꼭 필요한 출발점이다. 이와 다른 시각은 사랑이 아닌 죄책감이나 종교적인 의무감, 혹은 야망에 따라 그분을 섬기는 것이다.[5]

교회, 여전히 하나님의 성전

내 친구 중 한 명은 하나님을 찾고 싶은 이들이 가장 가지 않을 곳이 교회라고 말했다. 비극도 이런 비극이 없다.

교회는 무엇보다도 하나님의 임재를 위한 곳이어야 한다. 우리는 하나님 하면 많은 것을 떠올린다. 예를 들어, 율법이나 제사, 제사장, 신학적인 고백 같은 것들. 오늘날 이런 것이 우리 신앙에서 중심적인 역할을 하고 있지만, 이런 상황은 사실 본래 의도에서 벗어난 것이다. 처음부터 하나님의 목적과 뜻은 그분의 백성과 함께 있는 것이었다. 창세기는 하나님이 바람 부는 시원한 동산에서 인류와 함께 거니시는 장면으로 인류 역사의 포문을 연다 (창 3:8).

요즘 사람들은 교회를 하나님과의 교제가 깨지고 그분의 임재에서 배제된 상황을 다루기 위한 대책 정도로만 생각한다. 물론 우리의 죄와 망가짐 때문에 하나님이 이 땅에 임하시려면 율법, 제사, 제사장이 필요했다. 하지만 그것은 하나님이 본래 뜻하신 바가 아니었다. 인류의 역사는 그분과 얼굴을 맞댄 친밀한 교제의 회복으로 향하고 있다. 구속된 피조물 전체는 친밀한 교제의 성전이 될 것이다. 요한계시록 21장 22-23절은 이렇게 말한다. "성안에서 내가 성전을 보지 못하였으니 이는 주 하나님 곧 전능하신 이와 및 어린양이 그 성전이심이라 그 성은 해나 달의 비침이 쓸데없으니 이는 하나님의 영광이 비치고 어린양이 그 등불이 되심이라."

그분의 백성 가운데 임하시는 것이 언제나 하나님의 뜻이었다. 하나님의 비전은 소속될 건물을 짓는 것이 아니라 백성을 세워 그 가운데 거하시는 것이다.[6] 하나님의 친구라 일컬음을 받은 모세는 이 핵심 요지를 잘 이해했던 것으로 보인다. 그는 약속의 땅으로 가던 중 하나님과 대화하다가 그분의 임재가 함께하지 않으면 가지 않겠다고 선언했다(출 33:15). 모세는 이렇게 물었다. "주께서 우리와 함께 행하심으로 나와 주의 백성을 천하 만민 중에 구별하심이 아니니이까"(16절). 하나님의 임재 외에 그 무엇이 그들을 열국과 구별시킬 수 있었을까? 할례? 음식 규정? 안식일과 연중 절기? 향후 3,500년간 인간 사회에서 중요한 역할을 하게 된 도덕적 명령 리스트? 물론 이런 차별점도 있지만 모세는 하나님의 임재야말로 그분의 백성을 주변의 다른 국가들과 진정으로 구별 짓는 요소라는 점을 알았다. 다른 차별점들은 어느 공동체에나 나타날 수 있는 사회적·문화적·종교적 한계일 따름이다. 하나님의 임재야말로 가장 확실한 차별점이다.

예수님 사역 당시 성전 재건은 46년째 진행되어 오고 있었다 (요 2:20). 숨이 막히도록 아름다운 성전이었다. 그 아름다움은 너무도 유명해서 랍비들은 이렇게 말했다. "성전을 보지 않았다면 진정으로 아름다운 건축물을 보았다고 말할 수 없다."[7] 하지만 예수님은 그 성전이 어떤 식으로 전락했는지를 지적하시며 비판적으로 말씀하셨다. 그것이 유대인들 사이에서 논란이 되었다.

에스겔 10장에서 하나님의 영광이 떠난 뒤의 성전은 실체 없는 단순한 상징으로 전락했다. 이제 성전은 영광스러운 임재가 빠진 종교적 프로그램을 행하는 건물에 지나지 않았다. 예수님은 그 성전을 "강도의 소굴"로 부르시고 채찍을 들어 환전상들의 탁자를 뒤엎으면서 성전을 거룩하게 하고자 하셨다(마 21:12-13; 요 2:15). 그러면서 예수님은 성전을 허물고 사흘 만에 다시 지을 것이라고 말씀하셨다(마 24:1-2). 이 땅에 오신 예수님이 죄를 용서하실 수 있었기 때문에 제사장 시스템은 더 이상 필요하지 않게 되었다. 예수님이 이 땅에 임하신 것은 체제를 위협하시기 위함이 아니라 죄인들을 구원하시기 위함이었다. 하나님의 임재가 예수 그리스도를 통해 이루어졌다. 이것이 요한복음 1장 14절에 기록한 놀라운 말씀이다.

"말씀이 육신이 되어 우리 가운데 거하시매."

에스겔서에서 떠나갔던 하나님의 임재가 돌아왔다. 단, 장소가 아닌 사람 안으로 돌아왔다. 예수님이 십자가를 지셨을 때 성전의 휘장이 위에서 아래로 둘로 찢어졌다(마 27:51). 하나님은 이미 그 건물 형태의 성전을 떠나신 상태였다. 흥미롭게도 성전은 AD 70년 예루살렘이 멸망할 때까지 약 40년 이상 존속되었다. 이는 제사장들이 휘장을 다시 짜서 하나님을 성전에 붙들어 두려고 했다는 뜻이다. 하지만 이미 너무 늦었다. 부활을 통해 성령이 이 땅에 임하셨고, 성전은 특정 장소에서 하나님 백성에게로 옮겨졌다.

예수 그리스도의 보혈, 그리고 그분과의 연합을 통해 바로 '우리'가 성전이 되었다. 바울은 고린도 교회 교인들에게 이렇게 말했다. "너희는 너희가 하나님의 성전인 것과 하나님의 성령이 너희 안에 계시는 것을 알지 못하느냐 누구든지 하나님의 성전을 더럽히면 하나님이 그 사람을 멸하시리라 하나님의 성전은 거룩하니 너희도 그러하니라"(고전 3:16-17). 이것이 인류 역사상 가장 놀라운 주장이다. 성육신은 하나님이 우리와 함께 계신다는 뜻이었지만, 성령의 오심은 하나님이 우리 안에 계신다는 뜻이다. 예수님이 십자가에 달려 돌아가심으로 우리 몸이 하나님이 거하시는 거룩한 성전이 되었다. 교회는 바로 이 땅에서 하나님의 임재를 구현하는 하나님의 성전이다.

세상 사람들이 우리 안에서 이 사실을 볼 수 있을까?

뜻밖의 장소에 계신 하나님

세상은 눈에 잘 띄고 유명한 것들에 끌린다. 교회에 대해서도 마찬가지다. 교회의 부지와 건물을 강조하다 보니 건물이 곧 성전이며, 예수님이 종교적으로 허가된 행사에서 주로 나타나신다는 오해가 생길 수 있다. 하지만 우리 몸이 거룩한 성전이라면 그분의 임재는 우리 안에서, 특히 전혀 뜻밖의 장소에서도 나타날 수 있다.

필립 얀시는 네팔 한센병〔나병〕환자 보호소에서 만난 한 사람에 관한 이야기를 전해 준다. 그는 푸른초장병원(Green Pastures Hospital)에 들어서자마자 차마 보기 힘든 흉측한 모습을 한 여성 환자를 보았다. 그녀의 발은 지독한 한센병으로 잘려 나간 상태였고, 온몸이 상처와 붕대로 뒤덮여 있었다. 얼굴은 완전 엉망이었다. 코 대신 깊은 구멍만 보인 채 눈은 완전히 멀어 있었다.

얀시는 병실을 둘러본 뒤 다시 그 여성을 바라보았다. 그녀는 상처 입은 짐승마냥 팔꿈치로 바닥에서 몸을 질질 끌고 다니고 있었다. 얀시의 이야기를 들어 보자.

창피하지만 처음 떠오른 생각은 '돈을 구걸하는 거지군!'이었다. 노숙자 사역을 해 오던 아내는 훨씬 더 거룩하게 반응했다. 아내는 일말의 머뭇거림도 없이 몸을 숙여 그 여성을 감싸 안았다. 그 나이 든 여성이 아내의 어깨에 고개를 기대고서는 네팔어로 노래 한 소절을 불렀다. 우리 모두 그 즉시 곡조를 알아챘다.

"날 사랑하심, 성경에 써 있네."

나중에 물리 치료사는 우리에게 이렇게 말했다. "다흔마야는 독실한 기독교인이랍니다. 우리 환자들 대부분이 힌두교인이지만 이곳에도 작은 기독교 교회가 있어요. 다흔마야는 교회가 문을 열

때마다 찾아온답니다. 그녀는 기도의 용사예요. 그리고 이 병원에 오는 사람들을 일일이 다 반겨 주지요. 참, 그녀는 우리가 복도를 걸으면서 나누는 이야기도 분명 다 들었을 겁니다."[8]

즉시 얀시는 자신의 편견으로 그 여성 안에 임하신 하나님의 임재를 보지 못했다는 사실을 깨달았다. 이 일로 그는 하나님의 성전인 교회를 새롭게 이해하게 되었다. 그의 말을 계속해서 들어 보자.

몇 달 뒤 다흔마야가 세상을 떠났다는 소식을 들었다. 내 책상 가까이에 그녀가 아내에게 찬송가를 불러 주는 모습이 담긴 사진이 놓여 있다. …… 아름다운 두 여인이 보인다. 전날 가져온 밝은 색 네팔 전통 의복을 입고 상냥한 미소를 지은 채 한 노파를 안고 있는 내 아내. 가장 중요한 시험을 제외한 모든 외모 테스트에서 떨어질 법한 노파. 그 망가지고 생기 없는 육체에서 하나님 임재의 빛이 흘러나왔다. 성령이 집을 찾으셨다.[9]

예수님이 그분의 교회를 소중히 여기시는 까닭은 어디까지나 우리 안에 거하기를 원하시기 때문이다. 그리고 그분의 임재는 더 이상 시내산이나 시온이 아닌 우리 같은 평범한 사람들 가운데서 발견된다.

교회, 여전히 그리스도의 몸

예수님이 오늘날에도 육체의 몸을 입고 이 땅에 계신다면 그분을 따르기가 더 쉬울 것이라는 말을 자주 듣곤 한다. 그 마음이 충분히 이해가 간다. 그리스도가 직접 오셔서 수천 년간의 신학적 논쟁을 끝내고 우리 시대를 위한 제자도가 무엇인지 정의해 주시기를 바라지 않을 사람이 어디에 있겠는가? 하지만 예수님은 그럴 마음이 없어 보이신다. 요한복음 16장 7절에서 그분은 성령이 오실 것이기에 예수님의 승천하심이 우리에게 더 좋은 것이라고 말씀하셨다.

예수님은 그분의 제자들이 자라서 제 역할을 하기를 원하신다. 예수님은 우리와의 관계에서 독재가 아닌 협력을 원하신다. C. S. 루이스의 말처럼 하나님은 "피조물에게 위임하실 수 있는 것은 절대 스스로 하시지 않는 듯하다. 하나님은 스스로 완벽하고도 눈 깜짝할 새에 하실 수 있는 것을 천천히 시행착오를 거치게 하신다."[10] 하나님은 지배할 영토가 아니라 협력할 백성을 원하셨다. 그리스도는 유형의 임재로서 바로 우리를 통해 자신을 드러내시기로 선택하셨다.

바울은 그리스도께 바로 이런 계시를 받았다. 예수님이 다메섹 도상에서 바울의 길을 막고서 이렇게 물으셨다. "네가 어찌하여 나를 박해하느냐"(행 9:4). 바울은 그리스도가 아니라 단지 실패한 랍비의 광신적인 추종자들을 핍박한다고 생각했다. 하지만 예수님의 말씀에는 그분의 제자들을 핍박하는 것이 곧 그분을 핍박하는 것이라는 의미가 내포되어 있었다. 하늘의 '머리'께서 이 땅에서 그분의 '몸'의 고통을 느끼셨다. 이 계시를 통해 교회가 실제로 무엇인가에 대한 바울의 생각이 완전히 바뀌었다. 고린도전서 12장 27절에서 그는 이렇게 썼다. "너희는 그리스도의 몸이요 지체의 각 부분이라." 하나님은 그분의 임재로 충만하여 세상 속에서 그분의 목적을 위해 살기 원하는 백성을 찾고 계신다. 하나님은 이 땅에서 그분의 마음을 표현하고 그분의 사명을 수행하기 원하는 항복한 몸을 원하신다.

프랭크 바이올라는 다음과 같은 표현을 사용한다.

악한 영들이 인간의 몸에 거하기를 원하는 것은 자신을 표현하기
위해서다. 이것이 귀신 들림의 진정한 의미다. 귀신들은 이 땅에서
자신을 표현하고 사악한 목적으로 사용하기 위해서 인간의 몸을
차지하려고 한다.
예수 그리스도는 이제 성령 안에 계신다. 그리고 그분도 표현을
갈망하신다. 그분은 많은 지체를 지닌 존재를 통해 그분의 생명을
보여 주려고 하신다. ……
그리스도의 몸은 이 땅에서 하나님을 표현하기 위해 존재한다.[11]

락트-인 증후군 극복하기

장 도미니크 보비는 프랑스 잡지 〈엘르〉(Elle)의 편집장으로, 존경받는 저널리스트다. 두 아이의 아버지인 그는 지성과 열정이 가득한 사람으로 널리 알려져 있다.

그러던 어느 해 12월이었다. 그의 삶이 송두리째 흔들렸다. 불과 43세의 나이에 심각한 뇌졸중으로 그의 몸이 완전히 망가진 것이다. 20일간 혼수상태였다가 깨어 보니 몸 전체가 통제 불능이었다. 입도, 팔도, 다리도 전혀 움직이지 않았다. 말조차 할 수 없어 의사소통을 기대하기 힘들었다. 단 하나, 눈 한쪽만은 깜박일 수 있었다. 정신적 기능이 완전히 정상임에도 의사소통을 할 길이 전혀 보이지 않았다. 락트-인 증후군(locked-in syndrome)이었다.

그의 인생을 담은 영화 〈잠수종과 나비〉(The Diving Bell and the Butterfly)를 보면 그의 극심한 좌절과 강한 의지를 동시에 엿볼 수 있다. 의사가 그의 감긴 한쪽 눈을 꿰매는 차마 지켜보기 힘든 장면에서, 흐르는 내레이션을 통해 보비는 자신에게 일어나는 모든 일에 관해 완벽하고도 일관되게 해설한다. 의사들은 육체가 곧 감옥이 된 남자를 도울 방법을 찾기 시작했다. 보비는 의사소통을 하고 싶었지만 자신의 모든 뜻과 비전, 열정, 마음을 오직 남은 한쪽 눈의 깜박임만으로 전해야 했다.

결국 그는 의사소통 방법을 배웠지만 그 과정은 실로 고통스러웠다. 조수가 알파벳을 쭉 읊다가 원하는 알파벳에 이르면 보비가 눈을 깜박였다. 그러고 나서 다시 조수가 알파벳을 읊다가 원하는 알파벳에 이르면 보비가 다시 눈을 깜박였다. 한 단락을 형성하기 위해 이 과정을 수백 번 이상이나 반복해야 했다. 이 고통스러울 만큼 느린 과정을 통해 보비는 자신의 회고록을 쓸 수 있었다. 그렇게 어렵사리 출간된 《잠수종과 나비》(The Diving Bell and the Butterfly)는 큰 찬사를 받았다. 안타깝게도 그는 그 책이 출간되고 나서 불과 이틀 뒤에 폐렴으로 세상을 떠나고 말았다.

그 영화를 보고, 또 그 책을 읽고 나서 나는 숙연해졌다. 지독히도 느린 그의 고된 글쓰기가 그대로 전해지는 듯했다. 몸이 말을 듣지 않아 고통스러운 보비의 좌절감과 그의 곁에서 끈기 있게 그의 눈 깜박임을 글로 옮겨 준 조수의 인내심 또한 사실적이었다. 그렇게 해서 탄생한 글은 실로 아름답고도 감동적이다. 자신의 상태를 묘사한 그의 글을 보라. "나는 사라져 가고 있다. 천천히, 하지만 확실히. 고향의 해변이 점차 사라지는 모습을 지켜보는 뱃사람처럼 내 과거가 사라져 가는 것을 지켜본다. 내 옛 삶이 내 안에서 불타고 있다. 그 삶이 점점 기억의 재로 변해 가고 있다."[12]

영화를 보고 나서 길을 거니는 내내 나는 양팔의 자유로운 움직임에 감사와 경이를 느꼈다. 해변에 앉아서는 관절 마디마디를 천천히 움직이며 내 발가락, 관절, 피부, 무릎 등에 놓고 하나님께 감사를 드렸다. 따스한 햇살 아래에 앉아 있자니 문득 보비의 상황이 하나님과 그분의 몸인 교회의 관계와 비슷하다는 생각이 들었다. 어떤 면에서 우리는 락트-인 증후군을 앓고 있다. 우리의 머리로서 세상을 향한 비전과 꿈, 열정을 가득 품고 계신 그리스도는 이 땅에서의 몸을 통해 자신을 표현하기를 간절히 바라고 계신다. 하지만 이 세상에 무슨 일이 벌어졌다. 일종의 영적 뇌졸중이다. 이제 예수님은 교회의 어느 한쪽 눈만 깜박여 비전을 드러내고 계신다. 우리의 잠재력 중 지극히 작은 일부만 발휘되고 있는 것이다.

집을 향해 걸어가면서 마음속에서 한 가지 기도가 떠올랐다. 그 뒤로 나는 틈만 나면 그 기도를 드렸다. '하나님, 그리스도의 몸을 되살려 주옵소서. 주님의 마음과 열정을 표현하셔서 당신의 구원의 영광이 온 세상에 드러나게 해 주옵소서.'

예수님은 우리를 통해 그분 스스로를 표현하실 것이다. 그리스도의 몸인 교회의 지체들이 천천히, 하지만 확실히 되살아나는 중이다. 중국에서는 공산당의 압제 가운데서도 교회 성도 수가 1억 명 이상으로 성장했다. 중미에서는 오순절 교회가 놀라운 부흥을 경험하고 있고, 아프리카에서는 지난 100년 사이에 교회가 놀라운 속도로 성장했다. 서구에서도 신앙의 갈급함이 치솟고 있다. 점점 더 많은 사람이 성장을 갈구하며 전에 없이 달려가고 있다. 그리고 부활하신 우리 주님이 그분의 몸을 되살리고 계신다.

생명의 징후들

서구 세상이 급변해서 교회가 더 이상 시대에 맞지 않다는 말이 많지만 교회는 끝내 살아남았다. 물론 교회는 더럽혀졌고, 망가졌다. 하지만 여전히 살아남아 있다. 교회의 주인이 그 안에서 살아 역사하고 계신다. 그래서 신부인 교회는 아름다워지고 있고, 신랑의 존재가 가시화되고 있다. 몸이 제 기능을 찾아가는 중이다. 아름다움이 일어나 망가짐에 저항하고 있다.

하나님은 영광을 받으실 것이다. 당신과 나도 그 과정에서 어느 한 역할을 감당할 수 있다. 쉽다는 말이 결코 아니다. 심지어 안전하지도 않다. 본회퍼가 결국 어떻게 되었는지를 안다면 제자도의 대가가 얼마나 큰지를 알 것이다. 하지만 그는 하나님이 주신 삶을 진정으로 살아 냈고, 그 삶은 지금도 열매를 맺고 있다. 당신도 이렇게 되고 싶지 않은가?

교회를 타협의 상태에서 확신의 상태로 전환시키는 일, 교회의 짠맛을 회복하고, 교회의 빛을 밝히는 일은 목숨을 바칠 만한 가치가 있는 일이다.

이 책에서 우리는 그리스도를 닮은 사랑과 은혜로 타협을 거부해야 하는 핵심 영역을 살펴볼 것이다. 가장 기본적이면서도 자주 간과되는 문제들, 우리 삶에 가장 큰 변화를 가져다줄 문제들을 살펴볼 것이다. 그 문제들을 깊이 파헤치고자 한다. 우리 모두는 하나님과 이웃을 사랑해야 한다는 사실을 알고 있다(마 22:37-

40). 하지만 그것이 실제로 무엇을 의미하는가? 하나님을 사랑하는 것은 오늘날의 상황에서 실질적으로 무엇을 말하는가? 나는 그것이 예배, 쉼, 만족할 줄 모르는 영적 갈망을 의미한다고 믿는다. 이웃을 잘 사랑하는 것은 무엇을 뜻할까? 나는 그것이 다른 사람들을 환대하고, 존중하며, 원수를 사랑하고, 희생하고, 하나님의 선하심을 함께 축하하는 것을 의미한다고 믿는다.

이 모든 것을 추구하는 교회는 아름다운 저항을 시작할 수 있다.

2.

교묘한 우상숭배에 저항하라, 하나님 중심 예배로

———————

파멸로 가든, 회복으로 가든 우리는 숭배하는 대상을 닮아 간다.
· G. K. 빌, 《예배자인가, 우상숭배자인가?》*(We Become What We Worship)*

거짓되고 헛된 것을 숭상하는 모든 자는
자기에게 베푸신 은혜를 버렸사오나.
· 요나 2장 8절

나는 독실한 기독교 신자인 부모님 아래서 자랐다. 조용하고 보수적이었던 두 분은 늘 기도하며 진실하게 신앙생활을 하셨다. 밖에서 볼 때 두 분은 감정을 과도하게 표출하지 않으셨고, 소소한 취미를 즐기셨다. 아버지는 모형 자동차를 만들어 수집하셨고, 어머니는 정원에서 시간 보내는 것을 좋아하셨다. 이렇게 겉으로는 평범해 보이는 두 분이셨지만 영적 영역에서는 조금 달랐다. 두 분은 시간이 날 때마다 귀신 쫓는 사역을 하셨다. 평소에는 워낙 조용하게 사셨던 터라 두 분이 큰 영적 능력으로 사람들을 돕고 있음을 아는 사람은 많지 않았다.

여하튼 덕분에 어릴 적에 우리 집에서는 흥미진진한 사건이 많았다. 하루는 아버지가 완전히 지친 상태로 집에 돌아오셨다. 나는 어디에 다녀오셨고 왜 그토록 피곤해 보이시는지 물었다. 그때 아버지에게서 전혀 예상치 못했던 대답을 들었던 충격이 몇 년 동안 가시지 않았다.

"귀신 들린 사람을 돕다가 와서 그렇단다. 금식 기도를 했는데도 귀신이 나가질 않아서……."

"아, 그렇군요." 나는 아무렇지 않은 듯 대답하며 방을 나왔지만 당시에는 그것이 어떤 의미인지 전혀 알지 못했다.

'귀신? 귀신이 나간다고? 금식?'

이튿날 아버지가 귀가하셨을 때는 안색이 밝았다.

"오늘은 어떻게 되었어요?"

"드디어 견고한 진의 원천을 찾아서 깨뜨렸단다! 알고 보니 이 사람은 전 애인과 여전히 관계를 맺고 있었어. 헤어진 그 남자가 그 여자의 신, 우상이었던 거야. 둘이 함께 부른 노래를 테이프로 녹음해서 갖고 있었는데, 그 녹음테이프가 둘의 관계를 우상화하는 통로였던 셈이지. 그 노래는 견고한 진이 되었고 말야. 녹음테이프를 없애니 견고한 진이 깨졌단다."

나중에 목회를 하면서 그 사건을 여러 번 묵상했다. 뉴욕에 살 때 자신의 커리어와 성취를 거의 종교적 신앙심에 가까운 열정으로 숭배하는 사람들을 많이 보았다. 그들의 신앙심은 가장 엄격한 근본주의자들도 혀를 내두를 정도다. 그런가 하면 부를 숭배하는 이들도 있다. 사랑과 성을 숭배하는 이들, 자유를 숭배하는 이들, 이미지를 숭배하는 이들도 있다. 이런 우상숭배가 세상에 가득하지만 이를 지적하는 이는 별로 없다.

우리는 우상숭배에 관한 정확한 기준이 없는 사회에서 살고 있다. 우상숭배를 규정하기 위한 문화적 틀이나 세계관이 없다. 그래서 우리는 우상숭배에 더욱 취약하다. 철학 교수였던 브루스 엘리스 벤슨은 이렇게 말했다. "우리는 우상을 만들어 숭배하나 그것들의 존재를 거의 혹은 전적으로 의식하지 못할 수 있다. …… 우리는 우상을 주로 선택적으로만 인식한다."[1]

그러한 우리가 다른 사람들 속에 자리한 거짓 숭배에 대해서는 어찌나 명확하게 탐지하는지 놀랄 정도다. 하지만 자기 삶 속에 거하는 우상숭배는 즐거운 취미나 합리적인 방법인 양 아무 이상 없다고 여긴다. 하지만 이러한 우상은 우리를 노예로 삼을 힘이 충분하다.

노력은 물론 좋은 것이다. 사랑, 가족, 운동, 스포츠, 교회를 비롯해서 우리가 우상숭배를 하는 수많은 것들도 마찬가지다. 때에 맞고 적당하기만 하면 그것들은 다 좋은 것이다. 하지만 그것들은 결코 하나님이 될 수는 없다.

우상숭배는 숭배를 받을 만한 가치가 없는 대상을 숭배하는 것이다. 우상숭배에 대한 반문화적이고 혁명적인 행동은 우리 마음의 깊은 헌신을 '오직' 우리 존재를 지으신 창조주께로만 향하는 것이다.

"아버지께 참되게 예배하는 자들은 영과 진리로 예배할 때가 오나니"(요 4:23).

올바른 예배는 우리 삶을 본궤도로 돌려놓고, 그 과정에서 썩은 문화의 그릇된 우선순위를 드러낸다. 하나님께 드리는 진정한 예배는 우상숭배에 대한 저항이다.

고질적 문제

여기서 우리는 아주 오래된 주제를 논하고 있다. 우상숭배는 태초부터 지금까지 계속해서 하나님의 백성을 괴롭히던 문제다. 원수가 인류를 처음 어떻게 유혹했는지를 생각해 보라. "너희가 그것을 먹는 날에는 너희 눈이 밝아져 하나님과 같이 되어"(창 3:5). 이것은 나 자신을 우상으로 삼고 나 자신을 하나님과 동등하게 만들라는 속삭임이다. 지금 우리 모두의 귀에 동일한 속삭임이 들리고 있다.

이번에는 황금 송아지를 생각해 보라(출 32:1-6). 시내산 발치의 우상숭배는 상상도 못할 일처럼 보인다. 우리는 자신이 하나님의 능력과 기적을 더 많이 본다면 다시는 의심하지 않을 것이라고 착각하는 경향이 있다. 하지만 이스라엘 백성들은 놀라운 기적들을 수없이 보았다. 애굽 신들에 대한 심판, 400년 종살이를 위한 배상, 홍해가 갈라진 일. 그런데 모세가 하나님을 찾고 십계명을 받는 동안 이스라엘 백성은 하나님이 새로운 경제의 기초를 쌓으라고 주신 애굽의 보화를 아론에게 넘겨 이방 신상을 만들게 했다. 신상을 완성한 뒤 아론은 백성을 향해 외쳤다. "이스라엘아 이는 너희를 애굽 땅에서 인도하여 낸 너희의 신이로다"(4절).

성경을 보면 안타깝게도 이런 일이 계속해서 일어났다. 우리는 계속된 이런 사건을 보며 깊은 경계심을 품는 동시에 겸손해져야 한다. '그때나 그랬지. 지금은 달라'라고 생각하지 말고 동일한 우상숭배에 빠지기 쉬운 우리 마음의 경향을 깨달아야 한다. 신학자 윌리엄 스트링펠로우는 이렇게 말했다. "우상숭배는 시대와 문화를 막론하고 만연해 있다. 지금이 과거보다 덜하지 않다.

워싱턴이 고모라보다 덜하지 않다. …… 현대의 서구인은 스스로 덜 문명화 되었다고 여기는 사람보다 자신이 사는 세상을 더 잘 안다. 그리고 그가 선호하는 우상들은 종교, 일, 돈, 지위, 성, 애국주의 같은 일상에서 익숙한 것들이다. 그래서 그는 스스로 덜 문명화 되었다고 여기는 사람보다 오히려 우상들에 더 깊이 사로잡혀 있을 수 있다."[2]

뒤죽박죽이 된 사랑의 우선순위

성경 속에 나타난 우상숭배에 관한 강한 경고가 정확히 무엇을 의미하는지를 이해해야 한다. 로마서 1장 21절에서 바울은 우상숭배의 뿌리를 알려 준다. "하나님을 알되 하나님을 영화롭게도 아니하며 감사하지도 아니하고." 이런 사람들의 삶과 사랑은 그야말로 뒤죽박죽이다. 그들의 삶 속에서는 창조된 것들이 창조주보다 먼저다. 감사는 특권 의식으로 변질되어 있다.

성경의 핵심은 순서를 올바르게 유지하는 것이다. "너는 나 외에는 다른 신들을 네게 두지 말라"(출 20:3). "네 마음을 다하고 목숨을 다하고 뜻을 다하고 힘을 다하여 주 너의 하나님을 사랑하라"(막 12:30; 신 6:5). 또한 예수님은 제자들에게 이방인들이 추구하는 것을 추구하지 말라고 명령하셨다(마 6:32). 그들은 "먼저 그의 나라와 그의 의를" 구해야 했다(33절). 예배는 마음의 우선순위의 문제다.

우상들은 '순서가 잘못된 사랑'의 악한 열매다. 웨스터민스터 대요리문답(Westminster Larger Catechism)은 "마음이나 의지, 애정을 다른 것들에 과도하게 향하는 것"은 첫 번째 계명을 어기는 것이라고 말한다.[3] 그것은 하나님보다 다른 무언가를 더 우선시하는 것이다. 오랫동안 나와 함께 맨해튼에서 목회했던 팀 켈러는 이런 표현을 사용했다. "우리는 우상이 나쁜 것이라고 생각하지만 그런 경우는 거의 없다. 좋은 것일수록 우리는 그것이 우리의 가장 깊은 욕구와 소망을 충족시켜 줄 수 있다고 믿는다. 그것이 무엇이든 거짓 신이 될 수 있다. 삶 속의 가장 좋은 것들이 그렇게 되기가 특히 쉽다. …… 〔우상은〕 그것이 무엇이든 우리에게 하나님보다 더 중요해진 것이다."[4]

'좋은 것'을 '하나님'으로 바꾸려는 유혹은 끊이지 않는다. 심지어 종교에 관심이 없다고 주장하는 사람들도 뭔가를 종교인처럼 숭배한다. 뭔가가 그들의 마음과 사랑을 사로잡고 그들 삶을 조종한다. 성경적인 상담자 엘리제 피츠패트릭은 이렇게 말했다. "내가 원하는 복들을 숭배하고 있는지, 하나님을 숭배하고 있는지 어떻게 알 수 있을까? …… 자신의 목적을 이루기 위해 죄를 지을 수 있다면, 혹은 원하는 것을 얻지 못할 때 죄를 짓는다면, 그 욕구가 하나님 자리를 대신 차지하면 우리는 사실상 우상숭배자가 된 것이다."[5] 성경이나 자신의 양심을 무시할 만큼 간절히 원하는 것이 있는가? 정말 원하는 것을 얻지 못하는 답답함을 달래기 위해 죄를 짓고 있는가?

온갖 유혹 거리가 가득한 현대 세상에서 우리의 욕구들은 너무도 쉽게 뒤엉킨다. 이런 내적 혼란은 우리의 삶에 재난을 가져온다. 창조주만이 채울 수 있는 욕구를 창조된 것들을 통해 채우려고 하기 시작한다.

한 기독교 철학자는 이런 현실의 뿌리를 정확하게 파헤쳤다.

> 하나님, 천사, 인간, 개, 북가시나무, 호박, 바위, 흙은 모두 다
> 다르다. 이 모든 것들은 하나님의 창조 세계에서 각자의 자리를
> 차지한다. 계급 체계 안에서 그것들의 본질은 변하지 않는다.
> 우리가 사랑을 통해 그것들과 관계를 맺을 때 그것들이 제공할 수
> 있는 만족의 종류도 변하지 않는다.
> 이것들은 본질적으로 다 다르기 때문에 이것들을 사랑할 때
> 따르는 결과도 다를 수밖에 없다. 우리의 욕구, 그 욕구를
> 충족시킬 수 있는 것들의 특성, 우리가 욕구를 충족시키기
> 위해서 그것들을 추구하기 위한 올바른 방식 사이에 하나님이
> 정하신 법칙이 있다. 하나님이 만드신 모든 것은 우리가 사랑할
> 대상으로서 좋고, 즐겁고, 합당하고, 만족의 원천이지만 우리는
> "그것이 제공할 수 있는 것 그 이상의 것을 기대해서는 안 된다."
> 우리는 그것들의 가치에 합당한 만큼만 사랑과 찬사를 쏟아야

한다.

문제는 우리가 그것들을 원하거나 사랑하기 때문에 발생하는 것이 아니다. ····· 문제는 우리가 원하고 사랑하는 것들의 '본질'이 무엇인지 ····· 우리가 그것들에 사랑을 쏟음으로써 무엇을 '기대'하는지를 ····· 이해하지 못할 때 발생한다.[6]

우선순위가 잘못된 사랑은 우선순위가 잘못된 삶으로 이어진다. "하나님을 알되 하나님을 영화롭게도 아니하며 감사하지도 아니하고"(롬 1:21). 이런 사람은 창조된 것들을 숭배한다. 이것이 바로 우상숭배의 뿌리다.

우리 안을 채우고 우리 주변을 에워싼 유혹들

우상의 범주를 알면 자신의 맹점을 파악하고 자신의 우상을 규명하는 데 도움이 된다. 요한일서 2장 15-17절에서 요한은 두 가지 종류의 우상에 관해서 이야기한다. "이 세상이나 세상에 있는 것들을 사랑하지 말라 누구든지 세상을 사랑하면 아버지의 사랑이 그 안에 있지 아니하니 이는 세상에 있는 모든 것이 육신의 정욕과 안목의 정욕과 이생의 자랑이니 다 아버지께로부터 온 것이 아니요 세상으로부터 온 것이라 이 세상도, 그 정욕도 지나가되 오직 하나님의 뜻을 행하는 자는 영원히 거하느니라."

여기서 우리는 다음과 같은 우상들을 볼 수 있다.

* **마음의 우상** 우리의 마음속에서 신의 위치까지 오른 것들.
* **문화적 우상** 세상이 가치 있게 여기는 것들 중 우리가 사랑과 헌신을 쏟는 것들.

마음의 우상

에스겔 14장에서 이스라엘 장로들이 하나님의 메시지를 듣기 위해 에스겔 선지자를 찾아갔다. 이는 신실하고 충성스러운 행동처럼 보인다. 그런데 하나님은 이들에 관해 뭐라고 말씀하셨을까? "이 사람들이 자기 우상을 마음에 들이며 죄악의 걸림돌을 자기 앞에 두었으니 그들이 내게 묻기를 내가 조금인들 용납하랴"(3절). 다시 말하면 이런 뜻이다. "꿈도 꾸지 말라! 이 사람들이 마음에 우상을 품고 있는 한, 이들을 이끌지 않을 것이다. 예언 대신 호통 한마디나 듣고 가라. 회개하라! 우상에서 돌아서라!"

우리가 하나님께 나아갈 때 하나님의 주된 관심사는 의무감에서 나온 우리의 행동이 아니라 우리 마음에서 비롯된 진정한 헌신이다. 우리 마음은 무언가에 사로잡히기가 너무도 쉽다. 우리도 모르는 사이에 무언가가 우리 마음속에서 첫 번째 자리를 차지하기가 너무도 쉽다. 하나님이 아닌 다른 것이 우리 마음의 중심을 차지한 상태에서도 계속해서 소그룹 모임에 참석하고 열심히 교회에 다니고 헌금을 많이 하고 희생적으로 사랑을 베풀 수 있다. 이것이 하나님이 언제나 우리의 종교적인 습관보다 우리의 마음을 먼저 살피시는 이유다.

십계명에서 이 점을 바로 확인할 수 있다. 보통 십계명을, 우리의 행동을 교정하기 위한 외적인 법으로 오해하는 경우가 많다. 하지만 사실 십계명은 우리의 마음을 다루면서 시작한다. 십계명은 외적 도덕으로 나아가기 전에 먼저 우리를 사랑으로 이끈다. 데이비드 폴리슨은 우상숭배를 이야기할 때 자주 인용되는 글에서 이렇게 말했다. "첫 번째 대계명인 '마음과 목숨과 뜻과 힘을 다해 하나님을 사랑하라'라는 말은 우상숭배에 관해 율법이 본질적으로 '내향성'을 지니고 있다는 점을 보여 준다."[7]

뭔가가 하나님 자리를 차지하면 우리의 사랑이 왜곡된다. 그 뭔가는 돈과 금전적 성공이 될 수 있다. 우리의 지성이나 성, 권력, 심지어 사람에 대한 두려움이 될 수도 있다. 마음의 우상이 될 수 있는 것은 그야말로 끝도 없다. 마음의 우상은 우리가 하나님보다 더 가치를 부여하고 사랑과 마음을 더 쏟아붓는 것들이다. 당신 마음속에도 이런 것이 있는가?

우리 교회에서 마음의 우상에 사로잡혀 살던 한 젊은이와 깊은 이야기를 나눈 적이 있다. 겉으로 보면 그의 삶은 거의 완벽해 보였다. 비싼 사립학교, 일류 대학, 저명한 대학원 졸업장. 그는 우리 교회의 사역을 대부분 이끌면서 모두에게 널리 존경받았다.

하지만 그를 깊이 아는 사람들은 뭔가 잘못되었다는 사실을 감지했다. 그는 누군가가 자신을 비판하면 방어적으로 혹은 극도로 공격적으로 굴었다. 그 정도가 매우 심할 정도였다.

나는 그를 자주 만나 깊은 신뢰를 쌓은 상태였다. 하루는 그가 내게 평생 인정을 좇아 살아왔노라고 고백했다. 그는 아버지의 칭찬을 간절히 원했지만 아버지는 한 번도 그를 칭찬해 주지 않았다. 그는 아버지가 인정하지 않을 수 없을 만큼 크게 성공하고 싶었다. 그래서 그는 지적을 받을 때마다 그 때문에 실패할까 봐 두려워했다. 인정이라는 마음의 우상이 성공한 외향 이면에 숨어 있었다.

문화적 우상

그리스·로마 시대 때는 지역마다 지역 신이 있었다. 이 신들이 문화의 중심에서 패션, 정체성, 사회적 리듬 같은 것들을 정의했다. 지역 신이라는 개념이 단순히 과거 이야기마냥 들리는가? 오늘날에도 지역마다 나름의 문화가 있다. 지역만의 가치, 전통, 의식, 기대 사항 등이 혼합된 문화가 존재한다. 때로 문화적 우상들은 분명하게 드러나서 그 지역을 지배한다. 하지만 미묘한 우상들도 있다. 내가 사는 뉴욕을 생각해 보자. 뉴욕의 스포츠 팀들은 마치 지역 신과 동일하게 여겨질 때가 많다. 뉴욕 시민은 지역 팀을 사랑하고 상대 팀을 경멸한다. 보스턴 레드 삭스 셔츠를 입고 경기 중에 양키스타디움에 들어가면 그 사실을 생생하게 느낄 수 있다. 그러다 자칫 큰 대가를 치를 수도 있다. 이런 현상은 얼핏 사소해 보이지만 더 내밀한 현실을 나타내 주는 문화적 징후다. 더 큰 의미를 표출하는 이런 작은 징후들을 인류학자 메리 더글러스는 "응축된 상징"(condensed symbols)이라고 부른다.[8]

커리어나 재정적 안정처럼 좋은 문화적 요소들이 우리 인생에서 첫 번째 자리를 차지하면 포착하기도 거부하기도 힘든 복잡한 시스템을 만들어 낼 수 있다. 사회학자 피터 버거는 우리가 사는 곳의 문화를 통해 특정한 신념이나 행동을 타당하게 여기게 되는 "타당성 구조"(plausibility structures)라는 개념을 개발했다.[9] 우리는 본능적으로 또래 준거집단을 통해 각 환경에서 어떻게 받아들여질지를 보고 배운다. 이 집단은 우리의 관계와 행동을 위한 일종의 자동차 계기판과도 같다. 우리는 이 집단을 보면서 우리가 이 집단에 소속되었는지, 그곳에 받아들여지고 인정받기 위해 무엇을 바꿔야 할지를 판단한다.

우리 인간들은 자신이 소속되었는지를 측정하기 위한 신호를 끊임없이 쏘아 보내는 적지 않은 문화적 안테나를 갖고 있다. '내가 소속되어 있는가? 어떻게 살아야 하는가? 여기서는 무엇이 중요한가?' 우리는 이러한 문화적 안테나로 상황을 읽고 적응한다. 이런 외적 요인들은 우리 행동에 거센 압박을 가할 수 있다.

그리스도인이 믿음의 공동체에 영향을 받아 예수님의 형상으로 변해 가는 것처럼, 세상은 우리를 세상 문화의 형상으로 형성하려고 한다. 우리는 이런 교묘한 문화적 우상들을 인식하지 못할 수 있다. 하지만 성령과 말씀으로 뜨인 눈으로 문화를 보면 현실이 눈에 들어오기 시작한다.

뉴욕에서 이러한 우상은 주로 돈의 형태로 나타난다. 뉴욕의 월스트리트에는 연봉을 200만 달러나 받으면서도 여전히 살기 빠듯하다고 말하는 사람들이 가득하다. 사립학교와 가정부, 해변의 별장, 최고급 아파트가 있음에도 불구하고 그들은 더 많은 것을 얻지 못해 안달이 나 있다. 자신이 역사상 기록된 모든 임금 노동자 중에서 상위 0.05퍼센트에 속한다는 사실도 모른 채 말이다.

맘몬은 아래를 바라보며 가진 것에 감사하지 못하게 하고 늘 위만 올려다보며 시기하고 질투하게 만든다. 이 문화적 우상은 현실을 보는 우리의 시각을 일그러뜨린다.

보수주의자들은 전통적으로 마음의 우상에 초점을 맞춘 반면, 진보주의자들은 문화적 우상에 초점을 맞추었다. 그렇게 우리는 둘로 나뉘어 각자 자신의 우상을 섬기고 상대편 우상을 공격한다. 하지만 예수님은 제자들에게 정의와 거룩, 고아 및 과부를 섬기는 것과 세상에 물들지 않는 것 둘 다를 추구하라고 명령하신다(약 1:27). 우리는 우상의 범주를 초월해서 새로운 비전을 제시해야 한다. 신자가 모든 범주의 우상을 거부할 때 비로소 하나님께 기름부음을 받은 새로운 공동체가 되어 세상을 새롭게 바꿔

나갈 수 있다.

나를 괴롭힌 '인정'이라는 우상

교회를 세우기 위해 뉴욕으로 갔을 때 내가 가진 동기가 옳다고 확신했다. 나는 하나님 나라가 강하게 임하는 것을 원했다. 하나님에게서 멀어져 있는 사람들이 그분 안에서 구속과 자유를 얻기 원했다. 하지만 뉴욕은 내 예상보다 훨씬 더 강한 문화적 힘으로 인간의 마음을 좌지우지하고 있었다.

수십 년간 사람들이 이 도시로 몰려오는 목적은 단 하나였다. 그것은 인정과 보상이었다. 그곳에는 문화적 성공을 얻고 힘과 인정을 얻기 위한 완벽한 환경이 조성되어 있다. 그리고 각종 기관과 기업, 유행과 문화를 선도하는 자들이 성공의 조건과 보상을 결정한다. 이런 외적 요인들은 진실한 마음에까지도 막대한 힘을 발휘한다. 그곳에 사는 사람들은 그 도시가 어떤 방식으로 인간의 영혼을 조종하는지 알고 있다. 주된 방식 중 하나는 신뢰성이라는 개념을 통하는 것이다.

우리 교회는 이 도시에서 기도, 시간, 돈, 관계까지 우리의 가진 모든 것을 쏟아부었고 이내 부흥하기 시작했다. 교회는 뉴욕의 주요 신문사 중 한 곳에서 관심을 가질 정도로 성장했다. 어느 부활절, 우리 교회가 어떤 곳이며 이 도시에 어떤 비전을 품고 있는지를 다룬 특집 기사가 그 신문에 실렸다. 이 기사는 혹평까지는 아니었지만, 도시가 무엇을 원하는지도 제대로 모르는 풋내기 외지인으로 우리 교회를 묘사했다. 다른 미디어를 통해 이 내용이 퍼지면서 우리는 꽤나 유명해졌다. 물론 좋지 않은 쪽으로 말이다.

나는 전에 경험해 보지 못한 내적 위기를 겪게 되었다. 바로 인정에 대한 위기였다. '사람들이 우리를 진지하게 받아들이지 않는다면 어떻게 그들을 전도할 수 있을까? 우리가 무엇을 잘못하고 있기에 지역 사람들이 우리 교회에 매력을 느끼지 않는가? 어떻게 해야 복음을 세련되게 전할 수 있을까? 복음의 내용을 손상시키지 않고도 어떻게 하면 사람들에게 더 신뢰받을 수 있을까?'

이후 몇 달간 지속된 인정의 우상이 내 마음을 흔들었다. 주변 모든 것을 문화적 수용이라는 새로운 렌즈를 통해 다시 바라보기 시작했다. '어떤 점이 뉴요커들의 심기를 건드리고 있는 거지? 우리 예배가 너무 감정적인가? 설교가 너무 감성에 호소하나? 우리가 사용하는 언어가 너무 오만한가? 아니면 신학이 너무 보수적인가?' 교회 사역을 이 지역 상황에 맞추려는 마음이 강해지다 보니 점점 타협으로 흐르기 시작했다. 예수님이 교회를 통해 하시려는 일보다 뉴욕의 취향을 더 신경 쓰기 시작했다.

이것은 요한계시록 2장의 교회 대부분에서 공통적으로 나타난 타협이다. 그 교회들의 사역은 세상 문화로 변질되었고, 그로 인해 예수님께 꾸지람을 받았다. 예수님은 그분의 가르침보다 세상의 의견에 더 신경 쓰는 교회들을 가장 강하게 꾸짖으셨다.

어느 주일, 찬양 시간에 나는 맨 뒤편에 앉아 있었다. 나는 심한 분노와 좌절감에 사로잡혀 있었다. 갑자기 예배 방식이 너무 저속하고 남부식으로 느껴졌다. 뉴욕과 전혀 어울리지 않아 보였다. 우리가 이런 식으로 하면 아무도 우리를 진지하게 받아들이지 않을 거라고 찬양 팀을 향해 소리 지르고 싶었다. 인정의 우상이 내 삶에서 성령을 소멸시키고 있었다.

그러다 갑자기 내 안에서 무슨 일이 벌어지고 있는지 깨달았다. 나는 그 자리에서 흐느끼기 시작했다. 신문 기사 같은 하찮은 것이 내 마음을 그토록 강하게 압박할 수 있다는 사실에 깜짝 놀랐다. 그 순간, 나를 깨우치시는 예수님의 음성이 느껴졌다. "이건 네 교회가 아니라 내 교회다. 사람들이 받아들일 만한 것만을 하면 내가 하려는 일이 이루어질 수 없다. 너희 교회가 뉴욕 시민들에게는 존경받겠지만 내 눈에는 차지 않는 교회가 될 것이다. 내 말씀보다 뉴욕의 문화적 취향을 더 따르는 교회가 될 것이다."

실로 충격적인 꾸지람이었다. 너무도 생생한 느낌과 그 음성에 담긴 진리를 통해 내 눈이 열리며 내 안의 왜곡된 사랑을 보게 되었다. 마음의 우상이 문화적 우상들과 결합하여 우리 교회를 무기력하게 만들고 있었다.

그날 밤 나는 깊이 회개하고서 마음속 그 우상을 부수었다. 하나님의 기름부음을 포기하면서 세상의 복을 추구하는 것이 얼마나 비극적인지를 똑똑히 보았다. 그렇게 회개한 덕분에 성령의 새로운 역사가 시작되었다. 그렇다고 내가 그 뒤로 인정의 욕구에 전혀 흔들리지 않은 것은 아니다(모든 마음은 그럴 때가 있다). 하지만 그 우상의 힘은 사실상 사라졌다. 내 마음속에 자리한 더 큰 목소리와 더 큰 책임이 그 우상의 힘을 흩어 버렸다. 하나님 나라를 먼저 구하고 그분을 올바로 사랑하는 것, 그것이 내 마음의 가장 깊은 욕구다.

우상의 치명성

내가 계속해서 그리스도 대신 인정의 우상에게 절을 했다면 어떤 일이 벌어졌을지 생각만 해도 끔찍하다. 본회퍼와 핑켄발데 신학생들은 믿음의 공동체를 세웠지만 독일에는 나치가 지배하는 동안 진리의 빛을 숨긴 그리스도인들이 많았다.

우상은 왜 이토록 치명적일까? 우상은 기만하고 일그러뜨리고 파괴하기 때문이다. 마음의 우상은 우리를 일그러뜨린다. 문화적 우상은 우리의 세상을 일그러뜨린다.

기만

바울은 로마서 1장 21절에서 이렇게 말한다. "그 생각이 허망하여지며." 기만의 문제점은 자신이 기만당하고 있는지 모른다는 것이다. 그냥 자신이 옳게 느껴진다. 자신이 완벽히 합리적인 것처럼 느껴진다. 우상은 영적 위조물과도 같다. 하나님의 성품을 흉내 내지만 은근히 그것을 왜곡시킨다. 이것이 신학이 신학교에 있는 사람들만을 위한 것이 아닌 이유다. 모든 하나님의 백성은 하나님이 누구신지를 알아야 한다. 그래야 거짓 신들이 접근해 오면 바로 알아챌 수 있다.

우상들은 약속과 경고를 하는데, 둘 다 거짓이다. 그들의 약속에 넘어가면 환멸에 빠지게 되며, 그들의 경고를 귀담아들으면 해를 입는다. 거짓 신들은 거짓 율법, 성공과 실패에 대한 거짓 정의, 가치와 치욕에 대한 거짓 정의를 만들어 낸다. 우상들은 선악을 하나님과 정반대로 정의한다. 그들은 우리를 기만한다.

일그러뜨림

둘째, 우상은 우리를 일그러뜨린다. 우리의 생각만 달라지는 것이 아니라 아예 다른 사람이 되어 간다. 다시, 로마서 1장 21절을 보자. "미련한 마음이 어두워졌나니." 우리 마음속에서 일어나는 일이 우리의 삶으로 표출되어 우리를 변화시킨다. 이것이 시편 115편 8절이 이렇게 말하는 이유다. "우상들을 만드는 자들과 그것을 의지하는 자들이 다 그와 같으리로다."

사람들이 새로운 열정을 발견하면 그것이 그들의 모든 행동에 영향을 미친다. 옷차림이 바뀌고 스케줄이 조정되고 입술에서 새로운 말이 나온다. 그들의 마음속을 사로잡은 것에 따라 예산과 친구 관계 등이 조정된다. 뭔가에 참여하면 뭔가가 바뀐다. 우리가 섬기는 것들은 서서히 우리를 변화시킨다. 우상을 섬기면 끔찍한 일그러짐이 나타난다.

소설가 데이비드 포스터 월리스는 이렇게 말했다. "뭐든 …… 당신이 숭배하는 것이 당신을 산 채로 잡아먹을 것이다." 계속해서 그는 돈과 물질을 숭배하면 결코 그것에 만족할 수 없다고 말한다. 미와 성적 매력을 숭배할수록 불쾌한 기분에 시달린다. 힘을 숭배할수록 약함과 두려움에 민감해진다. 지성을 숭배할수록 결국 자신이 어리석게 느껴진다.[10]

파괴

궁극적으로 우상숭배는 우리를 파괴한다. 로마서 1장 18절을 보라. "하나님의 진노가 불의로 진리를 막는 사람들의 모든 경건하지 않음과 불의에 대하여 하늘로부터 나타나나니." 오늘날 교회는 하나님의 진노에 관한 이야기를 하려 하지 않는다. 하지만 진노는 세상의 악과 불의에 대한 하나님의 중요한 반응이라는 점을 이해해야 한다.

사실 "진노"는 다양한 의미를 지니고 있다. 여기서 진노는 우리의 변덕스러운 분노와 다르다. 바울은 "하나님께서 그들을

…… 내버려 두사"라고 말한다(롬 1:24). 하나님은 분노를 터뜨리시지 않는다. 하나님의 진노는 수동적인 진노다. 그 진노는 이렇게 말하는 것이다. "나를 네 하나님으로 삼고 싶지 않은가 보구나. 좋다. 네 마음대로 해라. 너 스스로 신이 되어 어떻게 되나 보거라."

자기 우상화의 심판 아래서 사는 사람들을 보면 진리와 의가 진정으로 치유와 회복을 가져온다는 사실을 분명하게 알 수 있다.

미국에서 살면 하나님보다 우상을 섬긴 결과를 분명히 느낄 수 있다. 맘몬의 우상을 예로 들어 보자. 맘몬을 섬긴 결과, 2008년 금융 위기가 찾아왔다. 이 위기는 광범위한 파괴와 절망을 낳았다. 조지 패커는 〈뉴요커〉(New Yorker)에 실린 글에서 이 파괴에 관해 말했다. "붕괴가 찾아왔을 때 …… 800만 개의 일자리가 사라지고, 900만 개의 가정이 무너지고, 곧이어 은퇴 자금들이 날아갔다. …… 금융 위기를 동반한 대침체는 빵 배급소나 파업을 재현하지 않았다. 이번에는 그 절망감이 조용하고도 외롭게 표출되었다. 버려진 집 앞에 수북이 쌓인 우편물들 …… 종일 비디오게임을 하는 중년 남성 …… 사람과 대화하기 위해 은행에 전화를 거는 은퇴한 여성."[11] 슬픔, 외로움, 고립은 맘몬의 신이 자신을 섬긴 자들에게 해 준 보답의 결과다. 탐욕은 우리 모두에게 큰 아픔을 안겨 주었다. 사회에서 가장 취약한 자들은 경제 몰락으로 아예 무너졌다.

이것이 하나님이 우리 스스로 창조한 것들을 섬기지 말라고 경고하시는 이유다. 이사야 44장 15-17절에서 하나님은 목공이 땔감의 절반으로 불을 피우고 나서 나머지 절반으로 우상을 만든 것에 한탄하셨다. 이 얼마나 쓸데없는 짓인가! 이것이 예레미야 2장의 언어가 그토록 강렬한 이유다.

> 어느 나라가 그들의 신들을 신 아닌 것과 바꾼 일이 있느냐 그러나 나의 백성은 그의 영광을 무익한 것과 바꾸었도다 너 하늘아 이 일로 말미암아 놀랄지어다 심히 떨지어다 두려워할지어다 여호와의 말씀이니라 내 백성이 두 가지 악을 행하였나니 곧 그들이 생수의 근원되는 나를 버린 것과 스스로 웅덩이를 판 것인데 그것은 그 물을 가두지 못할 터진 웅덩이들이니라(렘 2:11-13).

우리는 불의한 가운데 진리를 억누른다. 그 결과, 우상들이 우리를 산 채로 잡아먹는다. 하나님은 우리가 그분을 알고 자유와 기쁨 가운데서 살기를 원하신다. 이것이 그분이 이런 영적 위조품들을 파괴하고 그분의 선하신 사랑을 누리라고 명령하시는 이유다. 우상숭배에 대한 해독제는 삶의 우선순위를 바로잡는 것이다. 우리의 마음과 정신, 영혼, 힘을 참된 만족을 주는 것으로 향하는 것이다.

잘못된 해결책

사도 요한은 짧은 문장으로 자신의 서신서 중 하나를 마무리했다. "자녀들아 너희 자신을 지켜 우상에게서 멀리하라"(요일 5:21). 이 말로 서신서를 마무리했다는 사실이 실로 흥미롭다. 그 순간, 요한의 마음속에 있는 많은 것 중에서 이것이 가장 시급했다. 그는 로마제국의 세상에서 신앙생활을 하는 제자들에게 충성스러운 저항을 촉구했다.

그렇다면 현대의 세속 시대를 사는 우리는 어떻게 우상을 멀리할 수 있을까? 우리는 어떻게 저항해야 할까?

사람들은 우상의 파괴적인 힘을 본능적으로 안다. 그래서 사람들은 나름대로 우상의 압제에서 벗어나기 위해 노력한다. 그 노력은 주로 비효과적인 두 가지 반응으로 나타난다.

첫 번째는 인간의 지혜와 자기 의에 초점을 맞춘 '종교적 반응'이다. 종교는 우상을 극복하기 위한 자기 노력에 의존한다. 그 노력은 쓸데없다. 모든 종교는 우상숭배를 강화할 뿐이다. 종교는 종교적 우상으로 세속적 우상과 싸우려는 시도에 불과하다. 종교는 마음을 변화시키는 대신 마음을 강제로 굴복시키려는 시도일 뿐이다.

부모들은 본의 아니게 자녀에게 이렇게 할 때가 많다. 그들은 자녀를 통제하기 위해서 하나의 우상으로 다른 우상을 공격한다. 그들은 내밀한 부분을 다루어 권위를 사랑으로 존중하고 권위에 겸손히 순종하도록 가르치는 대신, 수치심으로 자녀를 훈육하거나("어떻게 그렇게 무례할 수 있니?") 자녀의 교만을 자극한다("다른 사람들이 너를 대단하게 생각하도록 만들고 싶지 않니?").

이것은 바리새인식 접근법이다. 바리새인들은 종교적인 교만과 수치를 사용하여 다른 사람들을 통제하고 행동을 조종했다. 그로 인해 생명의 언약이 죽음의 문화로 바뀌었다. 예수님은 그들이 밖에서는 그럴 듯해 보이지만 안에서는 죽은 사람들의 뼈로 가득한 회칠한 무덤과도 같다고 말씀하셨다(마 23:27).

두 번째 반응은 '세속적 반응'이다. 이것은 효과가 없는 우상을 좀 더 효과 있어 보이는 우상으로 바꾸는 것이다. 일반 심리 상담사를 찾아간 한 여성에 관한 이야기를 읽은 적이 있다. 그녀는 해로운 관계에 빠져 있었는데 그 관계를 어떻게 끊어야 할지 몰라 답답해하고 있었다. 치료 상담을 받던 중 그녀는 예수님을 만나 그리스도인으로서 성장하기 시작했다. 이제 그녀는 심리 상담사의 말을 복음의 관점에서 듣기 시작했고, 심리 상담사가 제시하는 조언이 무익하다는 사실을 깨닫게 되었다.

심리 상담사는 이런 식으로 말했다. "이 사람은 당신에게 걸맞지 않아요. 당신은 더 좋은 사람을 만날 자격이 있어요. 이 사람의 푸대접 때문에 당신은 자존감이 낮아져 있어요. 늘 꿈꾸던 그 석사 학위를 밟도록 하세요. 남자가 필요하지 않은 독립적인 여성이 되어야 합니다."

하지만 자존감을 얻기 위해 남자가 필요한 것 자체가 우상이었고, 독립도 사실상 다른 형태의 우상숭배였다. 상담사의 조언은 효과 없는 우상을 좀 더 효과 있어 보이는 우상으로 바꾸라는 것에 불과했다. 그래서 여성은 이렇게 말했다. "그것은 원인이 아니라 증상을 다루는 것에 불과해요."

그녀는 하나님의 은혜로, 자신의 깊은 곳에 자리한 고통과 망가짐을 보고 하늘 아버지의 사랑 안에서 만족하는 법을 배웠다. 그녀에게 필요한 것은 더 효과적으로 보이는 우상으로 갈아타는 것이 아니었다. 그녀에게 필요한 것은 그녀를 자유롭게 하기 위해 돌아가신 분의 계시였다.

그리스도인은 우상을 다른 우상으로 대체하지 말아야 한다. 우리는 모든 우상숭배를 회개해야 한다. 우상을 '그리스도 안에서 우리의 것인 참되고도 무조건적인 사랑의 경이'로 바꾸어야 한다.

참으로 우상숭배를 끊어 내려면

미국 법률 시스템에는 법 철학자 H. L. A. 하트가 "궁극적인 인정의 법칙"이라고 부른 개념이 있다. 미국에서 통과되는 법은 모두 헌법과 일치해야 한다. 미국인들에게 헌법은 궁극적인 인정의 법칙을 따르고 있다.

우리 모두의 마음속에도 궁극적인 인정의 법칙이 필요하다.

우리의 모든 사랑과 갈망이 하나님께로 집중되어야 한다. 돈, 성, 커리어, 시간까지 인생의 모든 영역에서 하나님께 대한 충성이 나타나야 한다는 뜻이다. 하나님이야말로 우리의 궁극적인 인정의 법칙이다.

이것이 교회가 중요한 이유다. 서구 문화는 유혹이 많은 환경으로 둘러싸여 있다. 온갖 문화적 우상이 우리 마음과 행동을 사로잡고 습관을 바꾸며 정신에 영향을 미치고 있다. 교회는 우상 숭배에 맞서 우리를 새로운 방향으로 형성시켜 주는 공동체로서 존재한다. 우리는 단지 즐기기 위해 교회에 가지 않는다. 우리가 교회에서 추구하는 것은 예수님의 형상으로 변화되는 것이다. 그래서 필립 얀시는 이렇게 말했다. "교회는 주로 즐길 거리를 제공하기 위해 …… 혹은 자존감을 키워 주거나 사교를 돕기 위해 존재하지 않는다. 교회는 하나님을 예배하기 위해 존재한다. 이 부분에서 실패하면 다 실패한 것이다. 내가 배운 바에 따르면 …… 〔교회의〕 궁극적인 목표는 예배자들이 하나님을 만나게 하는 것이다."[12]

이것을 두 가지 분야에 적용할 수 있다. 바로 우리의 마음(개인적 우상을 허물어야 한다)과 교회(문화적 우상에 저항해야 한다)다.

하나님께 마음을 드리라

사도 바울은 이렇게 말했다. "내가 하나님의 열심으로 너희를 위하여 열심을 내노니 내가 너희를 정결한 처녀로 한 남편인 그리스도께 드리려고 중매함이로다 그러나 나는 …… 너희 마음이 그리스도를 향하는 진실함과 깨끗함에서 떠나 부패할까 두려워하노라"(고후 11:2-3). 바울은 하나님의 백성이 옳은 것을 옳은 방식으로 사랑하게 되기를 간절히 원했다. 이것이 그의 궁극적인 목표였다.

아내를 만나 결혼하기 전에 나는 다른 사람을 사랑해서 사귄적이 있다. 내 아내도 마찬가지였다. 결혼식에서 우리는 과거와 현재, 미래까지 우리의 온 삶에 대해 이렇게 선언했다. "다른 모든 연인을 버립니다." 내가 아내를 만나기 전에 사랑했던 모든 여성과 관련된 물품들을 상자에 보관했다면 어떤 일이 벌어졌을지 상상해 보라. 내가 기분이 좋거나 힘들 때마다 그 상자를 열어 이전 관계들을 추억했다면? 당연히 우리 가정은 잘 유지되지 못했을 것이다.

마음의 우상숭배가 바로 이와 같다. 마음의 우상숭배는 예수님을 주인으로 삼되 성이나 돈 아래에 두는 것이다. 마음의 우상숭배는 예수님을 주인으로 삼되 스트레스를 받을 때 다른 것으로 감정을 통제하려고 하는 것이다. 우리는 예수님께 충성하는 마음으로 다른 모든 연인을 버려야 한다.

도덕주의는 행동이 가장 중요하다고 말한다. 세속주의는 인격적 특성이 가장 중요하다고 생각한다. 하지만 하나님은 무엇보다 우리의 마음을 가장 원하신다. 우상숭배를 영적 간음으로 보기 전까지는 그것을 가볍게 여길 수밖에 없다. 마음을 바로잡으면 모든 것이 따라오게 되어 있다. 스트레스와 슬픔에 빠져 있을 때도, 승리를 축하할 때도 감사와 기도와 예배로 하나님께 마음을 향해야 한다. 일시적 해법으로 불안과 두려움을 달래려 하지 말고 그 불안과 두려움의 자리로 하나님을 초대해야 한다. 넷플릭스와 피자는 당장은 좋은 위로처럼 느껴질 수 있지만, 그것 때문에 하나님을 의지하지 못하면 해방은 점점 더 멀어져만 간다.

하나님은 우리 마음의 사랑을 차지하기 위한 전쟁을 벌이고 계신다.

영적 형성을 위한 훈련 공동체

교회가 세상과 다른 자유와 소망의 공동체로 기능하기 위해서는 우리 마음에 우상을 불어넣기 위해 공모하는 세력들을 분간할 줄 알아야 한다. 그런 다음에는 그 세력들을 거부하고 대체해야 한다. 이것이 예배가 우리의 공동체 생활에서 가장 중요한 이유 중 하나다. 우리 마음과 사랑의 순서를 바로잡고 하나님과의 관계에서 새로운 경이감을 얻기 위해 고백하고 변화되고 성경을 읽는 시간이 필요하다. 예배는 묵상과 회개의 여지를 만들어 내는 일종의 경계 공간이다.

다윗왕은 시편 139편 23-24절에서 다음과 같이 기도했다.

하나님이여 나를 살피사 내 마음을 아시며 나를 시험하사 내 뜻을
아옵소서 내게 무슨 악한 행위가 있나 보시고 나를 영원한 길로
인도하소서.

이렇게 우리 마음을 하나님께 드리고 성령을 찾는 것은 일종의 영적 MRI 역할을 하여 행동의 표면 아래에 있는 우리 마음의 진짜 동기들을 드러낸다. 그럴 때 우리는 우리에게 영향을 미친 우상들을 회개하고 성령께 깨끗하게 해 달라고 간청할 수 있다. 복음은 실로 좋은 소식이다. 복음은 우리 스스로를 구하거나 다른 주인을 섬길 필요성에서 우리를 구해 주고, 하나님의 사랑과 인정에서 오는 자유 가운데 살아야 한다는 사실을 일깨워 주기 때문이다.

따라서 여행, 아이들 교육, 휴가, 개인적 취향을 예배보다 더 우선시해서는 안 된다. 정신을 바짝 차리지 않으면 "모이기를 폐하는 어떤 사람들의 습관과 같이" 하게 된다(히 10:25). 이는 복음보다 세상의 흐름에 영향을 받게 된다는 뜻이다. 그렇게 되면 우리의 마음은 방황하게 되어 있다.

캐나다 출신의 미국 철학자 제임스 K. A. 스미스는 이렇게 말했다. "기독교의 예배는 우리 자신을 영적으로 빚는 주된 영역 중 하나다. 그런데 우리의 예배가 소비주의 문화의 훈련과 목표를 흉내 낸다면 우리는 올바로 빚어질 수 없다. 교회를 '인간을 그리

스도의 형상으로 빚어 내는 훈련 공동체'로 보면 최근 문화의 공허한 형성을 뒤집는 새로운 사회를 제시할 수 있다."[13]

선교학자 레슬리 뉴비긴의 말을 빌리자면, 하나님 나라에서 사는 우리의 삶이 사람들에게 궁금증을 일으키고 복음에서 답을 찾게 만들어야 한다.[14] 하나님 나라를 먼저 구하고 그분을 전심으로 사랑하며 그분을 향한 충성을 소중히 여기면 이를 지켜보는 세상 사람들이 우리의 구별된 차이를 궁금해하고 묻게 된다.

예배의 위력

교회가 모여서 예배 가운데 온 성도가 마음을 하나님께 드리면 강력한 일이 벌어진다. 하늘 아버지가 어떤 분이신지를 보게 되고 영혼이 움직인다. 영광 중에 계신 그리스도를 보며 성도의 마음이 기뻐하게 된다. 성령의 기름부음을 통해 변화를 받아 하나님을 더욱 구하게 된다.

본회퍼는 이 점을 이해하고서 핑켄발데에서 예배를 더없이 중시했다. "우리는 세상 속에서 살지만 세상처럼 전쟁을 하지는 않는다. 우리가 사용하는 무기는 세상 무기들이 아니다. 우리의 무기는 견고한 진을 부수기 위한 하나님이 주신 능력이다. 우리는 하나님의 지식에 맞서는 주장을 무너뜨리며, 모든 생각을 사로잡아 그리스도께 복종하게 만든다"(고후 10:3-5). 독일 변방의 소수 목사들은 나치의 힘에 비하면 아무것도 아니게 보였지만 복음의 힘은 나치의 힘을 압도했다.

이것이 우리가 어디에 있든 예배가 중요한 이유다. 우리가 많든 적든 예수님의 이름으로 모이면 우리 스스로는 발휘할 수 없는 능력을 드러내게 된다. 우리의 마음이 확고해지고, 우리의 저항이 강해지며, 우리의 비전이 영광스러워진다. 회개와 예배가 일상이 되고, 우상을 물리치는 일이 나타난다. 예배의 작은 기지들은 세상 권세를 물리치고, 공동체를 화해시키며, 역사를 변화시킨다. 하나님은 우리 마음의 사랑을 얻기 위한 전쟁을 지금도 벌이고 계신다. 하나님을 향한 진정한 예배로 우상숭배에 저항하라.

3.

폭력적 탈진에 저항하라,
거룩한 쉼으로

쉬어도 되는 줄 몰랐다.
· 린 M. 밥,《즐겁게 안식할 날》(*Sabbath Keeping*)

주 여호와 이스라엘의 거룩하신 이가 이같이 말씀하시되
너희가 돌이켜 조용히 있어야 구원을 얻을 것이요
잠잠하고 신뢰하여야 힘을 얻을 것이거늘.
· 이사야 30장 15절

가메이 슈지는 1980년대 일본 비즈니스계의 신화적 인물이다. 대학을 졸업한 뒤 그는 저명한 증권 회사 에이스 증권의 오사카 지부에서 일을 시작했다. 대부분의 사회 초년생처럼 그도 그 회사에서 가장 고되고 가장 보수가 적은 영업부로 들어갔다. 그는 잠재 고객들에게 전화를 돌리고 찾아가는 일을 맡았다. 근무 시간은 월요일에서 금요일, 오전 8시 40분에서 오후 5시까지였지만 그는 그 시간만으로는 남들보다 앞서갈 수 없다고 판단했다. 그래서 더없이 열심히 일하기 시작했다. 스스로 근무 시간을 오전 6시 50분에서 밤 10시까지로 늘렸고 주말도 반납했다.

강인한 정신력과 체력을 타고난 덕에 그는 그 세대 일본 증권 거래인 사이에서 떠오르는 스타가 되었다. 성공이 그의 비전이요 인생 목표였고, 마침내는 그 목표를 이루어 냈다. 그는 전설적인 키교 센시(기업 전사)가 되었고, 기업 출판물에서는 그에게 큰 찬사를 돌렸다. 더 젊은 증권 거래인들은 그를 우상처럼 여겨 그를 닮고자 했다. 그는 계속해서 일주일에 90시간을 일했다. 일주일에 7일을 하루 평균 13시간씩 일했다. 그러다 니케이 버블이 붕괴되기 시작하자 그는 손실을 벌충하기 위해 근무 시간을 더 늘렸다. 한마디로, 일에 목숨을 걸었다.

그리고 결국 죽었다.

한 리조트에서 열린 주말 영업 세미나에서 그는 심근경색증으로 쓰러져 죽었다. 그의 심장이 더는 버텨 내지 못한 것이다. 그때

그의 나이 겨우 스물여섯이었다.[1]

일하다가 죽은 사람은 가메이 슈지가 처음이 아니었다. 일본에서는 이런 일이 하도 자주 일어나서 "과로사"라는 용어까지 등장했다.

그로부터 수십 년이 지난 지금, 우리는 일본의 실수에서 아무것도 배우지 못한 것으로 보인다. 어떤 면에서 가메이 슈지의 삶은 이제 미국 문화에서 정상적인 삶이 되어 버렸다. "미국 같은 생산 대국 중 어떤 나라도 한 해에 미국보다 더 많은 시간을 일하지 않는다. 게다가 미국과 다른 나라 사이의 격차는 더 벌어지고 있다. 1950년에서 2012년 사이에, 독일과 네덜란드의 연간 평균 근로 시간은 약 40퍼센트 줄어들었다. 하지만 미국에서는 겨우 10퍼센트만 줄어들었다."[2] 정치학자 새뮤얼 P. 헌팅턴에 따르면 미국인들은 "상대적으로 부유한 사회의 사람들보다 더 오랜 시간 일하고, 휴가는 더 짧게 보내며, 실직 수당과 장애 수당과 퇴직금을 덜 받고, 더 늦게 은퇴한다."[3]

일은 우리의 시간 사용을 지배할 뿐 아니라 건강에도 지대한 영향을 미치고 있다. 의사들은 스트레스와 건강 사이의 연관 관계를 지적했다. "전반적으로, 스트레스를 일으키는 사건들은 불안감과 우울증을 …… 일으키고 그것은 다시 생리학적 과정이나 행동 패턴에 직접 영향을 미쳐 질병 위험을 높임으로써 …… 신체적 질병의 발생에 영향을 미치는 것으로 보인다. 만성 스트레스에 노출되는 것은 가장 유독한 것으로 여겨진다. 만성 스트레스는 감정적·육체적·행동적 반응을 장기적 혹은 영구적으로 변화시켜 질병의 발병과 발전에 영향을 미칠 가능성이 매우 높기 때문이다."[4]

바쁜 삶은 우리의 평안을 무너뜨리고, 여유를 앗아 가며, 우리 몸에 심각한 영향을 미친다. 기업의 고위 경영진이든 전업주부든 우리 모두 삶의 버거움을 느끼며 서서히 과로사를 향해 치닫고 있다. 더 많은 것을 이루기 위한 삶의 속도는 우리 영혼에도 영향을 미친다. 오늘날 많은 사람이 일종의 영적 과로사를 경험한다. 우리의 영혼이 힘들고 방치된 가운데 서서히 죽어 간다.

인간을 지으신 창조주께서는 우리 몸의 한계와 과로의 악영향을 누구보다 가장 잘 알고 계신다. 이것이 그분이 처음부터 일과 쉼을 번갈아 반복하는 리듬을 정하신 이유다. 그분이 주기적으로 갖는 쉼은 안식일인데 우리는 안식일을 지키는 일을 시대에 뒤처진 관행으로 여긴다. 이는 매우 위험한 태도다. 쉴 새 없이 성취를 좇는 세상에서 자신의 몸을 돌볼 뿐 아니라 하나님의 소명으로 다시 마음을 향하기 위해 기꺼이 연장을 내려놓고 쉴 줄 아는 사람들은 아무래도 눈에 띄게 된다. 그들은 다 가져도 생명을 잃으면 아무것도 가지지 못한 것과 같다는 사실을 일깨워 주는 선지자적 증인들이 될 것이다.

예수님의 제자들에게 쉼은 현재 마주하는 현실인 동시에 궁극적인 운명이다(히 4:1-11). 쉬운 탈진에 대한 저항이다.

무거운 짐에 지치다

믿음의 사람들은 예로부터 감당해야 할 삶의 짐을 덜어 주시 겠다는 예수님의 초대를 주목해 왔다. 나는 이 아름다운 비전으로 사람들을 부르기 위해 책 한 권을 썼다. *The Burden Is Light*(짐은 가볍다)라는 책이다. 시대를 초월한 예수님의 초대는 전에 없이 시의적절하고 매력적으로 보인다. "수고하고 무거운 짐 진 자들아 다 내게로 오라 내가 너희를 쉬게 하리라"(마 11:28).

많은 사람의 삶이 수고와 바쁨으로 눌려 있다. 현대의 노동 윤리, 바쁜 스케줄, 야망은 큰 짐이 되었다. 우리 모두 이 무거운 짐의 무게 아래서 휘청거리고 있다. 지치지 않은 사람이라고는 찾아볼 수가 없다.

In Praise of Slowness(느림에 대한 찬사)에서 칼 오너리는 공격적인 현대 삶의 속도가 얼마나 어처구니없는지를 깨닫게 된 사건을 이야기했다. 어느 날 그는 공항에서 줄을 서서 기다리는 동안 *One-Minute Bedtime Stories*(잠자리에서 읽어 주는 1분짜리 이야기)라는 책을 소개한 뉴스 기사를 읽었다. 그 책 저자들은 전래 동화를 60초짜리 이야기로 압축시켰다. 오너리는 이렇게 말했다. "[세계적으로 유명한 덴마크의 동화작가] 안데르센이 이 요약본을 본다고 생각해 보

라."[5]

그러면서 오너리는 자신의 내적 갈등을 이야기했다. 그는 순간 '드디어! 밤에 아이를 더 빠르고도 간단하게 재울 방법이 등장했다!'라는 생각이 들었다고 고백했다. 그는 자신이 아이를 재우는 일을 귀찮아해서 그 시간을 최소화하려 한다는 사실에 충격을 받았다고 한다. 사랑하는 아들과 깊은 친밀함과 연결을 추구하지 않고 아들과 보내는 시간을 최소화하려던 자기 마음속 욕구를 마주한 것이다.

솔직히 우리 모두 이런 식의 갈등을 느낀 적이 있지 않은가. 다들 삶의 미친 속도에서 벗어나기를 원한다. 하지만 애초에 그런 속도를 낳게 하는 리듬과 습관은 다루려 하지 않는다. 그렇다 보니 시간이 선물이 아니라, 폭력을 통해 우리를 통제하는 폭군이 되어 버린다. 트라피스트회 수도사 토머스 머튼은 이렇게 썼다. "상충하는 수많은 걱정에 끌려다니고, 너무 많은 요구를 받아들이고, 너무 많은 일에 매진하고, 모든 일에서 모든 사람을 도우려고 하는 것은 폭력에 굴복하는 것이다."[6] 우리는 세상 속에서 평안을 누리기 원하지만 이미 우리의 생활양식은 우리 자신과 우리가 사랑하는 사람들에 대한 일종의 폭력으로 변질되어 있다.

미국에서도 일중독이 가장 심한 도시 중 한 곳에서 목회를 하다 보니 미묘하고도 매혹적인 거짓말이 현대인들의 사고에 깊숙이 파고들었다는 사실이 눈에 들어오기 시작했다. 매혹적이지만 우리 모두를 파멸로 몰아간 거짓말. 바로 "스트레스가 많은 시기를 겪어도 우리에게 큰 문제가 발생하지는 않는다"는 거짓말이다. 많은 사람이 명예와 부라는 성공의 비전을 품고서 도시로 이동한다. 그런데 그 성공을 이루기 위해 남보다 몇 갑절로 노력해야 한다. 많은 시간 동안 많은 에너지를 쏟으며 몸과 마음이 지치면 내적 삶이 시들기 시작한다. 1-2년만 고생하면 된다고들 말하지만 그 시간에 일어나는 문화적 형성과 영적 변형은 실로 심각하다. 가치가 일그러지고, 비전이 흐려지며, 우상이 자리를 잡고, 정체성이 변하며, 관계가 경색된다. 야망 탓에 삶은 변질되고, 거짓이 생활양식이 된다.

거짓이 생활양식이 되면 그 삶은 오래가지 못한다. A. J. 스워보다는 다음과 같이 말했다.

시간을 절약해 주는 장비, 편리한 첨단 기술, 값싼 이동성은 우리의 삶을 훨씬 더 편하고 서로 연결되게 해 준 것처럼 보인다. 그 결과, 우리는 과거 어느 때보다 많은 정보를 쉽게 접하고 있다. 하지만 이 모든 진보에도 불구하고 우리는 지독한 불만족에 시달린다. 이런 과잉행동, 진보, 전자기기 중독이라는 신성한 제단들에 절을 할수록 우리의 영혼은 시들고, 지치고, 녹초가 되고, 불만족하고, 안절부절못하게 된다. 그럴수록 의미와 가치, 진리를 향한 갈망은 더욱 커져만 간다. …… 우리의 몸은 만신창이가 된다. 우리의 영은 목이 마르다. 잠시도 가만히 앉아 있지를 못한다. 일주일 내내 24시간 내내 활동에만 몰두하니 하나님의 생명을 향한 진정한 갈망을 억누르는 것 외에 실질적으로 아무것도 할 수 없다. ……

그 결과 …… 우리는 역사상 정서적으로 가장 지치고, 정신적으로 가장 과로하며, 영적으로 가장 영양 부족 상태에 빠진 사람들이 되어 버렸다.[7]

과연 우리가 놓친 영양분들을 다시 채울 수 있을까?

가시떨기 문화

나는 우리가 하나님을 기쁘시게 하는 것을 진정으로 갈망한다고 깊이 확신한다. 우리는 하나님과 친밀히 교제하고 열매 맺는 삶을 갈망한다. 하지만 문화적 환경 때문에, 우리가 그런 삶을 살려면 정신을 바짝 차려야 한다. 멍하니 있다가 자신도 모르게 헌신이나 경건으로 흐르게 되는 법은 없다.

예수님은 우리가 이런 종류의 삶을 원할 때 마주하게 되는 난관들에 관해 경고하신다. 마태복음 13장 씨 뿌리는 자의 비유에서 예수님은 네 가지 종류의 토양을 묘사하셨다. 아마도 이 비유의 요지를 알리라 생각한다. 그런데 혹시 당신의 삶이 어떤 형태의 토양이 될 수 있는지도 알고 있는가? 예수님은 씨가 세 번째 종류의 토양, 가시떨기에 뿌려진 경우를 묘사하시면서 "세상의 염려와 재물의 유혹에 말씀이 막혀 결실하지 못"한다고 말씀하셨다(22절). 그런데 이렇듯 우리를 무기력하게 만들고 예수님과 친밀하게 교제하지도, 열매 맺지도 못하게 만드는 것들은 대개 우리의 운명을 앗아 가기 위한 거대한 영적 위협으로서 나타나지 않는다. 그것들은 그저 단순한 일상처럼 보인다. 주말마다 아이들의 스포츠 수업을 따라다니면 주변 사람 및 교인들과 연결되기 힘들다. 드라마에만 파묻혀 살면 이웃들 말에 귀를 기울일 시간을 낼 수 없다. 수시로 SNS를 확인하면 질투만 커지고 연민은 사라진다. 이런 것들은 우리를 은근히 유혹하고 삶의 비전을 왜곡시킨다. 이런 것들은 복음이 자라야 할 공간을 대신 차지한다.

이 비유에서 예수님은 농사의 비유를 사용하셨다. 영적 삶은 대량 생산으로 이루어지지 않는다. 씨앗처럼 복음이 열매를 맺으려면 시간이 필요하다. 의식적인 경작이 필요하다. 걱정과 기만은 요란스럽게 들이닥치지 않는다. 그것들은 은근히 잠입한다. 하지만 일단 그것들이 들어오면 우리를 무기력하게 만들고, 영원이 아닌 눈앞의 상황만을 바라보게 만들며, 우리의 우선순위를 왜곡시킨다. 숨 쉬기도 바쁠 때는 영원과 하나님 나라를 생각하기 힘들다. 그저 다음 숨만을 생각하기에 바쁠 따름이다. 문화적 질식 상태에서는 아예 생각하는 것 자체도 힘들다.

이런 압박이 느껴지는가? 온갖 활동과 끊임없는 요구, 빠른 이동 속에서 당신의 목에 둘러진 멍에가 느껴지는가?

예수님은 분명히 말씀하셨다. 우리 모두는 뭔가의 멍에를 메고 있다. 우리는 문화의 속도나 예수님, 둘 중 하나의 멍에를 메고 있다. 우리는 '예수님의 겸손하고 쉬운 길'을 배우고 있거나 '수고와 무거운 짐의 길'을 배우고 있다. 우리는 '하나님 나라'를 먼저 구하거나 '내 나라'를 먼저 구하고 있다(마 6:33). 우리는 두 주인을 함께 섬길 수 없다(24절). 우리가 둘로 갈라지지 않고서는 두 멍에를 함께 질 수 없는 것이다.

이것이 교회가 세상에서 신뢰를 잃은 이유가 아닐까 하는 생각을 자주 한다. 심각한 스캔들과 문화적 실패가 원인이 아닐지도 모른다. 더 작고, 더 흔하지만, 더 치명적인 뭔가가 있는 것인지도 모른다. 우리가 지친 것이 문제인지도 모른다. 아가페 사랑의 본을 보이기에는 우리가 너무 지쳐 있는 것은 아닐까? 연민을 보이기에는 너무 바쁜 것은 아닐까? 기도하기에는 너무 많은 것에 정신을 팔고 있는 것은 아닐까? 주변에 가득한 우리를 지치게 하는 문화를 너무 많이 닮은 것은 아닐까?

안식일을 사수하는 훈련

탈진의 문화를 이겨 내기 위해 안식일만 한 것은 없다. 일주일 내내 24시간 일하는 세상에서 하루를 온전히 쉬는 것은 또 다른 삶의 길이 있다는 증거요, 선지자적 선포다.

1840년대 파리에서는 도시 문화와 산책 문화가 함께 유행하기 시작했다. 산업화와 함께 삶의 속도가 빨라졌다. 이런 속도에 대한 반발로, 플라뇌르(flâneur)라 부르는 자유로운 도시 산책자들이 나타났다. 플라뇌르는 잃어버린 인간성을 되찾고자 거리를 한가로이 거닐었다. 그들은 거북이를 애완견처럼 데리고 거북이 속도에 맞추어 산책했다. 그들의 시간 사용은 빨라져만 가는 도시 속도를 거부했다.

안식일은 어떤 면에서 플라뇌르의 행동과 비슷하다. 우리가 영적인 속도에 맞춰 살면, 걸음을 멈춰 시간을 내 고민하고 하나님을 위한 공간을 마련하면 사람들은 우리가 누구이며 우리 삶의 실질적인 주인이 누구인지를 궁금해하게 된다.

오늘날 안식일이 새 언약의 삶 속에서 어떤 역할을 해야 하는지를 두고 많은 논란이 있다. 어떤 이들은 예수님이야말로 우리의 안식이 되시며 율법으로서 안식일을 준수하면 그것의 노예가 된다고 말한다. 다른 이들은 안식일이 율법 이전에 하나님이 피조 세계를 향해 주신 명령이라고 말한다. 그들은 이것이 하나님이 아담과 하와에게 직접 내리신 유일한 명령이라는 점을 지적한다.

극도의 피로와 탈진을 부추기는 이 시대 문화 속에서 우리는 안식일을 도덕적 혹은 교리적 렌즈를 통해서만 보지 말고 지혜의 렌즈를 통해서 들여다봐야 한다. 6일 동안 일하고 하루를 쉬는 하나님의 리듬 가운데 이 지친 세상을 향한 참된 생명과 소망이 담겨 있다. 이러한 우주의 질서를 거스르면 곤경에 빠질 수밖에 없다.

시간의 복을 온전히 누리는 비결

《정서적으로 건강한 영성》(Emotionally Healthy Spirituality)의 저자 피터 스카지로는 이렇게 말했다. "'안식일'이라는 단어는 '멈추다, 일을 그만하다'라는 뜻의 히브리어에서 왔다. 이 말은 매주의 하루 24시간 동안 일과 관련한 것은 아무것도 하지 않는 것을 의미한다. 우리의 온 삶을 '거룩하게' …… 나머지 6일과 …… '구별된' 것으로 드리는 시간이다. …… 안식일은 지금 우리에게 살아계신 하나님을 중심으로 삶의 방향을 완전히 바꾸기 위한 또 하나의 리듬을 제공한다."[8]

안식일로의 부름은 창세기에서 시작되어 성경 전체에서 계속해서 반복된다.

천지와 만물이 다 이루어지니라 하나님이 그가 하시던 일을
일곱째 날에 마치시니 그가 하시던 모든 일을 그치고 일곱째 날에
안식하시니라 **하나님이 그 일곱째 날을 복되게 하사 거룩하게**

하셨으니 이는 하나님이 그 창조하시며 만드시던 모든 일을 마치고 그날에 안식하셨음이니라(창 2:1-3).

안식일을 기억하여 거룩하게 지키라 엿새 동안은 힘써 네 모든 일을 행할 것이나 일곱째 날은 네 하나님 여호와의 안식일인즉 너나 네 아들이나 네 딸이나 네 남종이나 네 여종이나 네 가축이나 네 문안에 머무는 객이라도 아무 일도 하지 말라(출 20:8-10).

하나님은 다른 날과 구별되어 거룩하게 지킬 24시간에 관한 비전을 제시하셨다. 그날은 하나님이 복되게 하여 지친 인류에게 선물로 주신 날이다. 안식일은 하나님이 은혜와 복으로 우리에게 주신 날이며, 우리가 안식일을 지키는 것은 거짓 신들의 문화 속에서 우리의 믿음, 예배, 충성을 하나님께 드리는 것이다.

세상 속에서 우리는 시간과 불건전한 관계를 맺고 있다. "'간단하게' 기도합시다." "서둘러! 늦겠어!" "시간은 곧 돈이다." 흔하게 듣는 말이다.

미국 의사 래리 도시는 현대인이 "시간병"(time-sickness)이라는 증상을 앓고 있다고 말한다. 그는 "시간은 순식간에 사라지고 충분하지 않으며, 따라잡기 위해 당신은 점점 더 빨리 페달을 밟아야 한다"는 강박적인 믿음에 관해 말했다. [9]

칼 오너리 또한 이렇게 말했다. "문제는 우리의 속도 사랑이,

점점 더 부족한 시간 안에 점점 더 많은 것을 해내려는 집착이 도를 지나쳤다는 것이다. 그것은 중독, 일종의 우상숭배로 발전했다. 심지어 속도가 역효과를 일으켜도 우리는 계속해서 '더 빨리'를 외친다. …… 시간병은 더 깊은 존재론적 질병의 증상일 수도 있다. 번아웃 직전의 마지막 단계에서 대개 사람들은 자신의 불행을 직시하기 싫어 더 속도를 낸다."[10]

안식일은 이러한 우리와 시간 사이의 관계를 바로잡아 준다. 안식일은 장소가 아닌 시간을 거룩하게 해 준다. 안식일은 '크로노스'의 문화 속에서 나타나는 '카이로스'의 시간이다. 유태인 신학자 아브라함 요수아 헤셸은 다음과 같이 말했다.

기술 문명 …… 은 공간에 대한 인간의 승리다. 하지만 시간은 꿈쩍도 하지 않은 채 그대로 있다. 우리는 거리를 극복할 수는 있지만 과거를 되찾거나 미래를 알 수는 없다. 인간은 공간을 초월하지만, 시간은 인간을 초월한다.
시간은 인간에게 주어진 가장 큰 난관이다. …… 공간은 우리의 의지에 굴복한다. 우리가 원하는 대로 사물을 만들고 바꿀 수 있다. 하지만 시간은 우리의 영향력, 우리의 힘이 미치지 못하는 영역이다.[11]

안식일의 하루 24시간 동안 우리는 세상의 길에서 나와 영원의 길로 들어선다. 성령, 생명, 하나님의 길로 들어서고, 세속, 죽음, 이 시대의 왕의 공간에서 나오는 시간이다. 안식일은 하나님의 임재로 들어가는 문이다.

안식일을 지키는 네 가지 틀

안식일을 실천하는 법을 배우려면 반복이 중요하다. 반복 없는 영적 형성은 없다. 예수님의 초대에 따라 우리의 삶 속에서 실제로 쉼이 나타나려면 안식일의 틀이 필요하다. 이 틀은 네 가지 주요 행동으로 이루어진다. 저항하고, 쉬고, 기억하고, 즐기는 것이다.[12]

일에 저항하기

안식일은 뭔가를 하는 날일 뿐 아니라 뭔가를 하지 않는 날이다. 무엇보다도 일을 그만두는 날이다. 경계를 설정하고 일을 그만두면 영적·정신적·정서적으로 큰 유익이 있다. 그 시간에 우리는 우리의 행동이 아닌 정체성으로 사랑받는다는 사실을 기억하게 된다. 성취와 생산을 내려놓고 하나님을 우리의 공급자요 유지자로 받아들인다.

마르바 던은 이렇게 말했다. "안식일에 우리는 우리가 하나님처럼 되려는 시도를 그만두고 그분의 간섭에 삶을 다시 내어 맡긴 사람들이라는 사실을 기억하게 된다. 우리 삶에 대한 하나님의 주 되심을 집중하면 우리가 통제할 수 없어서 두려워하는 모든 것을 그분의 주권적인 손안에 돌려드릴 수 있다. 일단 그것들이 그분 손안에 안전하게 놓이면 우리가 어리석게 그것을 되찾지 않는 한, 우리의 감정은 진정으로 위로하고 치유하는 쉼을 찾을 수 있다."[13]

우리는 멈출 수 없는 '활동'의 욕구를 거부하는 법을 배워야 한다. 그렇게 해야지만 성공과 실패로 삶을 정의하는 것을 거부할 수 있다. 또한 우리가 무엇을 하느냐에 따라 정의된다는 생각을 거부할 수 있다. 우리 삶의 결과를 통제하려는 욕구도 거부할 수 있다. 우리 자신의 비전에 따라 사람들을 통제하고 이용하려는 시도를 그만둘 수 있고, 멈출 수 있으며, 내려놓을 수 있다. 항복하는 일이 가능해진다.

히브리어 학자 마티티하우 체바트는 성경에 나온 안식일이 "하나님의 주권을 받아들이는 것"을 의미한다고 말했다.[14] 여기서 일이 본질적으로 나쁜 것이라는 인상을 주고 싶지는 않다. 사실, 일은 안식일과 마찬가지로 하나님이 인류 타락 이전에 주신 선물이다. 하지만 현대 세상에서 일은 인간이 우상숭배에 참여하고 독립을 추구하는 주된 방법 중 하나가 됐다.

우리는 이스라엘 자손만큼이나 보호와 공급을 우상화하기 쉽다. 그들은 농작물, 잉태, 육체적 안전을 걱정하면서 그런 영역을 스스로 통제하려고 했다. 그렇게 독립을 추구한 결과는 몰락이었다. 하지만 안식일을 실천하는 것은 하나님에 대한 무한한 신뢰와 의지를 선포하는 것이다. 안식일은 인정을 더 많이 받고 자원을 더 많이 얻어도 재난을 피할 수 없다고 삶으로 고백하는 것이다. 하나님만이 우리의 피난처요 방패심을 고백하는 것이다.

안식일 내내 우리는 하나님의 날개 아래로 들어간다. 날개 아래서 끝없는 우리의 생각을 멈춘다. 우리를 무익한 생각의 패턴으로 이끄는 전자 기기 사용을 절제하고, 한계의 선물을 받아들인다. 쉼의 첫 번째 행동은 하던 일을 멈추는 것이다.

쉬고 회복하기

오늘날 현대인은 특히 더 많은 쉼이 필요하다. 모두 지칠 대로 지쳐 있다. 선한 목자의 돌보심 아래로 들어가면 우리 영혼이 회복된다. 반면, 문화의 돌봄 아래 있는 영혼은 파괴될 수밖에 없다.

쉼이 부족하면 건강에 심각한 이상 신호가 온다. 한 연구에 따르면 "6일 동안 계속해서 일한 뒤 쉬지 않으면 불면증이나 졸림, 호르몬 불균형, 피로, 짜증, 장기적 스트레스, 다른 심각한 육체적·정신적 증상으로 이어진다."[15] 하지만 육체적 혹은 정신적 노동만이 문제가 아니다. 쉬는 동안 일 생각을 하기만 해도 스트레스로 인한 불안감이 발생한다는 사실이 드러났다. 일에 관한 생각조차 일종의 일이다. 우리를 탈진하게 만드는 이런 악순환을 충분한 쉼을 통해 다루고 끊어 내야 한다. 지치면 좀처럼 경건으로 이어지기 힘들다.

참된 쉼을 가지기 위해서는 두 가지 함정을 다루어야 한다. 첫 번째 함정은 긴장을 푸는 것이 곧 쉼이라는 오해다. 오늘날 많은 사람이 긴장을 푸는 자기만의 노하우가 있다. 대개는 푹신한 소파에 앉아서 패스트푸드를 먹으며 드라마를 보거나 스포츠 경기에 빠져든다. 대신 일은 하지 않는다. 시각적으로 자극적인 드라마나 영화를 보면 당면한 문제들을 잠시나마 잊을 수 있다. 가공식품은 미각을 즐겁게 하고, 인위적인 오락물은 감정을 자극한다. 하지만 이런 것은 우리의 긴장을 잠시 풀어 줄지는 몰라도 회복시켜 주지는 못한다.

인간의 영혼은 오락물을 본다고 회복되지 않는다. 회복은 진정한 쉼을 통해 찾아온다. 긴장을 푸는 것도 좋지만 그것만으로는 부족하다. 더 깊은 쉼이 필요하다.

다루어야 하는 또 다른 함정은 안식일을 그저 출근하지 않는 날로만 보내는 것이다. 삶의 속도가 너무 빨라 주중에 미처 하지 못한 잡일을 안식일에 처리할 수 있다. 물론 잡일도 중요하지만 이 또한 많은 시간을 잡아먹는다. 잡일도 어디까지나 주중에 해야 한다. 그것을 안식일까지 끌고 가는 것은 안식일의 목적을 흐리고 우리의 쉼을 앗아 가는 짓이다. 단순히 일에 저항하는 것에서 벗어나 회복으로까지 나아가야 한다. 즉 안식일은 마치지 못한 일을 하는 시간이 아니라 영혼 깊은 곳의 회복과 쉼이 이루어지는 시간이어야 한다.

안식일은 이런 회복의 쉼을 위해 그리스도인에게 매주 주어지는 선물이다. 학자들은 예로부터 출애굽기 31장 17절 마지막 부분에 주목했다. "이는 나와 이스라엘 자손 사이에 영원한 표징이며 나 여호와가 엿새 동안에 천지를 창조하고 **일곱째 날에 쉬셨고 회복되셨음이니라 하라**"(KJV). 하나님은 안식일에 쉬셨을 뿐 아니라 회복되셨다. 여기서 '회복'(refreshed)에 해당하는 단어는 '숨을 내쉬다', '숨을 돌리다', '한숨 돌리다'라는 뜻이다.[16] 이 점을 깊이 생각해 보라. 하나님이 안식일에 쉬고 회복하셨다면 그것이 우리에게는 무엇을 의미하는가?

탈진 상태에서 쉼으로 나아가는 움직임은 두려움에서 믿음으로 나아가는 움직임이다. 불안에서 평안으로 나아가는 움직임이요, 통제에서 항복으로 나아가는 움직임이다. 단, 이때의 쉼은 적극성이 필요하다. 쉬는 기술을 적극적으로 배워야 한다.

* **우리에게는 '영적' 쉼이 필요하다.** 하나님과 그분의 나라를 위한 일을 멈추어야 한다. 주변 문화에 저항하는 일을 멈추고 하나님이 허락하신 좋은 선물들을 즐겨야 한다.
* **우리에게는 '육체적' 쉼이 필요하다.** 잠을 깊이 자고, 오감을 만족시키고, 스트레스를 날려 버리고, 뒤로 물러서고, 일상의

속도를 늦추어야 한다.

* **우리에게는 '정서적' 쉼이 필요하다.** 경계심을 풀고 하나님 앞에서 있는 그대로의 모습을 드러내는 시간이 필요하다. 주중의 걱정과 갈등을 내려놓고 우리를 알고 사랑하시는 하나님의 품으로 들어가야 한다.

* **우리에게는 '지적' 쉼이 필요하다.** 우리 주변을 둘러싼 거짓말과 그릇된 이야기들을 파헤치는 일을 그만두고, 그저 진리를 마음껏 즐겨야 한다.

* **우리에게는 '사회적' 쉼이 필요하다.** 늘 주변 사람과 연결되어 있고 그들에게 자신을 내주어야 할 필요성에서 벗어나야 한다. 우리 아버지와 친구들의 수용과 사랑을 즐겨야 한다.

쉴 때 우리의 온 존재가 회복되고 우리 마음과 삶의 핵심 기능들이 다시 제자리를 잡는다. 우리가 원하기만 하면 하나님은 하나님을 사랑하시는 자에게 쉼을 주신다(시 127:2).

내 진짜 정체성 기억하기

안식일이 주는 선물 중 자신의 정체성을 바로 알고 다시 세워 가는 것보다 더 큰 선물은 없을 것이다. 현대의 일터에서는 우리의 정체성을 왜곡하기가 너무도 쉽다. 우리는 일터에서 가장 많은 시간을 보낸다. 그러니 어떻게 일터의 영향을 안 받을 수 있겠는가. 한 경영학과 교수는 이렇게 말했다. "물론 다른 요인들이 정체성 형성에 영향을 미친다. 예를 들어, 유전자, 유산, 인종, 성별, 민족, 성적 성향, 종교적 훈련, 가족 배경 같은 요인들이다. 하지만 일은 성인의 삶의 가장 공통적인 경험인 만큼 항상 어느 정도 이상의 영향을 미친다. 우리가 일터에서 배우는 교훈은 우리가 개인과 사회인으로서 무엇이 되고, 무엇을 가치 있게 여기는지에 영향을 미친다. 노동의 조건이 어떠하든 일은 계속해서 영향을 끼치는데, 안타깝게도 악영향일 때가 많다."[17]

우리는 일터에서 하는 일에 관한 피드백을 받는 데 많은 시간을 할애하지만 "이 일을 함으로써 나는 어떤 사람이 되어 가는가?"라는 질문은 좀처럼 던지지 않는다. 최근 〈애틀랜틱〉(*Atlantic*)에 실린 "일이라는 종교가 미국인을 불행하게 만들고 있다"라는 제목의 글에서 데렉 톰슨은 일이 현대인의 정체성을 형성해 온 과정을 다루었다. 그는 이것을 떠오르는 신흥 종교, "일교"라고 불렀다.

> 20세기 초 경제학자들은 …… 대학 교육을 받은 엘리트들에게
> 〔일이〕 정체성, 초월, 공동체를 약속하는 일종의 종교로 변형될
> 것임을 …… 예측하지 못했다. 이것을 "일교"라 부르자. ……
> 일이 경제적 생산에 필요할 뿐 아니라 인간의 정체성과 인생
> 목적의 핵심이라고 믿고, 인간 번영을 증진시키는 모든 정책은

'언제나' 더 많은 일을 권장해야 한다고 믿는〔종교.〕

무신론과 무종교가 득세하면서 초월에 관한 관념이 신적인 것에서 인간도 충분히 할 수 있는 것으로 바뀌었다. 톰슨의 말을 다시 들어 보자.

> 미국에서 전통적인 신앙의 쇠퇴는 새로운 무신론의 폭발과
> 동시에 일어났다. …… 일교는 교인들을 놓고 경쟁하는 새로운
> 종교 중에서도 가장 강력한 종교 중 하나다. ……
> 독실한 그리스도인이나 이슬람교도, 조로아스터교도처럼 신을
> 두려워하는 예배자가 되는 것의 좋은 점 중 하나는 허위라고
> 입증할 수 없는 무형의 선한 힘을 믿는다는 점이다. 하지만 일은
> 유형이며, 일에서의 성공은 그릇된 것으로 판명이 나는 경우가
> 많다. …… 일이라는 종교의 신자가 되는 것은 화력(firing power)을
> 지닌 신을 섬기는 것이다.[18]

안식일은 우리가 이전 장에서 살펴봤던 우상 중 하나인 일교라는 우상을 내려놓는 시간이다. 안식일은 우리 정체성의 왜곡을 거부하고 마음의 변화를 경험하는 시간이다. 우리의 영혼을 구원하실 뿐 아니라 우리의 정체성을 구원하시는 예수님의 능력을 의심하지 말아야 한다.

나는 하나님을 섬기려는 사도 요한의 갈망을 늘 강조해 왔다. 요한은 그리스도께 "우레의 아들"로 불렸다(막 3:17). 그는 예수님의 가장 가까운 세 제자 중 한 명으로 많은 기적의 역사를 직접 목도했으며, 추진력과 열정이 강했다. 예수님께 그분을 거부한 마을에 불을 내리라고 명해 그들을 멸망시키면 어떠냐고 물은 제자로 사도 요한을 기억하는 사람이 많을 것이다(눅 9:54). 과연 그는 천둥의 아들이었다.

그런데 예수님의 이 땅에서의 삶이 다할 무렵, 요한의 정체성에 변화가 일기 시작했다. 예수님이 새로운 언약의 비전을 알리신 동시에 곧 십자가에서 일어날 끔찍한 일을 알리신 유명한 최후의 만찬 장면에서 혼란이 잇따랐다. 어떤 제자가 가장 크냐를 놓고 다툼이 벌어졌다(눅 22:24). 가룟 유다는 예수님을 배신하기로 마음먹고 식사 자리를 떠났다(요 13:30). 베드로는 예수님을 절대 배신하지 않겠다고 호언장담했다(마 26:35). 그렇다면 우레의 아들은 어디에 있는가? 요한복음 13장 25절을 보면 그는 예수님의 가슴에 기대어 있었다. 그는 예수님의 마음에서 가장 가까운 자리를 차지하고 있었다.

이 순간부터 요한의 삶이 완전히 달라졌다. 그의 정체성이 변했다. 그는 우레의 아들에서 예수님이 사랑하시는 자로 변했다. 심지어 그는 자신의 복음서에 이름 대신 그 표현을 쓰기까지 했다. 요한의 글 전체를 보면 그가 왜 사랑의 사도로 불렸는지를 알 수 있다.

우리가 예수님의 품에 기댈 때 세속적 노예에서 영적 아들로 변한다. 안식일에 우리는 '하나님께 깊은 사랑을 받는 자녀'라는 하나님이 주신 정체성을 받아들인다. 우리는 성공하거나 하나님을 위해 큰일을 하거나 세상을 변화시킬 필요가 없다. 그저 그분과 함께하는 시간을 즐기면 된다. 가장 참된 정체성을 키우고 나머지는 모두 버려야 한다. 매주 예수님과 함께하는 이 안식일의 시간에 불경건한 야망을 가라앉히고, 우리의 진정한 정체성을 받아들일 수 있다. A. J. 스워보다는 이런 아름다운 표현을 사용했다. "안식일은 우리의 정체성이 우리의 행동이 아닌, 우리를 사랑하시는 분에게서 비롯한다는 사실을 매주 상기시켜 주는 시간이다. 안식일과 복음은 동일한 메시지를 외친다. 그 메시지는 마침내 숨을 돌리고 쉴 시간을 얻기 위해 고군분투하지 말라는 것이다. 그것은 노예 상태다. 우리는 먼저 숨을 돌리고 하나님을 즐기며 쉬어야 한다."[19]

하나님의 선하심 즐기기

안식일에 해야 할 마지막 행동은 즐기는 것이다. 어리석은 쾌락으로 자신을 마비시키려는 문화 속에서 우리는 경건한 즐거움의 경이를 회복해야 한다. 존 오트버그 목사는 이렇게 말했다. "죄에서 더 이상 매력을 느끼지 않도록 우리의 삶을 정돈해야 한다."[20] 우리는 그리스도인이라면 자기 부인이나 금욕만을 추구해야 한다고 믿곤 한다. 하지만 자기 부인이나 금욕의 반대편에는 하나님의 선하심을 즐기는 성경적인 즐거움이 있다. 안식일에 우리는 그리스도인이라면 디저트를 즐기며 배꼽이 빠져라 웃을 줄도 알아야 한다는 사실을 기억해야 한다.

이사야 25장 6절은 하나님의 구원하심을 경험하는 것이 어떤 것인지를 아름답게 그리고 있다.

> 만군의 여호와께서 이 산에서 만민을 위하여 기름진 것과 오래
> 저장하였던 포도주로 연회를 베푸시리니 곧 골수가 가득한
> 기름진 것과 오래 저장하였던 맑은 포도주로 하실 것이며.

일주일에 하루, 우리는 수의(壽衣)를 벗고 영원의 아름다움 속으로 들어간다. 안식일에 우리는 하나님의 풍성한 은혜를 통해 음식과 포도주와 예배를, 또한 시대의 선함을 맛본다.

예수님과 동시대 인물인 유대인 철학자 필로는 안식일을 "온 세상의 생일", "한 도시나 국가가 아닌 우주의 축제"라고 불렀다.[21] 안식일을 기쁨의 축제요, 하나님 은혜의 만찬으로 보는 것이 얼마나 아름다운가. 랍비들에 따르면, 안식일에 가족의 주된 의무 두 가지는 하나님을 찬양하고, 집에서 음식과 음료를 즐기는 것이다. 테이블에 둘러 앉아 웃으며 즐기는 것이다. 기혼이라면 성(性)

이 허락한 선물을 즐겨야 한다. 육체적 즐거움과 사랑의 선물을 기억하고 탐구해야 한다. 아름다움의 만찬을 즐겨야 한다. 그림과 사진, 시, 문학, 자연으로 우리의 마음을 가득 채워야 한다. 우정의 만찬을 즐겨야 한다. 친구, 가족들과 함께 모여 '소속'이라는 우물에서 물을 길어 마셔야 한다. 하나님을 즐겨야 한다. "너희는 여호와의 선하심을 맛보아 알지어다"(시 34:8).

나는 안식일에 즐거움을 누린다는 개념을 믿는다. 예루살렘에서 우리를 초대한 유대인들은 안식일 식사를 하던 중 그날을 더 즐겁게 해 주는 특별한 음식들에 관한 이야기를 해 주었다. 안식일은 예수님이 만물을 새롭게 하고 계신다는 사실을 잠시나마 기억하게 해 주는 즐거운 것들로 가득 채워야 한다(계 21:5).

당신의 생명을 구하라

젊은 나이에 리더를 맡다 보니 나는 성장과 영성 계발에 관심이 많았다. 그래서 리더십과 성장에 관한 책도 많이 읽고 강연마다 열심히 찾아다녔다. 그런데 시간이 지나면서 한 가지 공통된 시대적 흐름이 발견되기 시작했다. 모든 강연자가 이것에 관한 이야기를 했다. 모든 책이 이것에 관한 챕터를 포함하고 있었다. 바로 '번아웃'(burnout)이었다. 강연자마다 저자마다 마치 다 같은 과정을 밟아 온 것마냥 그들 모두 자신의 비전을 이루기 위해 미친 듯이 일했고, 그러다 번아웃이 찾아와 스스로를 망치고 가족과 친구들을 힘들게 했다. 결국 그들은 삶의 속도를 늦추었고 삶의 리듬을 바꾸었다. 그리하여 사람들에게 자신처럼 하지 말고 삶에 쉼의 공간을 마련하라고 강권하고 있었다.

어느 순간 이런 생각이 들었다. '이 이야기를 다 듣고도 지금 부터 실천하지 않으면 나야말로 성경에서 말하는 어리석은 자다.' 그렇게 20대 초반에 나는 매주 안식일의 리듬을 실천하기로 결심했다. 안식일을 지키는 일은 완벽하지는 않아도 내가 지금까지 꽤 잘해 온 습관 중 하나다. 안식일의 리듬을 실천하기 위해 때때로 우리 아이들의 스포츠 경기에 참석하지 못하거나, 리더십이나 건강, 재정 면에서 어려움을 겪기도 했다. 하지만 그런 수고를 감수할 만한 가치가 있었다. 무시무시한 속도와 힘으로 우리를 깔아뭉개는 세상 문화에 고집스럽게 저항한 결과, 우리 부부의 마음은 쉽사리 무너지지 않을 수 있었다. 우리는 적절한 속도와 균형을 갖춘 삶으로 시들어 가는 세상에 참신한 신앙을 보여 줄 수 있었다.

"안식일이 당신의 영혼을 구해 줄 수는 없지만 당신의 삶은 충분히 구해 줄 수 있다."[22] 스워보다는 이렇게 말했다. 쉼의 운동은 시작되었다. 뉴욕 한복판에서 새로운 제자들이 일어나고 있다. '일은 선물이지만 신이 아니며, 돈과 명예가 더 많아진다고 해서 하나님 앞에서 우리의 가치가 더 높아지지 않는다'는 사실을 아는 제자들이 일어나고 있다.

하나님은 거룩한 속도로 사는 사람들, 명예만큼이나 영적 형성을 중시하는 사람들, 인정만큼이나 관계를 중시하는 사람들, 결과보다 그리스도 안에 거하는 삶을 더 중시하는 사람들을 일으키고 계신다. 예수님의 쉼의 길을 열심히 배우고 있는 사람들, 세상의 거침없는 속도를 거부하고 오직 하나님만을 위해 사는 사람들, 인생 전반은 자신을 망가뜨리는 데 허비하고 인생 후반은 그걸 바로잡는 데 허비하고 싶지 않는 사람들, 좋은 땅을 경작하여 그 열매를 즐기고 있는 사람들(마 13:23).

당신도 이렇게 되기를 바란다. 예수님께 기도하고, 제자들을 양성하고, 가난한 이들을 돌보고, 위선에 맞서고, 금식하고, 귀신을 내쫓고, 한 분이신 참된 하나님을 예배하는 법만을 배워서는 곤란하다. 쉼도 배워야 한다. 그분의 겸손한 마음에서 배우라는 초대를 받아들이기를 바란다. 쉼이 탈진에 대한 저항임을 배우기를 바란다.

4.

영적 냉담에 저항하라,
하나님께 굶주린 금식으로

사람이 떡으로만 살 것이 아니요.
· 마태복음 4장 4절

〔금식은〕자신에게 하나님이 절박하게 필요함을 아는 사람들이
절박한 시대에 사용하는 절박한 조치다.
· 데이비드 매티스, "금식으로 당신의 애정을 돋우라"

성경적 의미에서 금식은 기도와 묵상에 전념하기 위해
육체적 욕구를 잠시 내려놓을 정도로 영적 굶주림이 깊거나
중보기도가 절박하거나 영적 전쟁이 극심할 때
음식을 먹지 않기로 선택하는 것이다.
· 웨슬리 L. 듀웰, *Touch the World Through Prayer*(기도로 세상에 영향을 미치라)

군중이 모여들었고 상황은 점점 심각해졌다. 한 아버지가 귀신 들린 아이를 고치기 위해 예수님의 제자들에게로 데리고 왔다. 제자들은 전에도 이런 비슷한 일에서 꽤 성공을 거둔 전적이 있었다. 그런데 이번에는 아무리 시도해도 아무 효과가 없었다. 다시 한번 시도하자 아이는 이를 악물고 기절해 버렸다. 분위기가 더 안 좋아졌다. 전에 통했던 방법이 이번에는 통하지 않았다. 제자들이 아무리 애를 써도 귀신은 나가지 않았다. 아이는 여전히 고통과 속박 속에 있었다.

그래서 제자들은 능력 없는 사람들이 흔히 하는 행동을 하기 시작했다. 즉 신학적 논쟁에 돌입했다. 능력 부족을 설명하기 위한 개념들과 신학이 곧이어 등장했다. 율법 교사들은 각자의 이론을 내놓기 시작했고, 갈등은 더욱 고조되었다. 한편, 아이는 여전히 고통스러워했고, 아버지 역시 괴로워하고 있었다.

이제 예수님이 등장하신다. 예수님은 변화산에 갔다가 내려와 제자들과 합류하셨다. 귀신은 예수님을 보자마자 아이에게 경련을 일으켜 땅에 고꾸라지게 만들었다. 예수님은 아이 아버지에게 믿음을 가지라고 권면하고는 귀신을 꾸짖어 내쫓으셨다. 여기서 예수님은 커튼을 걷어 초자연적 역사의 비밀을 밝혀 주셨다. 마가복음 9장 28-29절에서 우리는 다음과 같은 장면을 만날 수 있다.

집에 들어가시매 제자들이 조용히 묻자오되 우리는 어찌하여

능히 그 귀신을 쫓아내지 못하였나이까 이르시되 기도 외에 다른 것으로는 이런 종류가 나갈 수 없느니라 하시니라.

이와 관련해서 우리는 힘의 대결을 볼 수 있어야 한다.

오늘날 교회가 사명을 추구할 때 많은 장애물과 적들을 마주하게 된다. 정말 많은 힘, 이념, 시스템이 하나님의 일을 방해하기 위해 일어난다. 그 결과, 많은 젊은이가 교회에서 이탈하고 있다. 많은 교회가 수적으로 쇠퇴하고 있다. 신앙생활을 하기 녹록지 않은 시대다.

동시에 우리는 전에 없이 많은 신학적 자료를 갖고 있다. 우리 문제의 원인을 전에 없이 깊이 이해하고 있고, 전에 없이 많은 콘퍼런스와 훈련이 이루어지고 있다. 교회 프로그램에 수십 억 달러나 되는 자금이 들어가는데도 변화는 거의 나타나지 않는 듯 보인다. 우리가 예전에 세상을 새롭게 하기 위해 사용했던 방법들이 이제는 통하지 않는 것처럼 보인다. 제자들과 율법 교사들처럼 논쟁과 이론에만 빠져들었다. 또한 연합과 네트워크를 만들고 있는 사이에 쇠퇴는 가속화되고 있다. 세상을 속박하는 힘들은 항복하기를 거부하고 있다. 우리 세대, 그리고 우리 각자가 개인적으로 씨름하고 있는 "이런 종류"의 문제들은 일반적인 방법을 통해 해결되지 않을 것이다. 우리가 과거에 해 왔던 방식은 더 이상 교회의 미래에는 통하지 않는다. 이런 종류는 쉽게 사라지지 않을 것이다.

쇠퇴의 시대를 사는 것은 사기가 떨어지는 일이다. 마음이 한 없이 무겁다. 이런 힘들은 너무도 다양한 방향에서 몰려오고, 저 항하기는 너무도 벅차 보인다. 그래서 많은 이들이 결국 포기하 고 만다. 많은 사람이 현실을 체념한 채 받아들이고 그 안에서만 최대한 살아간다. 어떤 이들은 교회 내부에만 시선을 향하고, 교 회에서 뜨거운 분위기의 행사들을 경험하며 모든 것이 괜찮다고 자신을 다독인다. 또 다른 이들은 하나님 일에 흥미를 잃고 뜨뜻 미지근한 신앙에 만족한다. 바로 라오디게아교회에 이런 일이 벌 어졌다. "네가 말하기를 나는 부자라 부요하여 부족한 것이 없다 하나 네 곤고한 것과 가련한 것과 가난한 것과 눈먼 것과 벌거벗 은 것을 알지 못하는도다"(계 3:17). 그리스도는 이 몸에 대해 "미지 근하여 뜨겁지도 아니하고 차지도 아니하니 내 입에서 너를 토하 여 버리리라"라고 말씀하셨다(16절). 이 미지근한 신앙생활의 결 과는 영적 무감각과 현재 상태에 대한 무관심이다.

어떻게 해야 달라질 수 있을까? 어떻게 해야 한낱 논쟁에서 벗 어나 강력한 경험으로 나아갈 수 있을까? 어떻게 해야 관념에서 권위로 나아갈 수 있을까? 이 상황에서 벗어나려면 뭔가가 필요 하다. C. S. 루이스는 이렇게 말했다. "당신과 내가 세속의 악한 마 법에서 깨어나려면 가장 강력한 주문이 필요하다."[1]

예수님이 제자들에게 하신 말씀은 놀라운 계시였다. 금식과 기도가 아니면 변하지 않는 것들이 있었다. 제자들은 새로운 수준의 절박함과 능력이 필요한 상황을 마주하고 있었다. 그들은 기도와 금식을 통해서만 그 상황을 타개해야 했다.

지금쯤 이런 생각을 하는 독자들이 있을지 모르겠다. '기도는 힘들지만 할 만해. 하지만 금식? 그건 너무 힘들어. 아니, 불가능해.'

내 반응도 그랬다. 이 고통스러운 훈련 말고 다른 길은 없을까? 변화를 위해 몸부림치는 것보다 개념에 관해서 논하는 편이 더 쉽다. 내 삶과 문제를 보면서도 대충 살아가는 편이 더 쉽다.

하지만 우리 모두는 개념과 개념에 대한 의견만으로는 헤쳐 나갈 수 없는 상황을 마주하게 된다. 지금까지 의지해 왔던 방식이 통하지 않는다. 마가복음 9장의 아버지처럼 우리 자신과 사랑하는 사람들을 위해서 도움이 필요할 때가 있다. 그때 어떻게 해야 할까? 예수님의 말씀은 새로운 방향을 가리킨다. 우리 앞에 있는 "이런 종류"의 문제에는 영적 냉담과 무감각을 떨쳐 내고 전에 없는 절박감으로 예수님을 찾는 행동이 필요하다. 기도와 금식이 필요하다. 그것들이 냉담을 몰아내기 때문이다.

영적 무감각 해결하기

우리는 음식이 지천에 널린 문화 속에서 살고 있다. 좋은 삶에 대한 우리의 비전에는 식도락이 포함되어 있다. 기쁨에 관한 이미지의 중심에는 거의 대부분 식탁이 있다. 로마인들에게 좋은 삶이란 먹고 남은 뼈와 올리브 씨앗들에 둘러싸인 소파에 기대어 앉아 있는 것이었다. 요즘 SNS를 보면 음식 사진이 빠지지 않는다. 텔레비전에서 음식 관련 프로그램이 인기를 끌고 스타 셰프들이 등장한다. 전에 없이 음식이 강조되는 시대다. 음식이 그야말로 우리 존재의 모든 면을 지배하고 있는 것마냥 보인다.

뉴욕에는 오로지 음식의 생산과 소비만을 위한 거리가 있다. 헬스 키친에 있는 음식 거리(Restaurant Row)가 바로 그곳이다. 나는 거기서 한 블록 떨어진 곳에 살고 있다. 그 거리에 관한 출석 상이 있다면 나는 대상을 받아 마땅하다.

루비 페인은 《계층이동의 사다리》(*A Framework of Understanding Poverty*)라는 책에서 가난한 사람, 중산층, 부유층이 삶의 다양한 범주를 어떻게 바라보는지를 알려 준다. 그 책은 사회 계층화에 관한 깊은 통찰을 보여 주는데, 그중에서도 나는 음식을 바라보는 시각을 다룬 내용이 흥미로웠다.

* 가난한 사람들에게 중요한 문제는 '양'이다. "내가 충분히 먹었는가?"
* 중산층에게 중요한 문제는 '질'이다. "맛이 있었는가?"
* 부유층에게 중요한 문제는 '표현'이다. "보기에 좋았는가?"[2]

사회 모든 계층에서 음식은 중요한 것이 되었다. 가난한 이들은 패스트푸드를 소비하며 몸을 망쳐 간다. 중산층은 질과 원산지에 집착한다. 부유층은 완벽한 플레이팅에 터무니없이 많은 시간을 허비한다. 우리 모두는 음식에 집착하고 있다.

물론 만찬을 즐겨야 할 때가 있다. 하지만 금식해야 할 때도 있다. 사실, 금식해야 할 때가 더 많다. 그런데 음식에 집착하는 어느 현대인처럼 필시 당신에게도 금식은 결코 쉽지 않을 것이다.

하루만, 아니 심지어 한 끼만 금식해도 음식이 얼마나 중요한지를 뼈저리게 느끼곤 한다. 영성 신학자 리처드 포스터는 이렇게 말했다. "그 어떤 훈련보다도 금식은 우리를 통제하고 있는 것들을 드러낸다. …… 우리는 음식을 비롯한 좋은 것들로 우리 안에 있는 것을 숨긴다."³ 우리가 하나님 은혜를 입은 자로서 누려도 되는 좋은 것들이 너무나 많다. 하지만 때로 이런 선물은 특권 의식과 중독을 낳게 된다. 요즘 서구에서는 신자들도 점점 과도한 음식 소비를 당연시 여기고 있다. 음식에 관한 텔레비전 프로그램을 아무 생각 없이 보고, 모든 축하연에서 와인을 필수로 여기며, 다른 나라에 사는 예수님의 제자들에 비해 음식에 돈을 터무니없이 많이 쓰고 있다. 이 모든 상황은 하나님과의 동행에서 우리의 영적 감각을 서서히 마비시킨다.

존 파이퍼는 서구 문화의 힘에 관해서 다음과 같이 썼다.

예수님은 하나님의 말씀을 듣고 그 마음속에서 그분을 향한 갈망이 깨어나는 이들이 있다고 말씀하셨다. 하지만 그들은 "이생의 염려와 재물과 향락에 기운이 막혀 온전히 결실하지 못"(눅 8:14)한다. 또 다른 구절에서 예수님은 이렇게 말씀하셨다. "다른 것들에 대한 욕구가 들어와 말씀을 막아 열매를 맺지 못하게 된다"(막 4:19, ESV). "향락"과 "다른 것들에 대한 욕구" 자체는 악한 것이 아니다. 이것들은 악이 아니다. 이것들은 하나님의 선물이다. 이것들은 고기, 감자, 커피, 원예, 독서, 인테리어, 여행, 투자, 텔레비전 시청, 인터넷 서핑, 쇼핑, 운동, 수집, 수다다. 그런데 이 모든 것은 하나님을 대신하는 치명적인 대체물로 변질될 수 있다. ……

하나님을 향한 굶주림의 가장 큰 적은 독이 아니라 애플파이다. 천국을 향한 우리의 식욕을 무디게 만드는 것은 악인들의 연회가 아니라 세상의 식탁에서 조금씩 씹어 대는 것이다. 그것은 저질 동영상이 아니라 우리가 밤마다 황금 시간대에 마시는 하찮은 내용의 프로그램들이다.[4]

금식은 우리를 무감각하게 만드는 현대 문화에 대한 영적 저항이다. 그렇다면 금식은 실제로 어떻게 하는 것인가?

금식이란 무엇인가

금식에 관한 온갖 오해가 있지만 사실 금식의 정의는 아주 간단하다. 성경적 금식은 영적 목적을 위해 음식을 절제하는 것이다. 단기간 물과 음식을 완전히 입에 대지 않는 '완전 금식'이 있다. 이 금식을 시도하려면 의학적 도움을 받아야 할 수 있다. 성경에서 가끔 심각한 상황에서 이런 금식을 볼 수 있다. 또한 신학자들이 '보통 금식'이라고 부르는 것도 있다. 이것이 우리가 금식 하면 흔히 생각하는 금식이다. 이것은 물은 먹되 나머지 음식을 먹지 않으면서 기도와 성경 같은 영적 활동에 온 에너지를 집중하는 것이다. 마지막으로, '부분적 금식'이 있다. 다니엘서에서 이런 종류의 금식을 볼 수 있다. 다니엘은 영양분을 섭취하되 자신에게 기쁨을 주는 음식을 일절 거부했다(단 10:3).

금식은 우리의 관심을 몸에서 영으로, 육체에서 아버지께로 돌리기 위한 것이다. 금식의 목표는 하나님과의 더 깊은 교제로 들어가는 것이다. 금식은 의도성을 갖고서 음식을 절제하는 것이다. 젠센 프랭클린은 이 의도성의 중요성을 강조했다. "당신이 금식을 시작할 때마다 의미 없이 하면 그 금식은 하나님께도 아무런 의미가 없다는 점을 기억하라. 기도 및 말씀과 결합되지 않은 금식은 식습관 그 이상도 그 이하도 아니다."[5]

오늘날과 같은 음식 지향적인 세상에서 사람들은 음식만 빼고 다른 모든 것을 금식하려고 한다. 예를 들어 "SNS 금식", "비판 금식", "옷 쇼핑 금식" 같은 표현을 사용한다. 이런 것도 좋고 중요하지만, 나는 이런 것은 성경적 금식의 범주에 들어가지 않는다고 생각한다. 이런 것은 유용한 습관이긴 하지만 금식은 실제 음식과 결부되어야 한다(섭식장애가 있는 사람들의 경우에 대해서는 예외가 있을 수 있다). [6] 금식은 육의 음식을 영의 음식으로 대체하는 것이다. 금식은 단순히 우리의 습관을 바꾸는 것이 아니라, 우리가 누구 혹은 무엇을 의지하는지를 밝히기 위한 것이다.

위장 왕을 섬긴 인류 역사

구속사를 돌아보면 영적 위험과 불순종이 단순한 음식의 위안과 깊이 관련되어 있다는 사실에 놀라게 된다. 아담과 하와는 원수가 앞에 놓은 음식의 외양에 어느 정도 유혹되었다. 창세기 3장 6절은 이렇게 말한다. "여자가 그 나무를 본즉 먹음직도 하고 보암직도 하고 지혜롭게 할 만큼 탐스럽기도 한 나무인지라 여자가 그 열매를 따먹고 자기와 함께 있는 남편에게도 주매 그도 먹은지라." 에서는 굶주린 상태에서 팥죽 한 솥에 장자권을 기꺼이 포기했다. "음행하는 자와 혹 한 그릇 음식을 위하여 장자의 명분을 판 에서와 같이 망령된 자가 없도록 살피라 너희가 아는 바와 같이 그가 그 후에 축복을 이어받으려고 눈물을 흘리며 구하되 버린 바가 되어 회개할 기회를 얻지 못하였느니라"(히 12:16-17).

이스라엘 자손들은 애굽 음식이 생각나서 약속의 땅으로 가는 길에서 돌아서려고 했다. 민수기 11장 4-6절은 이렇게 기록한다. "그들 중에 섞여 사는 다른 인종들이 탐욕을 품으매 이스라엘 자손도 다시 울며 이르되 누가 우리에게 고기를 주어 먹게 하랴 우리가 애굽에 있을 때에는 값없이 생선과 오이와 참외와 부추와 파와 마늘들을 먹은 것이 생각나거늘 이제는 우리의 기력이 다하여 이 만나 외에는 보이는 것이 아무것도 없도다 하니."

"값없이?" 그들은 무려 400년간 종살이를 했다. 그런데 음식에 대한 욕구가 그들의 기억을 왜곡시켜 불순종의 씨앗을 뿌렸다.

C. S. 루이스는 《나니아 연대기: 사자, 마녀, 그리고 옷장》(The Lion, the Witch and the Wardrobe)에서 "위장 왕"(King Stomach)[7]의 일을 인상 깊게 그렸다. 에드먼드는 나니아 나라로 옮겨진 뒤 나니아 나라를 지배하고 있는 여왕인 하얀 마녀를 만났다. 에드먼드가 누군지(소년, 아담의 아들, 인간) 파악한 마녀는 인간의 근본적인 약점을 공략한다. 마녀는 에드먼드를 부드럽게 구슬리며 말한다.

"아담의 아들아, 먹지 않고 마시기만 하는 건 시시하지. …… 그래, 뭘 가장 먹고 싶니?"

"여왕님, 터키쉬 딜라이트가 먹고 싶어요." 에드먼드가 대답했다.

…… 에드먼드가 먹는 동안 여왕은 계속해서 질문을 던졌다.

처음에 에드먼드는 입안에 음식을 가득 채우고서 말하는 게 무례하다는 사실을 기억하려고 노력했다. 하지만 이내 다 잊어버리고 입안에 터키쉬 딜라이트를 왕창 쑤셔 넣는 데만 집중했다. 먹을수록 더 먹고만 싶어졌다. 그는 여왕이 왜 그렇게 꼬치꼬치 캐묻는지 그 이유를 따지지 않았다. ……마침내 터키쉬 딜라이트가 바닥났다. 에드먼드는 빈 상자를 뚫어져라 쳐다보며 여왕이 더 먹고 싶은지 물어봐 주길 바랐다. 여왕이 그 생각을 읽었을 게 분명했다. 에드먼드는 몰랐지만 그것은 마법이 걸린 터키쉬 딜라이트였기 때문이다. 누구든 그 맛을 한 번이라도 맛보기만 하면 점점 더 원하게 된다. 허락된다면 배가 터져 죽을 때까지 먹게 된다.[8]

위장이라는 왕을 섬기면 교회는 심각한 타협을 하며 약해질 수밖에 없다. 안위에 빠지면 우리가 하나님의 목적과 약속에 걸맞지 않게 무기력해져 있다는 사실을 알아채기 힘들다. 동시에 육신과 세상을 향한 갈망만 걷잡을 수 없이 커진다. 하나님이 예비하신 것보다 훨씬 못한 것에 안주하게 된다. 기독교 신앙을 핍박하는 나라의 교회를 다녔던 한 신자에게 미국 교회에 관한 생각을 물었던 기억이 난다. 그의 대답을 들었을 때의 충격이 족히 몇 년은 갔다. "음식은 넘치는데 능력은 없어요."

금식의 중요성

인류 역사 속에서 금식은 종교와 정치적 저항 모두에서 중요한 관행이었다. 이슬람교도들은 라마단 기간에 해가 떠 있는 동안 30일간 금식한다. 힌두교도들은 정해진 기간에 금식한다. 유대교 공동체는 속죄일과 부림절 같은 기간에 금식한다.

주류 사회에서 금식이 다시 유행하고 있다. 하지만 대개는 종교와 거리가 있다. 이제 금식을 자기 부인이나 욕구의 방향 전환, 더 깊은 기도를 위한 도구로 보지 않는다. 요즘은 금식을 영적 형성을 돕는 도구가 아니라 육체적 변화를 위한 도구로 본다. 키토 다이어트는 탄수화물을 섭취하지 않는 것이다. 간헐적 금식은 위장을 편안하게 하고 신진대사를 회복시킨다. 디톡스 주스는 식사 대신 주스만 마심으로써 우리 몸에서 독소를 배출시킨다.

기독교도 금식에 관한 역사가 풍부하다. 가톨릭교회에서는 14세 이상이 되면 성금요일의 예수님의 고난과 죽음을 기억하며, 금요일마다 고기 섭취를 절제해야 한다. 사순절도 금식 기간이다. 성공회와 정교회 신자들은 자기 부인의 리듬을 갖기 위해 전례적으로 매년 금식 기간을 정해서 지키고 있다. 다니엘 금식과 기도 응답을 위한 21일간 기도처럼 기독교계 전체에 금식이 유행하기도 한다.

금식이 역사적 전례가 있고 복음주의 안에서 유행하기도 하지만 지난 20년간 목회를 하면서 나는 금식을 제자도와 영적 형성의 중심에 놓는 신자를 거의 만나 보지 못했다. SNS 음식 사진과 스타 셰프가 가득한 시대에 예수님도 금식을 별로 대수롭지 않게 여기 실까?

누가복음 4장에서 예수님은 아담과 같은 원초적 유혹을 마주 하셨다. 하지만 그분은 더 깊은 굶주림을 품고 계셨기에 음식의 유혹을 거부하셨다. 1-4절에 그 사건이 기록되어 있다.

예수께서 성령의 충만함을 입어 요단강에서 돌아오사 광야에서
사십 일 동안 성령에게 이끌리시며 마귀에게 시험을 받으시더라
이 모든 날에 아무것도 잡수지 아니하시니 날 수가 다하매
주리신지라 마귀가 이르되 네가 만일 하나님의 아들이어든 이
돌들에게 명하여 떡이 되게 하라 예수께서 대답하시되 기록된 바
사람이 떡으로만 살 것이 아니라 하였느니라.

예수님은 욕구와 만족에 관한 진리를 알고 계셨다. 예수님은 만족보다 순종과 친밀함을 중시하셨다. 예수님 안에서는 아버지 를 기쁘시게 한다는 더 강한 욕구가 음식을 먹으려는 더 약한 욕구 를 앞질렀다. 금식은 우리의 참된 욕구를 강화해 주고, 우리를 하 나님의 임재로 다시 이끌어 준다. 금식은 위장 왕을 보좌에서 끌어 내리고, 우리 욕구를 점검하고 바로잡을 기회를 제공해 준다.

이 과정은 신약 전반, 특히 바울이 영과 육신을 대조한 서신서

에서 잘 나타난다. 그리스도인으로서 우리는 육체가 하나님의 선물이며, 육체의 모든 활동을 하나님의 영광을 위해서 할 수 있다고 믿는다. 섹스, 음식 먹기 같은 육체적 활동은 다 하나님이 우리에게 주신 선물이다. 하지만 동시에 이런 선물에서 비롯하는 무절제한 욕구에 휘둘리지 않도록 경계해야 한다.

우리를 둘러싼 문화는 욕구를 철저히 점검하지 않는다. 대신, 이 문화는 주로 두 가지 질문으로 움직인다. "내 기분이 어떠한가?" "내가 무엇을 원하는가?" 이것들이 21세기 문명을 이끄는 메커니즘이다. 금식은 우리의 욕구가 육신에서 벗어나 다시 하나님께로 향하도록 바로잡아 주기 위한 하나님의 좋은 도구 중 하나다. 우리 모두는 깊이 뿌리 내린 패턴들, 도파민 보상 메커니즘, 육체적 만족의 욕구를 중심으로 이루어진 신경 경로들을 갖고 있다. 금식은 이런 자동 반응의 고리를 끊고 우리를 더 의미 있는 음식으로 이끌어 준다.

감추어진 만나를 맛보는 신비

댄 알렌더는 이렇게 말했다. "한동안 모든 영양 섭취나 활동, 참여, 취미를 금식하면 하나님이 나타나실 상황이 마련된다. 금식은 하나님 손에서 지혜를 얻어 내거나 특정한 결정에 관한 시급한 통찰을 쥐어짜기 위한 도구가 아니다. 금식은 절제력을 얻거나 경건(어떤 경건을 의미하든)을 기르기 위한 도구도 아니다. 금식은 우리 마음과 주변에서 소용돌이치며 이해하기 힘든 것들을 감지할 수 있도록 대식가인 우리가 배부른 상태에서 벗어나는 행위다."[9]

"하나님이 나타나실 상황이 마련된다"라는 표현이 참으로 마음에 와닿는다. 당신의 이야기 속에서 하나님이 더 크신 역할을 해주시기를 원하지 않는가? 금식은 바로 그런 상황을 만들어 낸다.

한번은 꽤 오랜 기간 금식을 하던 중 하나님의 음성이 더없이 분명하게 들렸다. 그분의 음성이 쉽게 분간이 갔다. 소음을 뚫고 들어오는 신호가 실로 놀라웠다. 하나님은 내 구차한 변명 뒤에 감추어져 있던 불순종의 영역을 밝혀 주셨다. 분간하기 어려운 우상들이 정확히 눈에 들어왔다. 하나님은 거의 감당할 수 없을 만큼의 친밀함을 경험하게 해 주셨다. 그분의 사랑이 너무도 생생하고 강력하게 느껴져서 남은 평생 금식하고 싶어졌다. 나는 예수님이 말씀하신 감추어진 만나(계 2:17), 세상이 알지 못하는 음식을 맛보기 시작했다.

젠센 프랭클린은 이렇게 썼다. "영광스러운 우리 왕께는 관심 없이 건성으로 예배하는 이들에게는 드러나지 않는 영적인 차원이 있다. 열정 없는 종교적 예배로는 오를 수 없는 중보의 벽들이 있다. 하지만 일상적인 예배에서 벗어나 그분께 마땅한 예배를 드리면 존재하는지조차 몰랐던 그분 존재의 다른 측면이 보이기 시작한다. 그분이 그분 자신, 그분의 계획, 우리를 향한 바람에 관한 비밀을 알려 주시기 시작한다. 그분께 마땅한 예배를 드리면 그분이 확대된다."[10]

안나는 이 현실을 이해했다. 그녀의 이야기는 누가복음 2장 36-37절에 기록되어 있다. "또 아셀 지파 바누엘의 딸 안나라 하는 선지자가 있어 나이가 매우 많았더라 그가 결혼한 후 일곱 해 동안 남편과 함께 살다가 과부가 되고 팔십사 세가 되었더라 이 사람이 성전을 떠나지 아니하고 주야로 금식하며 기도함으로 섬기더니." 안나는 기도와 금식에 전념했다. 그 결과는? 그녀는 그 세대에 메시아를 보는 특권을 누린 소수에 포함되었다. 금식 중에 그녀는 소수만 들을 수 있는 하나님의 비밀을 듣게 되었다.

하나님은 그분의 인도하심을 구하기 위해 금식하는 교회들에 친밀함과 통찰력을 주신다. 사도행전 13장 2-3절에서 초대 교회는 사도의 사명을 위한 하나님의 지시를 구했다. 안디옥교회 교인들이 예배하고 금식하는 가운데 하나님이 임하셔서 그들에게 땅끝까지 복음을 전하라는 지상대명령을 지시하시고, 그것을 수행하기 위한 기름부음의 은혜를 베푸셨다. 합심 금식은 인간 중심의 리더십과 의사결정에서 벗어나 우리 시대에 하나님 나라의 일을 가속화하기 위한 가장 좋은 방법 중 하나다.

하나님의 역사를 부르는 금식

요엘서 2장에서 하나님은 그분의 백성들에게 임할 심판의 계획을 밝히신다. 하나님은 그분의 진노를 통해 찾아올 공포를 강조하신다. 하지만 이 경고의 한복판에서 하나님은 그분의 백성들에게 호소하신다. 15-17절을 보라.

> 너희는 시온에서 나팔을 불어 거룩한 금식일을 정하고 성회를
> 소집하라 백성을 모아 그 모임을 거룩하게 하고 …… 이르기를
> 여호와여 주의 백성을 불쌍히 여기소서 주의 기업을 욕되게 하여
> 나라들로 그들을 관할하지 못하게 하옵소서.

이 거룩한 금식, 이 거룩한 외침의 목적은 무엇이었을까? 13-14절을 보라.

> 너희 하나님 여호와께로 돌아올지어다 그는 은혜로우시며
> 자비로우시며 노하기를 더디하시며 인애가 크시사 뜻을
> 돌이켜 재앙을 내리지 아니하시나니 주께서 혹시 마음과 뜻을
> 돌이키시고 그 뒤에 복을 내리사.

금식은 심판을 최소화시키고 복을 가져올 수 있다. 하나님은 온 공동체에 이 도구를 사용하라고 권하신다.

최근 나는 애틀랜타의 24시간 기도 모임에서 활동하던 한 지인을 방문했다가 금식과 성회의 힘을 똑똑히 목격했다. 나는 그곳에 방문해서 그녀에게 물었다. "하나님이 지금 어떤 역사를 행하고 계시는지 보이나요?"

그녀는 이렇게 설명했다. "정말 때를 잘 맞춰서 오셨어요. 지금 40일 금식을 하는 중이랍니다. 하나님이 애틀랜타에서 인종차별의 영을 없애고 싶어 하신다는 확신이 들어요."

나는 놀랐다. 사실, 깜짝 놀랐다. 이 얼마나 놀라운 접근법인가! 분명, 정부에 로비하고, 법적 싸움을 벌이며 이 문제를 해결하려는 사람들도 있었을 것이다. 물론 그 일도 역시 필요하고 중요하다. 하지만 이들은 금식을 통해 변화를 이끌어 내기로 결정했다. 그들은 자기가 머무른 도시의 가시적 변화를 위해 하나님과 나란히 함께 싸우기로 작정했다.

그녀는 계속해서 말했다. "몇 년간 애틀랜타에서 몇몇 흑인 목사님이 백인 목사님들을 만나 화해를 위해 노력했습니다. 이 도시의 한 유명한 리더는 하나님이 애틀랜타에서 인종차별의 영을 무너뜨리기 원하신다고 예언했어요. 이 목사들은 그 말을 진지하게 받아들였죠."

이 '원레이스'(OneRace) 운동에 560명의 목사가 참여했다. 그들은 KKK의 본거지 중 하나였던 조지아 주 스톤 마운틴(Stone Mountain) 정상에서 회담을 열었다. 그곳은 미국에서 가장 큰 남부

연합군 지도자 부조가 절벽 한쪽에 새겨져 있는 명소이기도 하다. 스톤 마운틴 회담은 그 기도회와 금식의 정점을 장식하는 순간이었다.

이 행사를 취재한 〈크리스채너티 투데이〉(Christianity Today) 기사에서 원레이스의 공동 창립자 빌리 험프리는 이렇게 말했다. "하나님은 교회에서 모든 형태의 인종주의와 죽은 종교를 근절하기 원하신다. 하나님은 편견, 특권 의식, 원망, 두려움의 맹점을 드러내기 원하신다. 분열과 미움에 대한 답은 바로 예수 그리스도의 복음이다."

미주리 주 퍼거슨에서 목회를 하는 젊은 목사 조나단 트레메인 토머스는 이렇게 말했다. "우리 가운데 천국이 임했다. 하나님 나라가 바로 여기에 있다."

기사는 계속해서 이렇게 기록했다. "민권 운동가 존 퍼킨스가 토머스의 뒤를 이었다. 퍼킨스 다음으로 기독교 리더들의 변증이 이어졌다. 그다음에는 기독교 반유태주의 역사에 관한 두 유태인의 발언이, 그다음에는 찰스턴 교회 총기 난사 사건 유족들이 딜런 루프를 용서하는 선포가 이어졌다."[11]

용서와 인종 화합이라는 이 기념비적인 순간에 3천 명 이상이 참석했고, 주변 다른 도시의 관심이 집중되었다. 다른 도시 사람들은 "어떻게 하면 우리 지역사회에서도 이런 종류의 운동이 일어날 수 있을까?"라고 묻기 시작했다.

바로 이것이 우리 국가에 필요한 것이다. 바로 이것이 교회에 필요한 것이다. 그리고 이 모든 일은 기도와 금식으로 시작되었다.

오늘날 수많은 사람이 우리 국가의 상황에 가슴 아파하고, 깊은 절망감에 빠져 있다. 좌절감이 들끓고 있다. 어떤 이들은 희망을 버렸고, 어떤 이들은 저항의 장을 마련하고 있다. 하지만 결국 그들 모두는 일상으로 돌아간다. 분노가 실질적 변화로 이어지는 경우는 드물다. 우리는 계속해서 똑같은 것을 시도하지만 똑같이 답답한 결과를 얻는다. 하지만! 하지만 하나님의 백성이 바뀌어야 할 불의와 착취, 부패의 문제를 들고 정치인들에게 로비하고 탄원하는 대신, 상황을 완전히 뒤바꾸실 수 있는 하나님께로 나아간다면? 모든 권세를 지니신 우주의 창조주 하나님께로 나아간다면? 하나님의 백성이 금식을 통해 그분께 직접 탄원한다면 어떤 일이 벌어질까?

예로부터 하나님의 백성이 금식을 통해 간청할 때 하나님이 개입하셔서 극적인 변화를 이루어 주셨다.

* 모세의 40일 금식은 십계명의 계시로 이어졌다(출 34:28).
* 한나가 금식하자 하나님은 한 국가의 운명을 바꿔 놓을 선지자를 보내 주셨다(삼상 1:7-20).
* 에스더가 금식을 선포하자, 그녀의 민족의 구원을 받고, 그

민족의 적들은 싸움에 져 달아났다(에 4:16; 7:3-9:16).

* 예수님은 광야에서 40일간 금식하면서 인류를 속박해 온
  유혹들을 이겨 내셨다(눅 4:1-13).

우리는 다른 모든 해법을 시도해 봤다. 어쩌면 "이런 종류"는 기도와 금식을 통해서만 해결될지도 모른다.

다시 금식으로 시작하라

현대 세상에서 예수님을 따르는 것은 때로 버겁게 느껴질 수 있다. 세속주의, 냉소, 부도덕, 불의만으로도 우리가 예수님께 충성한 대가를 이미 충분히 치르고 있는 것처럼 느끼게 만든다. 타협하지 않고 사는 것만으로도 충분하지 않은가? 하지만 우리는 생존 이상으로 부름을 받았다. 우리는 하나님 나라를 먼저 구하도록 부름을 받았다(마 6:33). 우리는 하나님이 그분 백성들의 위기에 응답하여 역사하실 수 있고 응답해 주실 것이라고 믿어야 한다. 세상 문화가 조장하는 냉담보다 우리의 굶주림이 더 강해야 한다.

엘리 위젤의 《나이트》(Night)에서 홀로코스트 생존자는 사람들이 수용소에서 속죄일을 지켜야 할지를 놓고 토론했던 사건을 이야기했다. "속죄일. 우리가 과연 금식을 해야 할까? 이 질문을 놓

고 열띤 논쟁이 벌어졌다. ······ 이곳에서 우리는 항상 반강제적으로 금식을 하고 있었다. 이곳에서는 매일이 속죄일이었다. 하지만 금식이 위험하기 때문에 금식이 필요하다고 말하는 이들이 있었다. 우리는 지옥에 갇힌 이곳에서도 하나님을 찬양할 수 있다는 사실을 그분께 보여드려야 했다."[12]

하나님 백성에게서는 항상 이런 저항의 정신이 나타났다. 하나님은 우리에게 눈앞의 상황을 초월해서 그분의 이름을 부를 길을 마련해 주셨다.

예수님은 사역을 시작하실 당시 세례 요한에게 세례를 받고 하나님의 아들이라는 확인을 받은 뒤(눅 3:21-22), 곧바로 나가서 많은 일을 행하실 수도 있었다. 하지만 예수님은 대대적인 축하연을 열거나 기자회견을 열거나 언덕에서 수천 명을 대상으로 설교하시지 않았다. 화려한 치유의 기적으로 관심을 끌거나 팡파르를 울리며 예루살렘으로 입성하시지도 않았다. 예수님은 놀랍게도 40일 금식으로 사역을 시작하셨다.

그렇다면 우리는 어떻게 시작해야 할까? 큰 사업을 벌이기 전에 예수님처럼 해야 하지 않을까? 금식하며 하나님의 마음을 구하고 우리의 계획을 그분 앞에 내려놓아야 하지 않을까?

40일 금식 끝 무렵, 예수님은 시장하셨다. 그렇게 가장 연약한 순간에 원수가 찾아와 그분을 유혹했다. 음식에 대한 육체적 갈망이 최고조에 달했다. 육체가 약해질 대로 나약해진 그 순간, 예수님은 어떻게 하셨을까? 예수님은 원수를 결단코 거부하셨다(눅 4:1-13).

아담은 이 일에서 실패했다. 그의 주변에는 음식이 차고도 넘쳤지만 그는 음식에 관한 원수의 유혹에 넘어갔다(창 3:1-6). 하지만 두 번째 아담 예수님은 완전히 다른 결과를 보여 주셨다. 예수님은 외적으로 기력이 많이 쇠하셨다. 육체적으로 주리셨다. 하지만 금식을 통해 그분의 영은 더없이 강해져 있었다. 영적으로 그분은 능력이 넘쳐 났다. 이것이 금식의 효과다. 금식은 우리의 영을 강화시킨다. 금식은 우리의 마음을 바로잡고 하나님의 선하심을 맛볼 수 있게 해 준다. 하나님의 역사를 경험하고 삶 속에서 새로운 수준의 자기통제에 이르게 해 준다. 금식은 하나님과 더 친밀해지고 그분을 더 기뻐할 수 있게 해 준다.

탕자를 돌아오게 하는 금식

귀신 들린 아들에 관한 성경 이야기 외에 나는 또 다른 골칫거리 아들에 관한 이야기를 알고 있다. 반항적이고 무분별하고 분노에 휩싸였던 아들, 누구의 말도 듣지 않고 주변 사람을 무척 힘들게 했던 아들. 그의 아버지는 전통적인 교회와 당시 신학의 도움을 받았지만 아무것도 변하는 게 없어 보였다. 아들의 반항은 점점 심해졌다.

아버지는 예수님의 삶 속에 등장한 바로 이 장면을 떠올렸다. 그는 기도와 금식 외에는 다른 방법이 없음을 기억했다. 그래서 그는 아들을 위해 하나님을 찾기로 마음먹었다. 끈덕지게 하나님께 매달렸다. 알람을 맞추고서 금식을 하면서 탕자의 귀향을 구하며 울부짖었다.

그렇게 6개월가량 지났을까. 뭔가가 달라지기 시작했다. 아들의 마음이 반항이 아닌 사랑 쪽으로 흐르기 시작했다. 그의 마음이 점점 하나님 나라로 기울었다. 끝내 그의 아버지가 금식하며 기도했던 모든 것이 이루어졌다. 그 아들은 훗날 다른 나라에서 목사와 선교사로 부름받았다.

바로 내 아버지와 내 이야기다.

우리의 금식을 통해 하나님은 장애물을 뚫고 하늘의 문을 여시며 가장 어두운 상황을 변화시켜 탕자를 집으로 데려가실 수 있다.

정말 많은 것이 금식에 달려 있다. 당신에게 강권한다. 하나님께 굶주린 금식으로 영적 냉담에 저항하라.

5.

자기중심적 두려움에 저항하라, 경계 없는 환대로

────────────

우리가 가장 두려워하는 것이 우리의 가장 큰 기회가 될 수도 있다.
· 크리쉬 칸디아, *God Is Stranger*(하나님은 낯선 이)

손님 대접하기를 잊지 말라
이로써 부지중에 천사들을 대접한 이들이 있었느니라.
· 히브리서 13장 2절

2008년 11월, 열두 명의 유명한 백인 민족주의자들이 국가 위기에 대응할 방안을 의논하기 위해 멤피스의 한 호텔에 모였다. 그 위기라 함은 미국에서 최초로 흑인이 대통령에 당선된 사건이었다.

미국, 캐나다, 러시아에서 온 백인 우월주의 운동의 주요 인물들이 그 호텔 방에 가득했지만 그날의 주인공은 최근 열아홉 살이 된 플로리다 출신의 한 대학생이었다. "후계자"라는 별칭으로 알려진 데렉 블랙은 세계 최대 백인 민족주의 웹 사이트인 '스톰프론트'(Stormfront)의 창립자인 돈 블랙의 아들이었다. 데렉의 어머니는 KKK의 전 대마법사(grand wizard) 데이비드 듀크와 결혼한 적이 있었다. 멤피스 모임은 듀크가 조직한 것이었다. 데렉의 발언 차례가 되자 그는 정치를 통해 백인 우월주의 운동을 주류로 끌어올리기 위한 비전을 제시했다.

또래 아이들과 스포츠를 즐기거나 넷플릭스를 보거나 백인 특권에 관한 사회학 수업을 듣는 대신, 데렉은 백인종의 순수함을 보호하는 데 일생을 바쳤다. 그는 친구들에게 철저히 자신의 정체를 숨긴 채, 기숙사에서 몰래 빠져 나와 라디오 프로그램에 접속했다. 데렉처럼 젊고, 똑똑하고, 사회적 안목이 높고, 정치적으로 활동적인 젊은이도 백인 우월주의 미국의 "후계자"가 될 수 있다.[1]

열아홉 살짜리 학생이 어떻게 그런 분노로 가득한 이념에 빠져들었는가? 어떻게 그런 경멸과 편협이 이 젊은이의 마음을 사로잡을 수 있는가? 어떻게? 답은 바로 두려움이다. 다른 사람들에 대한 두려움, 변화에 대한 두려움, 상실에 대한 두려움, 미지에 대한 두려움. 그것은 우리 자신의 삶을 다른 사람들의 삶보다 더 중시하게 만드는 것과 같은 두려움이다.

우리는 관계적·사회적 변화가 빠르게 진행되는 세상 속에서 살고 있다. 예전에는 대부분의 사람에게 삶이 편안했다. 각자의 삶은 각자의 가치와 취향에 맞게 이루어졌다. 사람들은 인종, 계급, 종교, 공동의 도덕적 기준에 따라 모였다. 비슷한 사람들에게 둘러싸이면 심리적으로 안정이 된다. 외부인과는 적절한 거리를 유지했다. 가끔 외부인을 마주하면 우리는 안전한 공동체 속으로 더 깊이 들어갔다. 하지만 인터넷이 등장하고, 타지로의 여행이 편해지고, 모바일 앱들이 세상 모든 사람을 연결하고, 정치 판도가 변하고, 대학 캠퍼스 구성원이 다양해지면서 획일성보다 평등과 다양성을 중시하는 새로운 세대가 일어났다. 많은 면에서 이 새로운 다양성은 위협으로 여겨졌고, 위협은 불안감과 두려움을 일으켰다.

하지만 예수님의 제자들인 우리가 그분처럼 우리와 다른 사람들에게 다가간다면? 우리가 낯선 이들과 함께 모여 식사 같은 소박한 인간적 즐거움을 나눈다면? 우리가 다른 사람들을 알아 가고 우리 자신을 다른 사람들에게 드러낸다면? 그렇게 한다면 차이를 없앨 수는 없지만 두려움을 쫓아낼 수는 있다. 그러면 우리 사회의 많은 분열과 고립을 해결할 수 있을 것이다. 그러면 예수님을 만나기 힘든 이들에게 예수님을 보여 줄 수 있다. 그러면 다른 사람들이 우리를 따라오기 시작할 것이다. 그러면 우리의 미래는 포용의 세상이 될 수 있다.

제거하고 동화시키고 지배하고 악마화하라?

철학자 헤겔은 "타자"(the other)란 용어를 처음 사용했다.[2] 그 용어는 다수와 소수의 사회 정체성 개념을 구성하는 방식으로서 사회학적 배경에서 주로 사용되게 되었다.

그런데 다른 종류의 '타자'도 있다. 우리 사회는 이국적인 타자를 가치 있게 여긴다. 우리와 다르지만 사회적으로 용인되거나 환영받는 위치에 있는 사람들을 높이 평가한다. 나는 호주에서 온 덕분에 이런 대우를 가끔 경험한다. 내가 미국에 있는 것을 이상하게 여기는 사람을 만나 본 적이 있다. 사람들은 대부분 호주가 좋다며 가 보고 싶다고 말한다. 나는 이민자요 '타자'인데도 남미나 이슬람 국가에서 온 사람들과 동일한 의미에서의 이민자로 분류되지 않는다. 나는 '그런' 종류의 타자가 아니다. 나의 타자성은 매력적이다. 우리가 두려워하는 '달갑지 않은 타자'와 전혀 다르다. 우리는 그런 타자와 거리를 둔다. 오늘날 많은 정치적·종교적 논쟁 이면에는 그런 종류의 타자에 대한 두려움이 흐르고 있다.

사람들을 '타자'로 취급하면 우리의 사랑의 능력이 크게 떨어진다. 우리가 느끼는 연결의 욕구와 책임감이 크게 달라진다. 거리는 두려움을 일으키고, 두려움에 빠지면 상대방을 의심하고, 상대방을 의심하면 그를 돌보지 않게 된다. 하버드대학교(Harvard University) 심리학 교수 미나 시카라에 따르면, 우리가 다른 사람들을 두려워하기 시작하면 "우리가 친구로 생각하는 사람들의 범위가 줄어든다. 이는 경계 밖에 있는 사람들이 공감과 자원을 덜 얻게 된다는 뜻이다."[3]

신학자 미로슬라브 볼프는 우리 문화 전체가 "지속적인 배제의 관행" 위에 이루어졌다고 주장했다.[4] 이 관행은 다른 사람들을 우리 정신과 마음, 삶의 밖으로 밀어내는 쪽으로 우리의 본능이 계속해서 형성된다는 뜻이다. 즉, 우리는 다른 사람들을 선물이 아니라, 우리가 기대하는 획일성과 안전에 대한 위협으로 보고 있다.

신학과 윤리 선생인 앤드루 셰퍼드는 이렇게 말했다.

'테러와의 전쟁'과 '시장'이라는 두 가지 담론이 지배하는 시대, 낯선 이와 관계를 쌓기는 점점 더 어려워졌다. 사회 전체로 스며드는 이 담론들의 결과는 타자를 위협으로 보게 되는 것이다. 낯선 이를 공개적으로 두려워한다. '문명을 파괴하고' 그 안에서 우리의 자리를 빼앗기 위해 오는 잠재적인 '테러리스트'로 본다. 혹은 그를 단순히 추상적인 상품 중 하나로 여겨서 '참아 준다.' 심하면, 제한된 자원을 놓고 우리와 경쟁을 벌이는 대상으로 여긴다.[5]

셰퍼드는 이 배제의 과정을 자세히 설명했다. 첫째, 우리는 법이나 폭력을 통해 원치 않는 다른 사람들을 우리 삶의 울타리 밖으로 '제거하려고' 한다. 그들을 없애지 못하면 불편한 차이 속에서 살지 않도록 그들을 우리처럼 '동화시키려고' 한다. 그것이 통하지 않으면 그들을 '지배하려고' 한다. 우리의 기준과 이탈에 대한 처벌을 규정한다. 또 그것마저 통하지 않으면 '악마화'(demonization)를 동원한다.[6] 자신의 모든 행위를 정당화하기 위해 다른 사람들을 인간으로 보지 않는다.

자신의 사고에서 초자연적인 것을 모두 제거한 문화에서는 초자연적 개념들이 사라지고, 자연적 개념으로 전환된다. 하나님의 적들인 타락한 천사들의 존재를 인정하지 않고, 다른 사람들을 우리가 바라는 사회적 상황을 방해하는 타락한 구성원이요 적으로 여기게 된다. 사탄을 배제한 복음을 내세우는 그리스도인들은 루시퍼에게 쏟아야 할 분노를 다른 사회 집단들로 향한다. 그들은 우리의 싸움이 혈과 육이 아니라 통치자들과 권세들을 상대로 하는 것이라는 바울의 가르침을 무시한다(엡 6:12). 교회가 세상 문화를 따라 하나님의 형상을 품은 인간들을 제거하고 동화시키고 지배하고 악마화한다면, 그것은 예수 그리스도를 전혀 닮지 않은 모습이다. 악마화는 비인간화로 이어진다. 그러나 예수님은 사회적 범주와 상관없이 모두에게 긍휼과 깊은 포용을 보여 주셨다.

내 지인 중에 대형교회 목사가 있다. 그 교회는 그 도시에서 가장 아름다운 지역 중 한 곳에 위치해 있다. 학군이 우수하고, 번듯한 쇼핑몰과 최고급 헬스클럽들이 모여 있는 그곳은 누구나 살기 원하는 곳이다.

하지만 이 평화와 번영의 한복판에서 이 목사의 마음이 달라지기 시작했다. 그는 도시의 나머지 시민들을 향한 비전을 품기 시작했다. 하나님은 그가 편안한 삶 너머를 볼 수 있도록 그의 눈을 열어 주셨다. 그는 소외된 열악한 곳, 다른 사람들이 피하거나 떠나는 곳들에 관심을 갖기 시작했다. 그는 자신이 즐기는 안락한 삶에서 배제된 이민자들과 외지인들을 보기 시작했다.

그래서 그는 이 구역의 새로운 사역을 위해 교인들에게 특별 헌금을 선포했다. 그는 이미 깊은 성육신적 사랑으로 지역사회를 충성스럽게 섬기는 사람들을 돕고 싶었다. 그렇다고 멀찍이 떨어진 곳에서 물자만 보내는 것이 아니라 소외된 사람들을 직접 찾아가 가진 것을 나누고 싶었다. 그는 특별 헌금을 선포하며 성도들에게 사랑으로 마음을 열어 달라고 촉구했다.

나는 이후 상황이 어떻게 되었는지 묻고 싶어서 그에게 전화를 걸었다. 그런데 뜻밖에도 그의 목소리는 풀이 죽어 있었다. 교인들은 헌금을 내고 박수갈채를 보냈다. 그런데 그는 다른 뭔가에 충격을 받았다. 그것은 바로 두려움이었다. 한 교인의 말이 그에게 큰 충격을 안겨 주었다. "저 불법 이민자들이 우리 국민들의 일자리를 빼앗아 가고 있어요."

'먼저 미국이라는 나라를 구하라. 제거하라, 동화시키라, 지배하라, 악마화하라.' 예수님은 이렇게 말씀하신 적이 없다.

물론 타자라는 주제에 관해서는 광범위하고도 복합적인 논의가 필요하다. 이에 대한 변하는 도덕성, 각 국가의 이권, 법, 가족과 지역사회에 대한 책임, 미래의 불안정 같은 문제를 고려해야 한다. 하지만 성경은 분명 그리스도께 대한 충성으로 마음을 기꺼이 열라고 가르친다. 이런 영역에서 성경적 이해 없이 정치적·사회적 측면에서만 논쟁이 벌어지는 것 같아 참으로 안타깝다. 이민 외에 수많은 문제를 두고 심지어 기독교 내에서도 이런 식의 논쟁만 벌이고 있다. 그 결과, 두려움의 소음이 예수님의 음성을 잠재우고 있다.

윤리학 명예교수 크리스틴 폴은 이 문제를 이렇게 다루었다. "심지어 그리스도인 사이에서도 포용과 다양성, 희소성과 분배 같은 빈곤과 복지 문제에 관한 현재의 논의가 대개 일관된 신학적 틀 안에서 이루어지지 않는다. 그 결과, 복잡한 사회적·공적 정책 문제에 관한 우리의 입장에서 가장 깊은 기독교 가치와 헌신이 거의 보이지 않는다. 환대를 기준으로 삼으면 우리의 신학을 매일의 삶과 관심사에 연결시키는 다리가 만들어진다."[7] 환대의 신학은 우리의 사랑에 다시 불을 지피고 두려움을 쫓아낼 수 있다.

이방인이요 외인이었던 내게

'환대'에 해당하는 헬라어 '필로제니아'는 참으로 아름다운 말이다. 이 말은 '필로스'(친구를 의미하는 단어, 성적이지 않은 사랑을 의미하는 동사 '필레오'와 관련이 있다)와 '제노스'(외국인, 낯선 사람)의 합성어다. 환대는 다른 사람을 두려워하지 않고 사랑해 주는 것이다.

하나님이 우리를 이런 종류의 사랑으로 부르시는 것은 그분이 우리를 이와 같이 사랑해 주셨기 때문이다.

우리는 하나님께 구원받기 전에 우리의 삶이 어떠했는지를 잊곤 한다. 우리는 구원 이야기를 왜곡된 방식으로 읽어 마치 우리가 내부인인 것처럼 착각한다. 우리는 예수님이 우리가 하나님께 속했음을 다시 확증해 주기 위해 오셨다고 착각한다. 오해도 그런 오해가 없다. 바울은 이방인으로서의 우리 상태를 기술했다. 에베소서 2장에서 그는 이렇게 썼다. "그러므로 생각하라 너희는 그때에 육체로는 이방인이요 손으로 육체에 행한 할례를 받은 무리라 …… 그때에 너희는 그리스도 밖에 있었고 이스라엘 나라 밖의 사람이라 약속의 언약들에 대하여는 외인이요 세상에서 소망이 없고 하나님도 없는 자이더니"(11-12절). 밖에 있던 자, 밖의 사람, 외인, 소망이 없는 자. 구속 이야기에서 '우리'는 외인들이다. '우리'는 이방인들이며, '우리'는 타자다.

우리가 에덴동산에서 쫓겨난 뒤로 천사들은 다시 들어갈 입구를 막았다. 그 뒤로 우리는 이 땅에서 외인처럼 방황했다. 소속될 곳을 계속해서 찾아왔다. 우리는 약함으로 인해 상처를 입었고, 안정을 갈망했다. 죄로 인해 우리는 생명의 근원에서 분리되었고, 구속이 절실한 상태가 되었다.

하지만 처음부터 하나님은 우리를 다시 데려올 생각이셨다. 그분의 완벽한 사랑은 두려움을 몰아냈고, 외인들을 아들로 변화시켰다. 멀어져 있던 자들이 딸이 되었다. 이런 이유로 환대는 토라 가르침의 핵심적인 부분이었다. 이스라엘 백성은 자신들이 타자였다는 사실을 기억해야 했다. 애굽에서 외인으로 살았던 시절과 유목민으로 광야를 떠돌던 시절을 기억할 때 그들 사이에 있는 타자들에게 연민을 품을 수 있었다.

너는 이방 나그네를 압제하지 말며 그들을 학대하지 말라 너희도 애굽 땅에서 나그네였음이라(출 22:21).

거류민이 너희의 땅에 거류하여 함께 있거든 너희는 그를 학대하지 말고 너희와 함께 있는 거류민을 너희 중에서 낳은 자

같이 여기며 자기같이 사랑하라 너희도 애굽 땅에서 거류민이

되었었느니라 나는 너희의 하나님 여호와이니라(레 19:33-34).

외인에 대한 배려는 그들을 위해 남는 곡식을 놔두는 경제적

관행에서도 나타났다.

너희가 너희의 땅에서 곡식을 거둘 때에 너는 밭 모퉁이까지 다

거두지 말고 네 떨어진 이삭도 줍지 말며 네 포도원의 열매를 다

따지 말며 네 포도원에 떨어진 열매도 줍지 말고 가난한 사람과

거류민을 위하여 버려두라 나는 너희의 하나님 여호와이니라(레

19:9-10).

이스라엘 자손들은 두려움과 편견을 극복하고 다른 사람들에

게 환대를 보여 주어야 했다. 그들의 은혜로우신 하나님이 그들을

그렇게 대해 주셨기 때문이다. 이해는 포용으로 이어져야 했다.

환대로 은혜의 문을 여신 분

기록된 역사 어디에서도 예수님의 삶에서만큼 파격적인 환대

를 볼 수 있는 곳은 없다. 신약학자 조슈아 지프는 이렇게 말했다.

"예수님의 사역 전체를 '외인과 죄인을 향한 신성한 환대'로 정리

할 수 있다."[8] 예수님의 사역은 하나님의 구원하시는 사랑과 환영을 보여 주는 것이었다. 예수님의 자세는 포용의 자세였다. 예수님은 밖으로 밀려나고 외면당하는 자들에게 천국 문을 활짝 열어 주셨다. 지프는 이렇게 말했다. "하나님의 환대는 그분의 잃어버리고, 상하고, 가난하고, 비난받는 백성에게로 향한다. 이 신성한 환대는 예수님을 통해 우리에게 온다. 예수님은 하나님의 환대를 죄인, 추방당한 자, 외인에게 베풀어 그들, 그리고 우리를 하나님과의 사귐 속으로 끌어들이는 환대의 주최자이시다. 하나님이 인류를 그분과의 사귐 가운데 받아 주시는 것은 외인에 대한 환대의 궁극적인 형태다."[9]

성경에서 예수님의 환대를 찾아보면 그 환대가 그분의 전략 중 하나가 아닌 핵심 전략이었다는 사실을 발견할 수 있다. 영국인 목사 팀 체스터는 누가복음에 나타나는 예수님의 환대를 다음과 같이 정리해 주었다.

누가복음에는 예수님이 사람들과 식사하시는 장면이 가득하다. 누가복음 5장에서 예수님은 레위인의 집에서 세리를 비롯한 죄인들과 식사를 하신다. 누가복음 7장에서 예수님은 바리새인 시므온의 집에서 식사 중에 기름부음을 받으셨다. 누가복음 9장에서 예수님은 5천 명을 먹이신다. 누가복음 10장에서 예수님은 마르다와 마리아의 집에서 식사를 하신다. 누가복음

11장에서 예수님은 식사 중에 바리새인들과 율법 교사들을 나무라신다. 누가복음 14장에서 예수님은 식사 중에 사람들에게 친구보다 가난한 사람들을 식사에 초대하라고 가르치신다. 누가복음 19장에서 예수님은 삭개오와 저녁 식사를 하고 싶다고 말씀하신다. 누가복음 22장은 최후의 만찬 장면을 그리고 있다. 누가복음 24장에서 부활하신 그리스도는 엠마오에서 두 제자와 식사를 하신 뒤, 예루살렘에서 제자들과 생선을 드신다. 로버트 카리스는 이렇게 결론을 내린다. "누가복음에서 예수님은 식사를 하러 가시거나 식사를 하시거나 식사 자리에서 오고 계신다."[10]

예수님은 죄인들, 세리들, 어부들과 함께 식사를 하셨다. 예수님은 당시 종교적 문화 속에서 타자가 된 이들을 포용하고 환영해 주셨다. 예수님은 다른 사람들이 외인으로 취급한 이들을 인간으로 대접하시고 그들에게 하나님의 환영을 보여 주셨다. 바리새인들은 경계선을 정해서 사람들을 배척하고 비인격적으로 대했다. 심지어 그들은 이방인을 "개"라고 부르면서 그들이 하나님 앞에 설 수 없다고 여겼다. 하지만 예수님은 그런 경계선을 허무셨다. 그분은 이방인을 두 팔 벌려 환영하셨다. 예수님의 그러한 파격적인 환영은 지금까지도 전 세계 사람들을 향해 뻗어 가고 있다.

비슷한 사람들만 환영하고 그 외 사람들은 환영하지 않는 세상 문화 방식과 달리, 예수님의 환대는 황당할 정도로 무조건적이었다. 조건적인 환대는 경계선을 부각시킨다. 반면, 무조건적인 환대는 경계선을 허문다. 우리는 이런 무조건적인 환대로 부름받았다. 철학자 자크 데리다는 이에 관해서 이렇게 말했다. "절대적인 환대는 내 집을 열어 (성씨가 있고 '외국인'이라는 정식 사회적 지위 등을 가진) 외지인뿐 아니라, 전혀 모르는 익명의 타자에게 주는 것이다. 그곳을 그들에게 주는 것이다. 보답(계약적인 것), 심지어 이름도 요구하지 않고 그들이 그곳에 들어와 그곳을 차지하게 하는 것이다."[11] 절대적인 환대는 교회의 사명이다.

예수님은 이 시대의 문화가 갈망하는 것을 본으로 보여 주셨다. 세상은 낯선 이, 적, 외인, 타자가 우리의 친구가 되는 환영의 공간을 갈망하고 있다. 예수님은 두려움의 문화 가운데 사랑의 공간을 만들어 내셨다. 거기서 새로운 공동체가 형성되었고, 그분은 그 공동체를 "교회"라 부르셨다. 교회는 세상에서 벗어난 안식처가 아니라 세상을 향한 소망의 장소로 존재해야 했다.

지프의 말을 다시 들어 보자. "환대는 낯선 이의 정체성이 손님의 정체성으로 바뀌는 행위 혹은 과정이다. …… 환대의 핵심은 낯선 이가 친구로 변할 수 있도록 안전하고 따뜻한 곳을 마련하는 것이다. 낯선 이를 환대하는 행동은 원래 소원하거나 적대적이었거나 단순히 서로 몰랐던 사람들 사이에 관계와 우정을 만들어 내는 경우가 정말 많다."[12]

그렇다면 어떻게 하면 예수님처럼 환대하는 법을 배울 수 있을까? 다음과 같은 공식을 제안하고 싶다.

환영하는 환경 + 정체성 변화 = 새로운 인류

생명을 주고 치유하는 예수님의 사역을 이어 가려면 우리의 마음과 삶을 열어 환영하는 환경을 조성해야 한다. 예수님은 문화적 배경이 완전히 다른 사람들을 하나로 모아 새로운 공동체를 이루는 놀라운 능력을 지니셨다. 그분의 제자 중에는 민족주의 열심당원, 문화적 매국노(세리), 바리새인, 소작농, 여성, 나병 환자, 그 외에 다양한 부류의 사람이 있었다. 그분은 사람들에게 새로운 정체성을 부여할 수 있는 은혜의 문을 여셨다. 더 이상 그들의 정체성은 엄격한 문화적 범주나 지난 죄에 따라 정해지지 않았다. 이제 그들은 사랑 많은 아버지의 아들이요 딸로 불리게 되었다. 예수님의 환영하는 환경이 옛 정체성의 변화와 만나 새로운 인류를 형성하자 역사가 완전히 바뀌었다. 예수님은 사람들을 있는 모습 그대로 사랑하고 받아 주셨다. 사람들은 종교와 성이라는 가면을 벗고 무조건적인 사랑을 받아들일 수 있었다.

오늘날 사람들은 공동체에 들어갈 자격을 얻기 위한 노력에 지칠 대로 지쳤다. 누군가가 사랑으로 그들을 환영해 주면 그들의 마음과 인간성이 회복된다.

나는 15년간 뉴욕에서 살았다. 그동안 이 도시에 대한 나의 시각은 크게 달라졌다. 이 도시에 온 지 얼마 되지 않았을 때 팀 켈러는 내게 이렇게 말했다. "많은 그리스도인이 이 도시에 자신이 필요하다고 생각해서 이 도시로 옵니다. 하지만 그들은 사실 자기에게야말로 이 도시가 필요하다는 사실을 모르지요."[13]

실제로 겪어 보니 과연 그랬다. 이 도시의 사회적·정치적·문화적·사회경제적·인종적 다양성은 내 안에 존재하는지도 몰랐던 온갖 고정관념과 편견을 드러냈다. 시간이 지나면서 내 접근법은 이 도시를 변화시키는 것에서 이 도시를 사랑하고 섬기는 방향으로 바뀌었다. 나는 두려움으로 인한 선입관이 가득한 이 도시에서 사람들을 예수님처럼 환대함으로 은혜의 문을 열고자 노력했다. 우리가 환영하는 태도를 취하면 언제 이런 문이 열려 어느 순간 은혜가 들어올지 모른다.

일상에 널려 있는 환영의 기회

뉴욕에 없던 것 중 하나는 맛있는 치킨 전문점이었다. 내가 뉴욕에서 산 지 10년쯤 지났을 때 마침내 미국에서 가장 인기 있는 치킨 전문점 중 한 곳이 뉴욕에 문을 열었다.[14]

한번은 택시를 타고 우리 사무실로 가게 되었다. 사무실 근처에 그 치킨 전문점이 자리 잡고 있었다. 나는 뭔가를 골똘히 생각하다가 그 택시 운전자와 대화를 하게 되었다. 운전자는 이내 자신의 이야기를 하기 시작했다. 미국으로 이민을 오게 된 과정, 고향을 떠날 수밖에 없었던 사정, 이전 삶의 아름다움. 그는 자신이 살던 나라에서 고등교육을 받고 상류층으로 살던 사람이었다. 하지만 정치적 핍박을 피해 조국을 떠날 수밖에 없었다. 그의 학위들은 미국에서 인정되지 않았다. 여기서 학위를 인정받으려면 대학원에 다시 들어가 이미 있는 학위를 다시 따야 했다. 그는 이곳에서 기껏해야 택시 운전자로밖에 일할 수 없었다. 그는 나처럼 바쁜 사람들을 태우고 다니면서도 또 다른 삶을 가슴에 품고 있었다.

그와의 대화는 매우 인상적이었다. 그때 나는 이민자 통계 숫자 하나가 내 눈앞에서 한 명의 진짜 사람으로 변하는 놀라운 경험을 했다.

식당 앞에 차가 서자, 나는 그에게 그곳 치킨을 먹어 본 적이 있는지 물었다. "아뇨, 그냥 줄이 길게 늘어선 것만 봤어요. 아마 맛있겠죠."

그 말에 나는 다시 물었다.

"지금부터 30분 동안 뭘 하실 생각이세요?"

"계속 일해야죠."

"미터기를 켜 놓고 그 유명한 치킨 좀 드시지 않을래요?"

"정말요?"

그리하여 맨해튼 한복판의 38번 거리에서, 세상 반대편에서 온 두 남자가 함께 치킨을 뜯으며 가족, 인생사, 고난, 성공, 외지인으로서의 경험을 나누었다. 택시 안에서 타자는 형제가 되었고, 낯선 이는 친구가 되었다.

시간이 다 되자, 나는 사무실로 들어갔다. 기분이 그렇게 좋을 수가 없었다. 치킨과 레모네이드 앞에서 이민자들을 바라보는 내 시각은 완전히 변했다. 이 환영의 문을 여는 것이 일상이 되면 뉴욕이 얼마나 달라질까 생각했다. 택시, 열차, 사무실 건물, 공원…… 도처에서 그 문이 열린다면?

물론 환대가 필요한 곳은 뉴욕만이 아니다. 선교학자이자 나와 같은 호주인인 앨런 허쉬와 선교적 교회의 리더인 랜스 포드는 이렇게 썼다. "세상의 모든 그리스도인 가족들이 일주일에 한 번씩만 식탁에서 이웃들과 좋은 대화를 나누면 점점 하나님 나라로 들어갈 수 있다."[15] 만남 한 번, 환대 한 번마다 두려움이 허물어지고 모두가 같은 인간이라는 믿음이 회복된다.

변장하신 그리스도를 볼 수 있는 특권

"무엇보다도 뜨겁게 서로 사랑할지니 사랑은 허다한 죄를 덮느니라 서로 대접하기를 원망 없이 하고"(벧전 4:8-9). 사도 베드로는 계급, 인종, 성, 종교의 담을 허물지 못하는 그리스도인들에게 그렇게 촉구했다. 여기서 "원망"에 해당하는 헬라어는 '불쾌함을 남몰래 품거나 공개적으로 표현하는 것'을 의미한다. 또한 이것은 '불평'이나 '드러나지 않은 논쟁'을 의미하기도 한다. 아우구스티누스는 벽에 이런 글귀를 걸어 놓았다고 한다. "앞에 없는 사람을 나쁘게 말하는 사람은 이 식탁에 앉을 수 없다." 환대의 식탁은 비판이나 불평이 아닌 소속을 위한 신성한 장소다. 하나님은 자신의 집만이 아니라 마음을 열 사람들을 찾고 계신다. 환대의 식탁은 다른 사람들을 비판하거나 마지못해 받아주기 위해 모이는 곳이 아니다. 그곳은 하나님의 은혜를 가시적으로 경험하는 곳이다.

스카이 제서니는 《하나님을 팝니다》(The Divine Commodity)라는 책에서 이렇게 말했다. "영어의 '환대'(hospitality)는 '병원'(hospital)과 같은 라틴어 어원에서 비롯했다. 병원은 문자 그대로 '낯선 이들을 위한 집'이라는 뜻이다. 물론 이제 이 단어는 치유의 장소를 의미하게 되었다. 하지만 환영받는 것과 치유받는 것은 서로 관련이 있다." 그는 계속해서 이렇게 말했다. "우리의 집은 병원이어야 한다. 천국의 빛을 발하는 치유의 피난처여야 한다. 우리의 저녁식탁은 수술 테이블이어야 한다. 망가진 영혼들이 다시 온전해지는 장소여야 한다. …… 방어막을 풀면, 벽과 밖을 내다보는 구멍을 없애고 서로 진정으로 함께하기 시작하면, 복음의 치유력을 발휘할 수 있다."[16]

환대 하면 주로 상대방에게 특권을 베푸는 것으로 생각한다.

하지만 성경 기자들은 환대를 베푸는 사람도 약속과 선물을 받는다고 믿었다. 히브리서 13장 2절은 이렇게 말한다. "손님 대접하기를 잊지 말라 이로써 부지중에 천사들을 대접한 이들이 있었느니라." 성경에서 천사들은 경고하거나 좋은 소식을 전하는 사자들이다. 위협처럼 보이는 것이 사실은 약속일 수 있다. 환대하기를 거부하면 하나님의 도우심과 인도하심을 스스로 차 버리는 것이다. 아브라함이 환대하기를 거부했다면 어떻게 되었을까?(창 18:1-10) 롯이 낯선 이들을 환영해 주지 않았다면 어떻게 되었을까?(창 19:1-25) 마리아가 천사를 거부했다면 어떻게 되었을까?(눅 1:26-38) 엠마오로 가는 길에서 과객들이 그리스도를 환영하지 않았다면 어떻게 되었을까?(눅 24:13-32) 크리쉬 칸디아의 표현을 빌리자면, 우리가 가장 두려워하는 것이 우리의 가장 큰 기회가 될 수도 있다.[17]

우리가 낯선 이들을 거부하면 어떻게 될까? 우리가 성경적 렌즈가 아닌 문화적 렌즈를 통해 다른 사람들을 본다면 그것은 하나님이 들어오시지 못하도록 우리 삶에 울타리를 치는 것이나 다름없다. 성경학자 밥 에크블라드는 이렇게 말했다. "우리가 하위문화들로부터 흡수하는 신학들은 성경을 꽁꽁 묶는다. …… 이런 가정들을 그냥 방치하면 우리는 의식적 혹은 무의식적으로 성경에서 '우리의 생각'을 뒷받침해 줄 증거를 찾게 된다."[18]

마태복음 25장은 하나님이 망가지고 가난한 자들의 모습으로 변장해서 오신다고 말한다(34-40절). 환대는 변장하신 그리스도를 볼 수 있는 렌즈다. 환대는 우리의 권리를 빼앗는 것이 아니라 영원한 상의 문을 열어 준다.

'자유롭고 두려움 없는 자리'를 마련하는 사명

미국 백인 민족주의자의 '후계자' 데렉 블랙은 대학에서 잘 지내지 못했다. 4월의 어느 날 새벽 1시 56분, 데렉은 학생 게시판에서 한 게시문을 보았다. "데렉 블랙, 백인 우월주의자, 라디오 진행자 …… 신입생??? 공동체로서 우리는 어떻게 반응해야 할까?"[19] 학교 내 누군가가 온라인에서 테러 집단들을 조사하다가 데렉의 비밀스러운 삶을 알게 되었고, 데렉이 백인 우월주의자라는 사실이 밝혀졌다. 그때부터 독한 반응들이 쏟아졌다. 게시판에는 천 개 이상의 반응이 올라왔다.

데렉은 나중에 이렇게 회상했다. "가만히 앉아서 내가 그곳에서 얼마나 환영받지 못하고 내가 그들과 얼마나 다른지를 말해 주는 천 개나 되는 메시지를 읽었다. 그들은 내가 자신들이 일구려는 공동체에 절대 속할 수 없다고 생각하고 있었다." 그는 그렇게 회상하며 "불안하다"라는 표현을 사용했다.[20]

다른 학생들도 불안하기는 마찬가지였다. 그들은 자신이 몸담은 공동체 안에 있는 인종주의자를 어떻게 대해야 할지 몰랐다.

그러던 중 데렉이 그 학교에 입학할 때부터 알고 지내던 누군가가 묘안을 생각해 냈다.

매튜 스티븐슨은 그 대학교에서 유일한 정통 유대교인 학생이었다. 유태인들이 마음껏 지낼 만한 환경이 못 되는 그곳에서 그는 다른 사람들이 유태인 문화와 삶을 이해하도록 돕기 위한 금요일 밤 안식일 저녁 식사 자리를 주최하고 있었다. 주기적인 참석자 중에는 호기심 많은 그리스도인, 무신론자, 다양한 인종의 사람들이 있었다. 2011년 가을, 스티븐슨은 노골적으로 반유태적인 글을 써 온 백인 민족주의자 데렉을 그 모임에 초대했다.

전교생에게 외면당한 뒤 데렉은 그 모임에 가기로 결심했다. 그 모임은 그의 정체가 탄로 난 뒤 그를 초대해 준 유일한 곳이었다. 그가 나타나자 다른 참여자들은 바짝 긴장했다. 하지만 그는 계속해서 모임에 나타났다. 함께 식사를 하면서 서서히 그의 시각이 바뀌기 시작했다. '타자'를 직접 만나면서 그의 마음속에서 그 타자는 그냥 '또 하나의 사람'으로 변해 갔다. 새로운 친구들은 그에게 이전에 무시했던 것들을 탐구해 보라고 권했다. 그래서 그는 이전에 피했던 수업들을 들었고, 서서히 그의 백인 민족주의는 허물어졌다. 모두가 같은 인간이라는 생각이 싹트고 자라났다.[21]

결국 그는 백인 민족주의를 버렸고, 심지어 남부빈곤법률단체(Southern Poverty Law Center)의 〈인텔리전스 리포트〉(Intelligence Report)에 다음과 같은 글을 기고했다.

제 말과 행동이 백인과 다른 피부색을 가진 인종, 유태인들,
만인의 기회와 공평을 위해 싸우는 운동가들에게 해를
끼쳤습니다. ……
이 모든 피해에 대해 사과드립니다.[22]

한 대학교 캠퍼스 식탁에서 한 유태인과 한 백인 우월주의자는 가능성의 문을 마주했다. 환영하는 환경은 데렉의 정체성을 변화시켰다. 이제 그는 나아갈 새로운 길을 발견했다.

매튜 스티븐슨은 참으로 놀라운 본보기다. 당신은 어떤가? 당신 주위에도 불편하다고 여길 만한 '당신과 다른' 사람이 있는가? 그 불편함을 잠시 참으라. 그를 부담스럽지 않게 초대해서 서로를 좀 더 깊이 알아 갈 방법을 고민하라. 그리고 행동하라.

당신과 다른 사람이 당신을 식사 자리나 사교 모임에 초대한다면 예수님이 늘 그러하셨듯이 그 초대를 받아들일 준비가 되었는가?

영성 작가 헨리 나우웬은 수십 년 전에 이렇게 말했다(오늘날 상황에 더 어울리는 말이다). "우리 사회는 두려움에 빠져 자신의 재산을 불안하게 움켜쥔 방어적 혹은 공격적인 사람들로 점점 더 가득해지고 있는 듯하다. 그들은 의심의 눈으로 주변 세상을 바라보며 적이 갑자기 튀어나와 자신에게 해를 끼칠까 봐 늘 전전긍긍하고 있다. 하지만 지금도 여전히 우리의 소명은 …… 적을 손님으로

바꾸고, 형제자매 관계를 형성하고, 온전히 경험할 수 있는 자유롭고 두려움 없는 자리를 마련하는 것이다."[23]

자유롭고 두려움 없는 자리를 마련하는 것, 바로 이것이 우리의 소명이다. 환대로 두려움에 저항하라.

6.

습관적 경멸에 저항하라,
조건 없는 존중으로

형제를 사랑하여 서로 우애하고 존경하기를 서로 먼저 하며.
· 로마서 12장 10절

정말로 비열한 것은 다른 사람들의 고통을 경멸하는 것이다.
· 제임스 볼드윈, 《조반니의 방》(Giovanni's Room)

우리가 의롭다고 확신할 때마다 그 즉시 우리는 교만한 사람이 된다.
· 플레밍 러틀리지, "밤의 밑바닥"

지하철이 맨해튼 168번가에서 미드타운으로 가던 중 한 엄마와 어린 아들이 올라탔다. 출근길이라 열차는 가득 차 있었다. 예닐곱 살쯤 된 아이는 몸을 비비 꼬면서 사람들과 부딪히기 시작했다. 창피해진 엄마가 아이를 힘주어 잡아끌었다. 그렇게 힘의 역학이 곧바로 나타났다. 이에 사람들이 휴대폰에서 눈을 떼었다. 엄마는 더 많은 관심을 피하기 위한 절박한 시도로 아이를 자기 쪽으로 더 거세게 잡아끌었다.

뉴욕에서 15년간 살아온 사람으로서 아침 출근길에 일어날 수 있는 일은 거의 다 목격했다. 나체, 응급 환자, 폭력. 하지만 이후 벌어진 상황은 내 평생에 처음이었다. 아이는 엄마의 손을 뿌리치더니 위를 올려다보며 듣도 보도 못한 쌍소리를 마구 쏟아 냈다.

달리는 열차 안은 충격으로 침묵만이 가득했다. 몇 초간 모두가 숨죽였다. 도저히 아이 입에서 나올 만한 말들이 아니었다. 어떠한 반응을 기다렸지만 아무런 반응도 없었다. 엄마는 창피해서 그냥 고개만 숙이고 있을 뿐, 아이는 조용히 엄마 쪽으로 몸을 기댔고, 열차는 계속해서 달렸다.

사람들은 이를 지적하거나 타박하거나 꾸짖지 않으려고 애쓰는 모습이었다. 뉴욕에서 모르는 사람에게 이래라저래라 했다가는 무슨 일을 당할지 모른다. 그래서 다시 헤드폰들을 천천히 귀에 쓰고 시선은 다시 스크린으로 향했다. 하지만 우리 모두는 방금 전 심하게 망가진 현실을 목격했다는 사실을 인지했다. 바로

서구 문명의 몰락을 1열에서 구경한 셈이다. 그 자리는 우리가 요청하지 않은 자리였으며, 우리가 원하지 않는 자리였다. 125번가와 콜럼버스가 사이의 블루 라인 노선 어딘가에서 망가진 문화의 곪을 대로 곪은 상처가 그대로 터져 나왔다.

모욕과 경멸의 문화, 잔인함과 공격의 문화. 우리는 정치적 견해가 다른 사람들, 종교적 견해가 다른 사람들, 부자들, 가난한 사람들, 항상 가문의 이름에 먹칠을 하고 문제를 일으키는 가족들을 경멸한다. 교회 안에도 이러한 경멸이 가득하다. 신학적 입장이나 예배 스타일, 리더십 구조, 설교 스타일이 다른 사람들을 향한 경멸. 우리 사회가 경멸에 빠졌다는 사실에 이제는 점점 무뎌져 간다. 하지만 아이들이 부모에게 사악하게 불순종할 때 우리 사회가 어떻게 변질되고 있는지를 새삼 절감하게 된다.

지난 세월 동안 그 아이에 관한 생각이 불쑥불쑥 떠올랐다. 그 아이의 미래는 어떨까? 5년, 10년, 20년 뒤의 그는 어떤 모습일까? 누구와 결혼할까? 자녀는 어떤 식으로 키울까? 무슨 직업을 가질까? 도대체 어떻게 살아갈까? "자녀들아 …… 네 아버지와 어머니를 공경하라 …… 이로써 네가 잘되고 땅에서 장수하리라"(엡 6:1-3).

어떻게 될 것인가? 그날 그 아이가 전철 안에서 보여 준 존중의 부재로 볼 때 그의 삶이 순탄하지는 않을 것 같다.

경멸은 상대방이 고려할 가치도 없고 모욕당해 마땅하다는 감정이다. 요즘 우리 마음이 너무도 쉽게 경멸에 빠지고, 그 경멸을 우리 안에 아예 눌러앉히곤 한다. 그리고 우리 마음속에 있는 것을 우리 입 밖으로 곧잘 뱉어 낸다. 미안하지만 그리스도인 역시 이 점에서 세상 사람보다 별로, 심지어 나은 것이 전혀 없다. 우리는 사회적·정치적 차이만이 아니라 윤리적·신학적 차이로도 다른 사람들을 경멸하곤 한다.

자녀를 향한 명령에서 보듯이 해법은 간단하다. 공경하라. 존중하라. 상대방의 가치를 '인정'하고 그를 적절히 '존중'해야 한다. 이 명령을 제대로 이해하면 존중이 천국의 문화라는 사실을 알 수 있다.

세상에 더 나은 길을 보여 주고 우리 시대에 가득한 경멸의 문화를 흩어 버리려면 우리가 먼저 앞장서서 사람들에게 존중심을 보여 주어야 한다.

'존중'(honor; 또는 존경, 공경)은 '경멸'(contempt; 또는 멸시)에 저항한다. 하지만 현재 상황은 그렇지 못하다.

존중의 실종, 경멸의 부상

"존중이 사라지면 무엇이 남는가?" BC 1세기 철학자 퍼블릴리우스 사이러스는 자기 시대에 관해서 이렇게 물었다.[1]

지금 시대는 그 질문에 대한 답을 아주 잘할 수 있다. 그에 대한 답은 바로 경멸이다. 많은 사람이 우리 시대의 분노를 이야기했으며 실제로 분노의 흔적이 사방에 가득하다. 하지만 어쩌면 우리는 우리가 다루고 있는 분노의 종류를 잘못 진단했는지도 모른다. 모든 공동체에는 인간의 성에서 도시 계획까지 다양한 주제에서 다양한 수준의 갈등과 의견 불일치가 존재한다. 하지만 우리가 다루고 있는 문제는 그보다 더 깊은 문제로 보인다.

칼럼니스트 아서 브룩스는 인간 삶의 고뇌를 설명하기 위해서 뜨거운 미움과 차가운 미움을 구별했다. 그에 따르면 뜨거운 미움은 분노에서 비롯한 반면, 차가운 미움은 경멸에서 비롯한다. "차가운 미움은 뜨거운 미움만큼이나 해로울 수 있다. 사회 심리학자이자 관계 전문가인 존 가트맨은 대화를 조금만 들어 봐도 부부가 이혼할지 말지를 94퍼센트 정확하게 예측해서 세상을 놀라게 했다. 이혼에 대한 가장 심각한 위기 징후는 경멸, 빈정거림, 비웃음, 적대적인 유머 같은 것들이다. …… 의견 차이가 있는 건 정상적이지만 경멸의 반응은 치명적일 수 있다."[2]

경멸은 사회 전체를 무시하게 만들며, 우리의 사회적 삶을 파괴한다. 경멸은 단순히 이혼에 대한 원인만 제공하지는 않는다. 경멸은 오랜 우정, 동료 관계, 부모 자식 관계에도 금이 가게 만든다.

미국을 단결시킨 정신은 "에 플루리부스 우눔"(E pluribus unum; 여럿에서 하나로)이었다. 미국을 건립할 때 13개의 작은 식민지들은 서로의 차이에도 불구하고 함께하는 편이 낫다는 자각 속에서 하나의 국가를 이루었다. 이 식민지들은 서로 협력하며 차이를 극복하기 위해 애를 썼다. 그 결과는 자명하고 양도할 수 없는 권리에 기반한 존경과 존중의 실험이었다. 그 연약한 연합이 지금 우리 눈앞에서 무너져 내리는 듯하다.

시배스천 영거(세바스찬 융거)는 많은 퇴역군인이 해외 파견 복무를 마치고 고국으로 돌아올 때 느끼는 슬픔을 기록했다. 그는 《트라이브, 각자도생을 거부하라》(Tribe)라는 책에서 "우리는 사실상 스스로와 전쟁을 벌이는 사회에서 살고 있다"고 말했다. 그의 말을 계속해서 들어 보자.

사람들은 각자의 견해에 따라 부자들, 가난한 사람들, 교육을 받은 자들, 외국에서 태어난 자들, 대통령, 혹은 미국 정부 전체에 관해서 놀랄 정도로 심한 경멸을 담아 말한다. 마치 전시에 적들에게나 할 법한 수준의 경멸이다. 그런데 지금은 같은 동포에게 그런 경멸을 쏟아 내고 있다. 비판과 달리 경멸은 특히 유독하다. 그것은 말하는 사람의 도덕적 우위를 가정하기 때문이다. 경멸은 주로 집단에서 방출되거나 그 집단의 혜택을 받을 자격이 없는 것으로 선포된 사람들에게로 향한다. 정부는 고문이나 학대를 순화시켜 표현하기 위해 경멸이란 단어를 자주 사용한다. …… 서로에게 경멸을 담아 말하는 사람들은 연합된 상태를 오래 유지하기 힘들다.[3]

경멸의 감정이 확산되면서 존중과 예의의 시대는 점점 소멸되고 있다. "엑스 우노 플루레스"(Ex uno plures). "하나에서 여럿으로."

경멸의 유해성은 다른 사람들을 무가치한 존재로 여긴다는 데 있다. "경멸은 상대적 우위를 주장하는 것이다."[4] 경멸은 도덕적 · 윤리적 · 미적 · 사회적 · 능력 관련 기준을 스스로 정하고서 그 기준에 부합하지 못하는 이들의 가치를 낮게 여기는 것이다. 경멸은 다양한 감정이 섞여 있어 규명하기가 힘들기 때문에 더더욱 유해하다.

심리학자들은 인간의 기본적인 감정을 여섯 가지로 규명했다. 분노, 혐오, 두려움, 행복, 슬픔, 놀라움. 보다시피 경멸은 여섯 가지 감정 중에 없다. 하지만 오스틴에 있는 텍사스대학교(University of Texas)의 철학자 로버트 C. 솔로몬은 경멸을 분개와 분노와 같은 선상에 두었다. 그리고 나서 그는 다음과 같이 부연 설명을 했다.

* 분개는 더 높은 지위에 있는 개인을 향한 분노다.
* 분노는 같은 지위에 있는 개인을 향한 분노다.
* 경멸은 더 낮은 지위에 있는 개인을 향한 분노다.[5]

경멸은 사람들을 폄하하고 자신의 분노를 정당화하는 것이다. 이는 힘과 우위의 역학을 만들어 내며, 그 상태에서는 대부분의 관계가 올바로 회복하지 못한다. 힘을 휘두를 때마다, 당하는 사람에 대한 은근한 경멸이 작용한다. 상대방을 경멸할 때만 그를 지배할 수 있다. 경멸이 사회의 운영 시스템이 되면 위험한 수준까지 이른다. 홀로코스트와 르완다 대량 학살 같은 잔혹 행위들은 모두 다른 사람들의 가치를 낮게 보고, 그들을 무시하고 궁극적으로는 죽일 권리마저 정당화할 때 시작되었다.

본회퍼는 당시 유태인들과 관련해서 이런 상황에 직면했다. 당시 독일 교회는 유태인들을 경멸조로 대했고, 그렇게 그들을 무가치하게, 인간 이하로 여김으로써 '하나님의 형상을 따라 창조된 600만 명 이상'을 죽음으로 내몬 학살의 공범이 되었다. 오늘날의 우리는 그런 대량 학살에 참여하지 않는다고 자신할지 모르지만 마음속으로는 얼마든지 살인을 저지를 수 있다. 성경은 사랑해야 할 마음속에서 그런 일이 벌어지는 것을 용납할 수 없다고 가르친다(요일 3:15).

다른 사람들의 가치를 낮게 여기면 당연히 그들을 멀리하게 된다. '그들'과 비교되어 우리의 자존감이 떨어질까 두려워 우리와 비슷한 부류 속으로 몸을 숨긴다. 그들을 멀리하고 우리의 가치를 그들의 가치보다 높일 수 있는 곳으로 들어간다. 벤 새스 상원의원은 *Them*(그들)에서 다음과 같이 썼다.

고립으로 인해 우리는 건강한 좋은 가치와 목표, 삶의 방식을
나눌 수 있는 건강한 지역 공동체들을 잃었다. 그래서 우리는

'반공동체들'에 빠져든다. 이것은 뭔가를 지지하는 공동체가
아니라 뭔가에 반대하는 공동체다.

이것은 진정한 소속에 대한 안타까운 대체물이다. 하지만
아무것도 없는 것보다는 낫다. 우리가 공동체를 그렇게 방해하는
것은 아니다. 그리고 적어도 우리는 MSNBC의 저 경건한
체하는 자유주의자들처럼 우습지 않다. 혹은 폭스사의 저
떠버리 보수주의자들처럼 어처구니없지도 않다. 생각이 비슷한
사람들('우리')끼리 모이고 '그들'을 비난하면 뭔가 안심이 되는
면이 있기는 하다.

누구도 혼자 있기를 바라지 않는다.

자유주의자들과 보수주의자들은 같은 것을 믿지 않고, 우리는
상대방의 신념을 이해하지 못한다. 그래서 우리는 경멸의
진통제로 우리의 외로운 영혼을 달랜다.[6]

하나님 백성 사이의 경멸

경멸이야말로 오늘날 하나님의 백성을 무너뜨리는 가장 독한
힘인지도 모르겠다. 그 옛날 바리새인들의 문화가 경멸의 문화였
다. 그 문화는 하나님의 언약 백성을 왜곡시켰다. 나는 오늘날 그
리스도의 몸 안에서 수많은 사람이 경멸의 문화에 빠진 것을 보았
다. 우리는 정치 영역에서 자주 경멸에 빠진다. 하지만 이 태도가

마음의 다른 영역으로 스며들지 않고 정치 영역에만 머무는 경우는 없다. 이 태도는 그리스도인 공동체 안에서 형제자매를 바라보는 우리의 시각에도 영향을 미친다.

서로에 대한 의심으로 우리는 각자 마음의 문을 닫고 분노와 두려움에 빠져든다. 이런 태도가 숨어 있는 교회는 번영할 수 없다. 그리스도인은 은혜와 사랑으로 살도록 설계된 새 언약의 마음을 지니고 있기 때문에 우리 마음에 자리한 경멸은 우리 마음을 오염시킨다. 한 소설가는 이렇게 썼다. "친해져서 잘 알면 얕보기 쉽다. 먼저는 다른 사람을, 그다음은 내적으로 자신을 얕보게 된다."[7] 그 어떤 예수님의 제자도 마음속에 차가운 미움을 품고서 온전하고 기쁘게 살아갈 수 없다.

경멸이 하나님의 백성을 통제하면 그것은 우리의 능력과 가능성을 갉아먹는 일종의 영적 암이 된다. 우리는 출애굽 당시 이스라엘 자손들에게서 하나님을 향한 이런 태도가 싹트기 시작한 것을 볼 수 있다.

출애굽 당시 하나님은 이스라엘 백성이 바로의 폭정에서 해방되도록 능력과 임재를 부어 주셨다. 하지만 그들은 경멸의 폭정에서는 해방되지 못했다. 하나님은 홍해를 가르시고, 광야에서 만나를 주시며, 황금 송아지 사건을 용서하시고, 그들을 젖과 꿀이 흐르는 땅의 국경까지 인도하셨다. 하지만 운명의 문턱에서 경멸이 스며들어 그들의 신앙을 갉아먹었다. 두 충성스러운 정탐

꾼의 긍정적인 보고에도 불구하고 그 땅 거인들이 하나님보다 크게 보였다. 믿음은 이내 좌절로 바뀌었다.

하나님은 답답한 심정으로 모세에게 이렇게 말씀하셨다. "이 백성이 어느 때까지 나를 멸시하겠느냐 내가 그들 중에 많은 이적을 행하였으나 어느 때까지 나를 믿지 않겠느냐"(민 14:11). 하나님을 향한 멸시로 인해 한 세대 전체가 약속의 땅으로 들어가지 못하고 광야에서 생을 마감했다. 멸시를 보인 자들은 약속의 땅을 물려받지 못했다. 그들은 그 땅에 들어가는 것이 허락되지 않았다. 하나님은 멸시라는 암이 해방된 백성들의 문화 속에 스며들도록 허락하시지 않았다.

경멸의 위험은 구약에서만 나타나지 않는다. 신약 성경에서 바울은 이렇게 말한다.

> 혹 네가 하나님의 인자하심이 너를 인도하여 회개하게 하심을
> 알지 못하여 그의 인자하심과 용납하심과 길이 참으심이
> 풍성함을 멸시하느냐 다만 네 고집과 회개하지 아니한 마음을
> 따라 진노의 날 곧 하나님의 의로우신 심판이 나타나는 그날에
> 임할 진노를 네게 쌓는도다(롬 2:4-5).

경멸은 하나님의 자비를 온전히 경험하지 못하고 오히려 그분의 진노를 경험하게 만든다. 경멸은 하나님의 복에서 멀어지게

만든다.

그리스도인으로서 우리는 성령이 근심하실 수 있다는 사실을 안다. 그런데 우리는 이 근심을 우리의 악한 행실이나 불신에 대해서만 결부시킨다. 하지만 데살로니가전서는 성령의 은사에 대한 멸시가 그분을 소멸시킬 수 있다고 말한다. 바울은 이렇게 썼다. "성령을 소멸하지 말며 예언을 멸시하지 말고 범사에 헤아려 좋은 것을 취하고 악은 어떤 모양이라도 버리라"(살전 5:19-22). 우리가 편안하고 익숙한 우리의 사역들에 성령의 개입하심을 거부하고, 초자연적인 역사를 필요하지만 부담스러운 것으로 평가절하할 때 성령이 근심하신다.

성경에서 경멸의 위험이 가장 분명하게 드러난 것은 예수님의 사역 속에서다.

> 예수께서 거기를 떠나사 고향으로 가시니 제자들도 따르니라 안식일이 되어 회당에서 가르치시니 많은 사람이 듣고 놀라 이르되 이 사람이 어디서 이런 것을 얻었느냐 이 사람이 받은 지혜와 그 손으로 이루어지는 이런 권능이 어찌됨이냐 이 사람이 마리아의 아들 목수가 아니냐 야고보와 요셉과 유다와 시몬의 형제가 아니냐 그 누이들이 우리와 함께 여기 있지 아니하냐 하고 예수를 배척한지라 예수께서 그들에게 이르시되 선지자가 자기 고향과 자기 친척과 자기 집 외에서는 존경을

받지 못함이 없느니라 하시며 거기서는 아무 권능도 행하실 수 없어 다만 소수의 병자에게 안수하여 고치실 뿐이었고 그들이 믿지 않음을 이상히 여기셨더라 이에 모든 촌에 두루 다니시며 가르치시더라(막 6:1-6).

예수님과 가까운 사람들은 자신들이 이미 잘 아는 사람에게서 그런 지혜와 능력이 나올 수 있다는 사실을 인정할 수 없었다. 너무도 평범한 사람. 자신들과 다를 바 없는 사람. 노동자 계층의 평범한 부모에게서 태어난 사람. 그런 낯익음은 존중의 여지를 없애 버렸다. 그들은 친숙함을 넘어 예수님 안의 기름부음을 볼 수 없었다. 가까운 탓에 도리어 그들은 선입관에 사로잡혔다.

오늘날의 우리도 그럴 때가 많다. 우리는 주변 사람들, 이를테면 가족이나 친구, 지역 주민들이 역사의 물줄기를 바꾸고 하나님 나라를 세우기 위해 선택받은 자일 수 있다는 사실을 받아들이지 못한다. 친숙함이 믿음을 방해해 다른 사람들 속에 있는 가능성과 운명을 보지 못한다.

그 마을 사람들이 예수님을 존중했다면 그 마을에 어떤 일이 일어났을까 하는 생각을 자주 한다. 아마도 그곳 모든 사람이 치유받았을 것이다. 모든 사람이 자유를 얻었을 것이다. 굶주리거나 공허함에 빠지거나 압제를 받거나 수치를 당하는 사람이 단 한 명도 없었을 것이다. 하지만 존중이 없는 탓에 예수님이 그곳에서 행하신 일은 겨우 병자 몇 명만을 치유하신 것이었다. 그들에게 믿음이 없는 것을 예수님은 안타까워하셨다. 존중은 다른 사람들에게 부어진 기름부음을 볼 수 있게 해 준다. 반면, 경멸은 예수님이 행하실 역사를 방해한다. 경멸은 문을 닫는 반면, 존중은 문을 연다. 하나님은 사람들이 원하시는 곳으로 가신다.

하나님 나라의 운영 시스템

마음 깊은 곳에서 우리는 우리 세상의 적대감, 모욕, 경멸에 안타까움을 느끼고 있다. 우리 문화에 대한 혐오에서 일종의 집단적 피로감이 나타나고 있다. 우리는 다른 사람들을 깎아내리는 문화에 지쳤다. 하지만 스스로 그것을 멈출 힘이 없다는 것을 안다. 나도 SNS를 보다가 그런 심정을 느끼곤 한다. 교만과 분노가 너무도 가득하다. 슬픔과 무기력감을 동시에 느끼며 뭔가를 하고 싶지만 뭘 어떻게 해야 할지 모르겠다.

우리는 경멸의 문화를 어떻게 바꿀지 알지 못한다. 연합은 헛된 꿈처럼 느껴진다. 치유는 불가능해 보인다. 우리의 마음은 교회의 실패도 슬프고 화가 난다. 신학이 이상하다고, 신학이 없다고 상대방을 폄하한다. 관행과 전통이 다르다고, 죄가 가득하다고 비난한다. 하나님에 관한 우리의 비전은 쪼그라들었고, 그분의 능력은 보기 힘들며, 그분의 사랑도 그저 소문으로만 무성하다.

그러나 나는 경멸이라는 암에 대한 치료제가 반드시 있다고 믿는다. 그 치료제는 바로 '존중'이다.

존중은 오늘날 세상에서 가장 아름다우면서도 가장 무시되는 덕목 중 하나다. 존중을 말하는 것이 시대착오적인 것처럼 느껴지는 분위기에서 어떻게 이 덕목을 유지하고 권장할 수 있을까? 다른 사람들을 존중한다? 어디서 어떻게 시작해야 할까? 존중받을 만한 것이 무엇인지를 누가 어떻게 정의해야 할까?

다른 사회에서는 존중이 예의와 단결, 번영의 열쇠였다. 나는 우리의 삶 속에서 이 덕목을 새롭게 보고 회복시키면 오늘날에도 같은 결과가 나타날 수 있다고 믿는다.[8]

그리스도인들은 이 단어를 꼭 부여잡고 있는 사람들처럼 보인다. 존중의 문화를 갖추고 있다는 교회들 이야기를 가끔 듣는다. 하지만 '모두'를 존중하는 곳은 별로 없다. 힘의 역학이 작용한다. 존중은 위로 흘러 리더들에게로 올라간다. 교회 속 존중은 세상 속 존중과 다를 바가 없어 보인다. 가장 눈에 띄는 사람이 가장 큰 존중을 받는다. 가장 재능이 뛰어난 사람이 가장 많은 관심을 받는다. 전통적 형태의 미디어든 SNS든, 카리스마와 매력 있는 이들이 가치 있는 존재로 대접받는다. 상황이 얼마나 심각해졌는지, 예수님의 이름으로 말하는 이들이 그분께 돌아가야 마땅한 존중 혹은 존경을 가로채는 일이 종종 일어난다.

존중에 관한 오해가 벌어지고 존중을 남용하는 일이 비일비재하지만 나는 존중이 교회의 주변적인 것이 아니라 핵심이라고 믿게 되었다. 신약에서 '존중'에 해당하는 단어 '티마오'는 '가치를 부여하다' 혹은 '소중히 여기다'라는 뜻이다.[9] 성경적인 존중은 그것이 닿는 모든 이들에게 생명을 주는 기쁨의 원천이다.

존중은 다른 사람들의 가치, 기여, 중요성을 인정해 주는 것이다. "존중은 사회 속에서 사람들이 서로를 평가하는 방식을 의미하는 관계적 혹은 사회적 용어다."[10] 때로 우리는 신학과 관련해서 영광과 존중을 혼동한다. 우리는 이 두 가지가 번갈아 쓸 수 있는 용어라고 생각한다. 하지만 이 둘을 잘 구분할 필요가 있다.

영광은 뭔가에 내재해 있는 것이다. 그것은 뭔가가 지닌 내재적 무게다. 이 뭔가는 인정을 필요로 하지 않는다(인정받을 만한 가치가 있기는 하지만). 다른 사람들이 인정하지 않아도 영광은 줄어들지 않는다. C. S. 루이스에 따르면 "미치광이가 자기 감옥 벽에 '어둠'이라는 단어를 휘갈겨 쓴다고 해서 해가 사라지지 않는 것처럼 인간이 하나님을 예배하지 않는다고 해서 그분의 영광이 조금이라도 줄어들지는 않는다."[11]

하지만 존중은 뭔가의 가치를 '인정해 주는' 것이다. 그래서 존중은 변화의 힘을 품고 있다. 경멸이 가치를 떨어뜨린다면 존중은 가치를 회복시키고 관계의 기초를 쌓게 해 준다.

존중은 하나님과 서로의 내면에 있는 가치를 보고, 그 가치의 기초 위에서 관계를 맺는 것이다. 존중은 하나님 나라의 운영 시스템이다. 당신은 지금까지 삶 속에서 얼마나 존중을 중시해 왔는가?

존중의 렌즈로 보기

사도 바울은 고린도후서 5장 16절에서 이렇게 말했다. "그러므로 우리가 이제부터는 어떤 사람도 육신을 따라 알지 아니하노라." 이는 우리가 더 이상 문화적 범주나 개인적 취향에 따라 사람들을 보지 않는다는 것이다. 우리는 그리스도께서 그러셨던 것처럼 모든 사람을 거룩한 가치의 렌즈로 본다.

예수님은 만나는 모든 사람을 존중의 렌즈로 바라보셨다. 세상은 사람들을 경멸의 눈으로 보아도 예수님은 다르게 보셨다. 그분은 세리나 창녀, 죄인, 부랑자, 사마리아인을 보시지 않았다. 그분은 영광의 관을 쓴 사람들, 하나님의 공동체 안에서 환영과 인정을 받아 마땅한 사람들로 보셨다. 예수님이 존중의 렌즈로 사람들을 바라보신 결과, 듣도 보도 못한 새로운 공동체가 탄생했다.

오늘날 우리 세상 속에서 이 존중의 렌즈를 어떻게 회복할 것인가?

다른 사람의 사연을 존중하라

사람들은 모두 제각각 남모를 사연을 간직하고 있다. 우리가 지금 이렇게 행동하는 데는 과거의 고통과 상처, 영광이 있었다. 존중의 렌즈로 보는 사람은 남을 섣불리 판단하지 않고 상대방의 지나온 삶을 찬찬히 살핀다.

어느 책에서 상대의 사연을 이해하면 상대를 존중할 수 있다는 사실을 잘 보여 주는 이야기를 본 적이 있다. 어느 주말, 그 책의 저자는 뉴욕에서 지하철을 탔다고 한다. 조용히 묵상과 위로를 즐기던 중 이윽고 열차가 멈추고 한 아버지와 아이들이 올라탔다. 아이들은 곧 소리를 지르고 물건을 던지며 열차 안을 시끄럽게 했다. 그는 더 이상 참을 수 없어 아이의 아버지에게 이렇게 말했다. "선생님, 아이들 때문에 많은 사람이 힘들어하고 있습니다. 아이들을 조금만 통제해 주시면 고맙겠습니다."

남자는 그제야 정신이 돌아온 것처럼 고개를 들어 부드럽게 말했다. "아, 그러시군요. 그렇게 하겠습니다. 저희가 방금 병원에서 나와서요. 얘들 엄마가 한 시간쯤 전에 세상을 떠났습니다. 그래서 제가 정신이 좀 없습니다. 아이들도 이 상황을 어떻게 다루어야 할지 모르는 것 같아요."
그 순간, 내 심정이 어떠했을지 상상이 가는가? 내 패러다임이 바뀌었다. 갑자기 상황이 다르게 보였고, 그 상황이 다르게 보이니까 생각이 달라지고 기분이 달라지고 행동이 달라졌다. 짜증이 순식간에 사라졌다. 내 태도나 행동을 자제하려고 애쓸 필요가 없었다. 내 마음속에 남자의 고통에 대한 아픔이 가득했기 때문이다. 동정과 연민의 감정이 걷잡을 수 없이 솟아났다. "아내분이 방금 세상을 떠나셨다고요? 저런, 얼마나 힘드시겠어요? 어떻게 되신 건가요? 제가 뭘 도와드릴 일은 없을까요?" 모든 것이 일순간에 변했다.[12]

다른 사람의 사연을 알면 연민이 솟아나고, 그들이 살아온 과정을 존중하게 된다.

다른 사람의 소명을 존중하라

사도행전 17장 26절은 하나님이 역사 가운데 우리가 살아갈 정확한 시간과 장소를 정하셨다고 말한다. 또한 성경은 하나님이 우리를 "지으심이 심히 기묘하심이라"라고 말한다(시 139:14). 계속해서 성경은 하나님이 우리 각자가 할 선한 일을 준비하셨다고 말한다(엡 2:10). 우리는 이런 구절을 자신에게 적용하며 자신의 특성과 소명을 알기 위해 끊임없이 성격 검사를 받는다. 그러고 나서 우리는 하나님이 부르신 길을 존중하려고 노력한다. 하지만 과연 우리는 다른 사람들에게도 이렇게 하는가?

분명 다른 사람도 목적을 품고 이 땅에 태어났다. 그들도 이유가 있어서 현재 모습으로 지음받았다. 그들에게도 마땅히 해야 할 선한 일이 있다. 하지만 자신의 소명만 생각하고 다른 사람들은 그 소명을 이루기 위한 들러리로 보는 것은 존중이 아니다. 존중은 다른 사람들의 계획과 목적을 지지하고, 그들이 운명을 이루도록 돕는 것을 큰 특권으로 여기는 것이다.

다른 사람의 희생을 존중하라

우리는 일상 속에서 사람들과 늘 상호작용하다 보니 그들이 이 순간까지 살아오기 위해서 어떤 대가를 치렀는지 생각하지 못할 때가 많다.

우리 교회에 새로운 교인이 오면 이런 인식의 부재를 보곤 한다. 때로 새로 온 교인들은 좀 심하다 싶을 정도로 이것저것을 요구한다. 사역자들에게 비현실적 기대와 희망을 품는 이들도 있다. 우리는 그들을 사랑하고 돌봐 주기 위해 최선을 다하지만 그들은 늘 더 많은 것을 바란다. 그럴 때면 우리 사역자들이 이런 도시에서 교회를 이끌기 위해 얼마나 큰 희생을 치르고 있는지 말해 주고 싶다.

물론 반대 경우도 마찬가지다. 때로 우리는 사람들이 우리 교회에 오기 위해 어떤 대가를 치렀는지 보지 못하곤 한다. 또 우리는 교인들이 교회 일을 맡지 않으려 할 때 무조건 영적으로 게으르거나 미성숙하다고 속단하곤 한다. 하지만 존중할 줄 아는 사람은 서로가 치른 희생을 이해하고 소중히 여기며, 함께 살아가는 사람들에게 늘 감사하고 그들을 잘 대해 주어야 한다.

다른 사람의 은사를 존중하라

우리는 성공한 사람들에게 끌리는 세상 속에서 살고 있다. 대체로 가치가 낮거나 자기에게 그다지 도움이 안 되어 보이는 사람들을 무시하는 경향이 있다. 하지만 존중할 줄 아는 사람은 사람들을 다르게 본다. 그는 하나님 나라에서는 모든 사람이 중요하고, 가장 무시당하는 사람이 자기 삶에서 가장 중요한 사람이 될 수도 있다는 사실을 안다. 카리스마나 매력이 없다고 해서 그가 하나님의 시각에서 중요한 역할을 할 수 없는 것은 전혀 아니다.

30대 중반에 이르렀을 때 나는 위장 맨 위쪽 어딘가에 바늘로 찌르는 것 같은 강한 통증을 느꼈다. 당시 나는 강도 높은 트레이닝을 받고 있었기 때문에 심한 운동으로 쥐가 난 줄 알았다. 그런데 어느 안식일에 간식을 먹고 나서 강한 통증이 시작되었다. 아스피린을 먹으면 괜찮아질 것이라고 생각하며 낮잠을 청했다. 그런데 난생처음 느껴 보는 극심한 통증에 잠이 깨고야 말았다. 곧 참지 못할 지경에 이르렀다. 아내는 나를 급히 응급실로 데려갔다. 거기서 나는 의사가 와서 약을 줄 때까지 서성이며 고함을 질러 댔다. 알고 보니 통증의 원인은 담낭 발작이었고, 결국 담낭을 제거했다.

그때까지만 해도 내 안에 담낭이 있는 줄도 몰랐다. 물론 담낭에 대해 고마움을 느끼기는커녕 그저 당연하게만 여겼다. 담낭에 대해서는 들어 본 적도 없고, 그것이 내 몸 안에서 하는 역할을 인

172

식한 적은 더더욱 없었다. 하지만 지금, 담낭은 내게 큰 의미가 있다. 이제 나는 눈에 보이지 않아 우리가 전혀 신경 쓰지 않지만 우리의 건강과 행복에 중요한 신체 기관이 있다는 사실을 안다. 이와 마찬가지로, 존중할 줄 아는 사람은 모든 사람을 그리스도의 몸을 이루는 중요한 기관으로 본다. 외부 세상의 기준이 어떠하든 그는 모든 사람이 하나님께 필수불가결하다는 사실을 안다.

이런 의미에서 존중에 관한 바울의 비전은 현대인들로서는 실로 충격적이다.

> 눈이 손더러 내가 너를 쓸데가 없다 하거나 또한 머리가 발더러 내가 너를 쓸데가 없다 하지 못하리라 그뿐 아니라 더 약하게 보이는 몸의 지체가 도리어 요긴하고 우리가 몸의 덜 귀히 여기는 그것들을 더욱 귀한 것들로 입혀 주며 우리의 아름답지 못한 지체는 더욱 아름다운 것을 얻느니라 그런즉 우리의 아름다운 지체는 그럴 필요가 없느니라 오직 하나님이 몸을 고르게 하여 부족한 지체에게 귀중함을 더하사 몸 가운데서 분쟁이 없고 오직 여러 지체가 서로 같이 돌보게 하셨느니라 만일 한 지체가 고통을 받으면 모든 지체가 함께 고통을 받고 한 지체가 영광을 얻으면 모든 지체가 함께 즐거워하느니라(고전 12:21-26).

존중은 각 사람의 은사를 인정해 주는 것이다. 존중은 그리스도의 몸에 각 사람이 필요하다는 사실을 알고, 주권적인 목적에 따라 은사를 나눠 주신 성령을 믿는 것이다.

다른 사람의 미래를 존중하라

나는 열여섯 살에 고등학교를 중퇴하고 호주의 육가공장에서 도축 일을 했다. 나는 사람들이 미래의 리더로 봐 줄 만한 사람이 전혀 아니었다.

열일곱 살 때 나는 한 순복음 계열의 청소년 집회에서 예수님을 영접했고, 내 삶이 송두리째 바뀌었다. 집회 도중 목사는 아이들에게 앞으로 나와 하나님이 자신의 삶 속에서 행하신 역사를 간증하라고 권했다. 그때 내 몸에서 전기가 흐르는 것 같은 느낌을 받았고, 뭘 말해야 할지가 머릿속에 떠올랐다. 나는 수줍게 앞으로 나가 간증을 전했다. 내용은 그리 정확하지 않았다. 지금 와서 생각하면 신학적 부분에서 틀린 점도 많았다. 하지만 그때 하나님의 진리를 전하는 것이 내 미래의 일부가 될 거라는 이상한 확신이 나를 감쌌다.

간증을 마치고 나서 나는 다른 사람들처럼 따뜻한 박수를 받고 곧바로 자리로 돌아가지 않았다. 집회를 진행하던 목사는 나를 지목하며 말했다. "존이 간증할 때 다들 듣는 태도가 달라지는 것을 느꼈습니다. 아무래도 하나님이 존을 설교자로 부르고 계신 것 같습니다. 잠시 존을 위해서 함께 기도합시다."

이 기도로 운명의 문이 열렸고, 나는 그 문으로 들어갔다. 그 순간, 내 인생 방향이 완전히 바뀌었다. 그때 그 목사는 고등학교 중퇴자라는 내 상황을 뛰어넘어 하나님이 나를 위해 예비하신 미래를 보았다.

존중할 줄 아는 사람은 상대방의 과거가 아니라 그 사람의 미래와 잠재력을 볼 줄 안다. 리더십 전문가 요셉 유미디 박사는 이렇게 말했다. "가치, 존경, 배려, 의미는 모두 존중의 시원한 샘에서 흘러나온다. 하지만 모욕의 부패한 탱크에서 흘러나오는 것은 치욕, 수치, 창피, 냉소, 경멸이다. …… 우리가 보이는 가장 흔한 무례 중 하나는 하나님이나 다른 사람들을 무시하는 것이다. 다른 사람을 우리 삶의 흐릿한 전경의 일부로 대하는 것, 평범하고 흔하고 중요하지 않고 심지어 당연하게 여기는 것은 그들과 그들의 독특한 목적을 경시하는 것이다. 존중은 대충 묵인하는 것이 아니라 축하하고 인정해 주는 것이다."[13]

모든 사람을 존중의 렌즈로 들여다보는 공동체가 얼마나 강력하고도 아름다울까? 모든 사람의 사연, 소명, 희생, 은사, 미래를 존중의 렌즈로 봐 주면 어떤 일이 벌어질까? 사람들을 영광의 관을 쓴 그리스도의 공동 상속자로 봐 주면 어떤 일이 벌어질까? 갈등이 사라지고, 젊은이들이 비전으로 가득해지며, 나이 든 사람들이 존경받고, 소외된 사람들이 힘을 얻고, 눈에 띄지 않는 사람들이 주목을 받게 되리라 믿는다. 의견 차이를 존중으로 다루고, 적을 인간으로 대하며, 예의가 회복될 것이다. 이런 공동체는 여느 공동체와 완전히 다를 것이다. 이 공동체는 이 땅에 임한 하늘나라와 같을 것이다. 존중은 경멸에 빠진 우리 문화 속에 이런 공동체를 탄생시킬 것이다.

회복으로 가는 길

존중에는 단순히 교회를 형성할 뿐 아니라 세상을 치유할 힘이 있다. 일부 사회학자들은 가장 망가진 공동체들의 문제점이 단순한 교육 부재와 경제적 부족이 아니라는 점을 인식하기 시작했다. 바로 존중의 부재가 가장 큰 문제다. 공동체에서 존중이 사라지면 나이 든 사람들을 무시하고, 전통을 조롱하고, 과거를 버리고, 절망에 빠지고, 편견에 사로잡히고, 갈등이 가득해진다.

사회복지사들은 정의를 추구하는 운동, 정부 개입, 상담 등을 통해 이런 망가짐을 해결하려고 노력해 왔다. 하지만 이런 숭고한 노력으로 무례와 기능 장애의 악순환을 끊는 경우는 드물다. 나는 사라진 존중의 문제를 다루지 않기 때문에 이런 접근법이 자주 실패한다고 본다.

유미디 박사는 다른 접근법을 시도한 한 마을 이야기를 전해 준다. 그 접근법은 기본적으로 존중의 방식이었다. 온 마을에 존중의 날이 공지되었다. 그날 노인들은 가문에서 예로부터 내려온 가보를 가져와 자신들의 전통과 이야기를 나누었다. 그날 공동체의 이야기를 전하고 사람들의 강점과 은사를 강조했다. 그렇게 온 마을에 존중의 태도가 퍼졌고, 치유와 회복의 씨앗이 뿌려졌다.[14]

나는 존중의 회복시키는 힘에 관해서 읽다가 새로운 종류의 소명을 상상하기 시작했다. 그것은 우리 모두가 추구할 수 있는 소명이다. 우리는 사회복지사가 아니라 존중의 일꾼이 되어야 한다. 상대방의 삶에서 경멸로 인한 고통을 찾아 존중을 통해 회복시켜 주는 일꾼. 하나님의 백성으로서 우리는 냉담한 경멸이 낳은 피해를 회복하고 존중의 문화를 선도해야 한다.

필립 얀시는 다음과 같이 말했다.

예수님은 패자들을 위한 영웅적인 역할로 나라를 연 최초의 세계
리더셨다. 그분은 부유한 족장, 강력한 왕, 의기양양한 영웅의
이야기를 듣고 자란 청중에게 말씀하셨다. 뜻밖에도 그분은
보이는 세상에서 가치가 별로 없는 사람들을 높이셨다. 바로,
가난하고 온유한 이들, 핍박받는 이들, 애통하는 이들, 사회에서
배척당하는 이들, 굶주리고 목마른 이들. 그분의 이야기에는 항상
'부적절한 사람들'이 영웅으로 등장한다. 책임감 있는 아들이 아닌
탕자. 선한 유대인이 아닌 선한 사마리아인. 부자가 아닌 나사로.
바리새인이 아닌 세리. 찰스 스펄전 …… 에 따르면 "그분의 영광은

곧 영광을 내려놓으신 것이다. 교회의 영광은 존경과 존엄을 내려놓고 배척당하는 이들을 모으는 것을 영광으로 여기는 것이다."[15]

배척당하는 이들을 모으는 것이 얼마나 큰 영광인가. 다른 사람들을 위해 세상의 존경을 내려놓는 것이 얼마나 큰 기쁨인가. 세상은 존중의 공동체를 간절히 바라고 있다. 우리부터 먼저 시작하면 어떨까? 존중으로 경멸에 저항하라.

7.

타오르는 증오에 저항하라,
거저 받은 사랑으로

───────

사랑은 두려움보다 강하고, 생명은 죽음보다 강하며, 희망은 절망보다 강하다.
사랑의 모험은 언제나 가치 있다는 것을 믿어야 한다.
· 헨리 나우웬, 《영혼의 양식》(*Bread for the Journey*)

용서는 역사의 흐름을 뒤집을 수 있는 유일한 길이다.
· 한나 아렌트

아버지 저들을 사하여 주옵소서.
· 누가복음 23장 34절

2001년, 벨기에 법정에 아프리카 르완다에서 온 네 명의 피고가 출석했다. 그중 두 사람은 베네딕트회 수녀들이었다. 수녀복을 입고 있는 이 여성들은 좀처럼 법정과 어울리지 않아 보였다. 그들은 창피한 듯 고개를 푹 숙이고 있었다. 마리아 키시토 수녀(36세)와 르완다의 한 수녀원을 관장하는 수녀원장 제르트루드 수녀(42세)는 대량 학살을 도운 혐의로 재판을 받고 있었다.

1994년 4월, 대량 학살로 온 나라가 충격에 휩싸였다. 후투족 집권자들은 군대와 민병대에 소수 민족인 투치족 몰살을 명령했다. 이에 수많은 투치족 사람들이 살기 위해 수녀원으로 도망쳤다. 그런데 충격적이게도 제르트루드 수녀는 투치족이 수녀원에서 보이지 않게 해 달라고 후투족 민병대에 요청한 것이다. 민병대는 총을 쏘며 피난민들을 학살하기 시작했다. 그로 인해 7천 명 이상의 투치족 사람들이 살해당했다.

재판에서 제르트루드 수녀는 무죄를 주장했지만 생존자들은 그녀가 확실한 공범이라는 사실을 증언했다. 민병대가 약 500-600명의 투치족이 숨어 있던 수녀원 차고에 불을 지를 수 있도록 두 수녀가 석유를 제공했으며, 키시토 수녀는 불이 거세지도록 마른 나뭇잎까지 제공했다고 한다. 불타는 차고에서 도망을 시도하던 사람들은 급기야 칼에 맞아 죽음에 이르렀다.

둘 다 후투족이었던 이 수녀들은 벨기에로 도망쳤다. 이것이 그들이 브뤼셀 법정에 서게 된 이유였다.

2001년 6월 8일, 7주간의 재판 끝에 두 수녀 모두 유죄 판결을 받아 12-15년형을 선고받았다. 예수님을 섬기기로 공언한 두 여성이 어떻게 그런 짓을 저지를 수 있었을까? 〈뉴욕 타임스〉는 이 재판에 관한 기사를 이렇게 마무리했다. "사법은 악을 판결하기 위한 것이다. 다만 사법이 악을 설명할 수는 없다."

증오를 설명한다? 어떻게 설명할 수 있을까?

증오는 르완다에서 대량 학살을 도운 두 수녀의 사례에서처럼 충격적인 사건에서만 나타나는 인간의 드문 속성이 아니다. 그것은 인간의 악한 마음에서 흔히 볼 수 있는 성향이다. 이 감정은 미워하는 자나 증오를 받는 자나 그 모두에게 파괴적이다. 증오는 하나님의 의지에 반하는 것이다. 우리는 증오에 굴복하기 쉬우며, 실제로 우리 주변에서 그런 일이 수없이 일어나고 있다. 그럴 때마다 "아버지 저들을 사하여 주옵소서 자기들이 하는 것을 알지 못함이니이다"라고 말씀하신 주님을 전하는 우리의 증언은 힘을 잃는다(눅 23:34).

끔찍한 '2분 증오' 문화

조지 오웰의 소설 《1984》(1984)를 처음 읽었을 때가 기억난다. 이 책은 매우 디스토피아적인 소설처럼 보였다. 이 책은 내가 살고 있는 세상과 전혀 달라 보였다. 그럼에도 오랫동안 내 머릿속에서 잊히지 않는 한 장면이 있었다. 바로 2분 증오라는 장면이다. 소설에서 오세아니아 사람들은 적에 관한 선전을 보고 매일같이 2분 동안 강한 분노의 외침을 외쳐야 한다. 이 유명한 장면에서 모든 사람은 거대한 스크린을 보며 목이 터져라 외친다.

> 2분 증오의 끔찍한 점은 거기에 참여할 의무가 있는 정도가
> 아니라 참여하지 않는 것이 불가능하다는 것이었다. 언제나 30초
> 안에 그 어떤 가식도 불필요해졌다. 두려움과 앙심에서 비롯하는
> 소름 끼치는 황홀경, 큰 쇠망치로 죽이고 고문하고 얼굴을
> 때리려는 욕구가 전류처럼 모든 사람에게 흘러나오는 것처럼
> 보였다. 사람들은 자신의 의지와 상관없이 얼굴을 찡그리고
> 소리를 지르는 미치광이로 변해 갔다. 그들이 느끼는 분노는
> 대상이 불분명한 추상적 감정이었다. 그 분노는 토치램프처럼 이
> 대상에서 저 대상으로 옮겨 갈 수 있다.[2]

2분 증오 동안 사람들은 감정에 휩싸인다. 그 감정은 소설 속의 줄리아처럼 허공을 향해 분노를 쏟아 내거나 스크린을 향해 물건을 던지는 식으로 물리적으로 표현된다.

그 책에서 2분 증오의 목적은 시민들이 그토록 통제되고 착취되는 삶을 사는 것에 대한 분노와 좌절감을 표출하게 만드는 것이다. 증오와 분노를 엉뚱한 대상에게 쏟아 내게 하면 권력자들은 자

신들의 악한 목적을 위해 계속해서 사람들을 오도하고 속박한다.

오웰은 2분 증오를 지어낸 것이 아니다. 적을 향한 분노와 증오를 일으키기 위한 비슷한 선전이 세상의 다양한 전쟁터에서 사용되었다. 하지만 오웰은 첨단 기술이 집단적인 증오를 만들어 낼 수 있다는 사실을 보여 주었다.[3]

오늘날은 미디어의 역할이 절대적인 시대다. 오늘날 정치의 대립과 인터넷에 실시간 올라오는 뉴스 기사로 우리는 서서히 우리만의 2분 증오에 빠져들도록 오도되고 있다. 미디어는 누가 우리의 적이며 왜 그들이 우리에게 큰 위협이 되는지를 계속해서 말해 준다. 텔레비전이나 컴퓨터, 휴대폰 화면을 보는 것은 일종의 2분 증오다. 그런 것은 상황을 공정하거나 정확하거나 정중한 방식으로 제시하지 않는다. SNS 글 하나가 올라올 때마다 증오가 증폭된다. 15초짜리 동영상이나 밈 하나가 나올 때마다 우리는 적에게 증오를 쏟아 내도록 훈련된다. 시간이 지날수록 우리 마음은 점점 오염된다. 경멸과 원한이 쌓여 엉뚱한 대상을 적으로 여기게 된다.

누구나 외부 세력이 정치권을 조작하기 위해 SNS를 이용하는 것을 걱정한 적이 있을 것이다. 하지만 솔직히 목사로서 나는 문화적 힘들이 매일같이 우리 마음을 조작하는 것이 더 걱정스럽다. 우리는 미워하도록 훈련받은 대상에게는 연민을 품기가 힘들다. 그런데 기독교계 일부에서도 세상 문화와 별다르지 않은 모습을 계속해서 보게 된다. 우리가 하나님의 형상을 따라 지음받은 사람들에게 증오를 퍼붓는 모습을 떠올려 보면 우리 역시 분노에 휩싸인 오세아니아 사람들과 전혀 다르지 않다. 우리가 의견이 다른 정치인을 평하는 모습, LGBTQIA[레즈비언, 게이, 바이섹슈얼, 트렌스젠더, 퀴어, 인터섹스, 에이섹슈얼]에 관해서 말하는 모습, 다른 국가들에 관해 말하는 모습에서 우리가 세상 문화에 오염되었다는 사실을 알 수 있다.

그 어느 때보다 증오로 들끓는 시대에 살고 있다. 기독교 신앙은 이런 세상 문화에 저항해야 한다. 하지만 이것은 단순히 문화적 문제만이 아닌, 개인적 문제이기도 하다.

삶의 현장 깊숙이 침투한 증오

미디어는 증오를 부추길 뿐 아니라 알아채지 못하게끔 조작하며 왜곡한다. 오늘날 '증오'(hate; 또는 혐오)라는 단어는 사람들, 그들의 세계관, 관념, 이념에 대한 모든 종류의 의견 차이를 지칭한다. 한때 '증오'는 더 깊은 의미를 지녔고, 잘 사용되지 않았으며, 가장 심각한 지경에 이르렀을 때만 사용되었다. 하지만 오늘날에는 누군가의 선택이 마음에 들지 않아서 단순히 다른 의견을 표현하기만 해도 '증오'라는 비난이 날아온다. "꼭 그렇게 심한 증오심을 보여야겠어?" 라는 표현처럼 말이다.

하지만 분명 이 시대의 증오는 보편적 현상이다. 누군가 우리로서는 전혀 받아들일 수 없는 사회적·정치적·종교적 입장을 요란하게 제시하면 곧바로 그를 증오한다. 누군가 우리에게 상처를 주거나 배신하면 칼을 겨누며 증오한다. 위협감을 느껴도 증오하고, 부당한 대우를 받으면 더 증오한다. 누군가 우리의 사랑을 거부하면 그 사랑이 180도로 바뀌면서 극심한 증오로 변한다.

사우스캐롤라이나 주 찰스턴에 있는 임마누엘아프리칸감리교회(Emanuel African Methodist Episcopal Church)에서 벌어진 백인 우월주의자 딜런 루프의 끔찍한 공격은 증오가 어떤 것인지를 똑똑히 보여 준다. 2015년 6월, 스물두 살의 루프는 저녁 기도회 자리에 앉아 있다가 권총을 꺼내 아홉 명을 죽이고 한 명에게 부상을 입혔다. 희생자들은 다 흑인이었다. 나중에 루프는 인종 전쟁을 일으키고 싶다고 말했다.

나중에 그가 정신을 차리고 '내가 무슨 짓을 저지른 거지?'라고 후회했을까?

감옥에서 그는 이런 글을 썼다. "내가 한 일을 조금도 후회하지 않는다는 사실을 분명히 밝히고 싶다. 나는 전혀 미안하지 않다. 내가 죽인 무고한 사람들을 위해서는 눈물 한 방울도 흘리지 않았다. …… 단지 나 자신이 불쌍해서 눈물을 흘렸을 뿐이다. 이 일을 해야 했다는 사실이 안타깝다."[4]

증오, 뼛속 깊은 증오가 바로 이와 같다.

반면, 우리의 증오는 이만큼 심해 보이지 않는다. 하지만 그래 봐야 증오는 증오다. 성경은 증오를 살인과 동일시한다(요일 3:15).

증오가 너무도 흔하다. 학창 시절 괴롭힘을 당한 영혼 속 분노는 언제나 충격적이리만치 강렬하다. 때로 우리는 우리를 통제하고 우리의 미래를 정하려고 했던 부모를 증오한다. 때로 우리는 우리 마음을 갈가리 찢어 놓고 신뢰를 저버렸던 예전 연인을 증오한다. 때로 우리는 한 개인과의 나쁜 경험 때문에 한 인종 집단 전체를 증오한다. 때로 우리는 우리의 공을 가로채거나 우리의 기여를 폄하했던 동료를 증오한다.

당신은 누구를 증오해 왔는가? 누구를 지금도 여전히 증오하고 있는가? 증오를 남들에게 숨길 수 있을지는 모르지만, 먼저 증오의 문제를 자신과 하나님 앞에서 인정하기 전까지는 하나님의 선한 도구로 사용될 수 없다.

당신도 나름의 증오를 품고 있고 나도 나만의 증오를 품고 있다. 문제는 그 증오를 어떻게 할 것인가? 그 답은 바로 예수님께 있다.

희생적이고 타인 중심적이며 감싸 주는 사랑

우리가 매일 오용하는 단어는 '증오'만이 아니다. 우리는 '사랑'(love)이란 단어도 그만큼 자주 오용한다.

'사랑'은 이제 거의 의미 없는 피상적 단어로 전락했다. "나는 금요일을 사랑해", "나는 쿠키를 사랑해", "나는 아내를 사랑해", "나는 저 프로그램을 사랑해", "나는 하나님을 사랑해." 요즘 세상에서 '사랑'이란 단어가 허용되는 경우는 이처럼 다양하다. 우리는 조금이라도 부정적 색깔을 지닌 것이라면 그것이 무엇이든 '증오'하는 것처럼, 조금이라도 좋게 느껴지는 것이라면 그것이 무엇이든 '사랑'한다. 우리는 더없이 풍부하고 미묘한 의미를 지닌 단어를 무미건조하게 인식하도록 만들었다. 하지만 '사랑'이란 단어에는 보다 깊고 진지한 의미가 담겨 있다.

'아가페'는 그리스도인들이 사랑에 대해 사용했던 단어다. 이 단어는 타인 중심적이면서 희생적인 돌봄의 의미를 지니고 있다. 보다 깊은 사랑, 큰 대가가 따르는 이 사랑은 하나님이 그리스도 안에서 우리에게 보여 주신 사랑이다. 이것은 희생적이고 타인 중심적이고 감싸 주는 사랑이다.

예수님은 우리가 원래 증오하는 대상인 원수를 어떻게 대해야 할지에 대한 독특한 시각을 보여 주셨다.

> 너희 원수를 사랑하며 너희를 미워하는 자를 선대하며 너희를 저주하는 자를 위하여 축복하며 너희를 모욕하는 자를 위하여 기도하라 너의 이 뺨을 치는 자에게 저 뺨도 돌려 대며 네 겉옷을 빼앗는 자에게 속옷도 거절하지 말라 네게 구하는 자에게 주며 네

것을 가져가는 자에게 다시 달라 하지 말며 남에게 대접을 받고자 하는 대로 너희도 남을 대접하라 너희가 만일 너희를 사랑하는 자만을 사랑하면 칭찬받을 것이 무엇이냐 죄인들도 사랑하는 자는 사랑하느니라 너희가 만일 선대하는 자만을 선대하면 칭찬받을 것이 무엇이냐 죄인들도 이렇게 하느니라 너희가 받기를 바라고 사람들에게 꾸어 주면 칭찬받을 것이 무엇이냐 죄인들도 그만큼 받고자 하여 죄인에게 꾸어 주느니라 오직 너희는 원수를 사랑하고 선대하며 아무것도 바라지 말고 꾸어 주라 그리하면 너희 상이 클 것이요 또 지극히 높으신 이의 아들이 되리니 그는 은혜를 모르는 자와 악한 자에게도 인자하시니라 너희 아버지의 자비로우심같이 너희도 자비로운 자가 되라(눅 6:27-36).

이 파격적인 가르침의 의미를 온전히 이해하려면 예수님이 어떤 배경 속에서 사역을 하셨는지 이해해야 한다.

당시 유대인들은 마카비 혁명과 하스몬 왕조를 통해 자유의 순간을 맛본 상태였다. 거의 500년에 걸친 압제 후 그들은 용기와 하나님의 도우심을 통해 압제의 멍에를 벗고 안티오쿠스를 물리쳤다. 안티오쿠스는 우상숭배를 요구하고, 할례를 불법화하며, 하나님의 성전을 더럽힌 잔혹한 군주였다. 마타티아스와 '망치'라는 별명을 가진 그의 아들 유다가 일어나 율법과 제사장 제도를 다시 세우고 자신들의 전통에 따른 자치를 이루었다.

그런데 이번에는 로마가 나타났다. 이 궁극의 제국주의자들은 유대인들의 본토를 정복하고 그들을 제국으로 흡수했다. 그렇게 유대인들은 다시 이방인의 지배하에 들어갔다. 자유를 잠깐 맛본 뒤였기에 압제에 대한 유대인들의 미움은 전에 없이 강했을 것이다. 이번에는 누가 과연 그들을 구해 줄까?

유대인들은 메시아가 다윗의 왕좌에 앉을 것이라는 구약의 예언을 알았고, 다윗은 강한 군사적 리더였다. 다윗은 적들을 패주시키고 예루살렘을 강력한 곳으로 만들었다. 그래서 로마의 압제 기간에 유대인들은 마침내 다윗 같은 메시아가 오는 날을 전에 없이 갈망했을 것이다. 열성당원들(로마에 저항한 정치적 테러리스트들)이라고 부르는 집단은 군사적 구원자가 즉시 나타날 것을 특히 더 갈망했다.

이런 강렬한 감정과 기대의 한복판에서 예수님이 나타나셨다. 예수님이 가르침을 시작하시자 사람들의 마음속에서 뭔가가 꿈틀거렸다. 예수님은 하나님 나라에 관해서 말씀하셨다. 예수님은 하나님이 역사하셔서 이 땅에서 그분의 통치를 이루는 것에 관해서 말씀하셨다. 그리고 죽은 자를 살리고 귀신 쫓는 기적을 행하셨다. 그렇게 악령을 마음대로 주무르시는 분이라면 로마쯤이야!

하지만 그분의 가르침은 들으면 들을수록 당혹스러웠다. 그분은 세금과 로마 황제에 관한 그들의 질문에 명확한 답을 주시지 않았다. 그분의 가르침은 유대인들만이 아니라 만인을 향한 하나님의 사랑을 가리키는 것처럼 보였다. 특히 "너희 원수를 사랑하며 너희를 미워하는 자를 선대하며"라는 명령에서 유대인들의 집단적 충격이 어떠했을지 상상해 보라(눅 6:27). 사람들은 어안이 벙벙해서 말을 잇지 못했을 것이다. 예수님은 새로운 운동을 일으키시고 제자들을 모으고 계셨다. 그런데 뜻밖에도 그분은 그들에게 폭력적 혁명이 아닌 원수 사랑을 명령하셨다. 그들을 지배하는 자들을 위해서 기도하고 그들의 명령에 순종하는 것 이상을 하라고 가르치셨다(마 5:41, 44).

이 가르침을 통해 예수님은 당시 랍비들의 가르침을 다시 정의하셨다. 레위기 19장 18절은 이렇게 말한다. "원수를 갚지 말며 동포를 원망하지 말며 네 이웃 사랑하기를 네 자신과 같이 사랑하라 나는 여호와이니라." 많은 랍비들은 이것을 "'유대인' 이웃을 사랑하라"라는 뜻으로 해석했다. 당신과 같은 사람들을 사랑하라. 하지만 예수님은 적을 이웃으로 다시 정의함으로 포용의 폭을 넓히셨다. 또한 예수님은 하나님 나라가 군사적 정복이 아니라 미움을 사랑으로 극복함으로써 찾아온다는 가르침으로 당시 리더들을 분노케 하셨다. 예수님은 적들을 파괴하는 것이 아니라 희생적인 돌봄을 통해 사랑의 공동체의 일원으로 변화시키라고 가르치셨다.

예수님이 가르치신 사랑은 적들까지 포함한 넓고도 깊은 사랑이었다. 예수님은 새로운 방식에 따라 사는 나라에 관한 혁명적이며 반문화적인 비전을 제시하셨다. 산상수훈은 새로운 언약 공동체를 위한 선언문이었다. 예수님은 하나님에 관한 완전히 다른 비전을 세상에 보여 줄 수 있는 공동체를 만들고자 하셨다.

예수님이 우리에게 이런 사랑을 명령하신 데는 그만한 이유가 있다. 그것은 예수님이 먼저 우리를 이런 식으로 사랑하셨기 때문이다(요일 4:19). 바로 이것이 기독교 복음의 핵심이다. 하나님은 우리가 그분의 원수였을 때 사랑해 주셨다. 골로새서 1장 21-22절은 이렇게 말한다. "전에 악한 행실로 멀리 떠나 마음으로 원수가 되었던 너희를 이제는 그의 육체의 죽음으로 말미암아 화목하게 하사 너희를 거룩하고 흠 없고 책망할 것이 없는 자로 그 앞에 세우고자 하셨으니."

하나님은 우리가 원수였을 때 사랑해 주셨다. 예수님은 우리가 하나님의 원수였을 때 우리를 위해 돌아가셨다. 예수님의 나라는 원수들을 초대하고 사랑하고 용서하고 의롭게 하고 성화시켜 하나님의 아들딸로 만드는 나라다. 그러면 이제 그 원수들이 그런 파격적인 사랑을 세상의 원수들에게 베푸는 하나님의 사명에 동참하게 되는 것이다.

초대 교회의 트레이드마크

프레스톤 스프링클은 *Fight*(싸우라)라는 도발적인 책의 저자다.
그는 블로그에 다음과 같은 글을 올렸다.

> "원수를 사랑하라"라는 예수님의 명령은 초대 교회에서 가장
> 유명한 구절이었다. 그 명령은 기독교의 처음 300년 역사 동안 열
> 명의 저자들에 의해 스물다섯 곳에서 인용되었다. 그래서 이것은
> 초대 그리스도인 사이에서 단연 가장 사랑받는 명령이었다.
> 마태복음 5장 44절은 소위 초대 교회의 요한복음 3장 16절이었다.
> 원수 사랑은 기독교 신앙의 트레이드마크였다. 다른 종교도
> 자신들의 이웃을 사랑해야 한다고 가르쳤다. 심지어 다른 종교도
> 자신에게 잘못한 사람을 용서하라고 가르쳤다. 하지만 원수를
> 사랑까지 한다? 오직 예수님과 그분의 제자들만이 그 정도의
> 사랑을 실천했다. 그것은 우리를 향한 하나님의 사랑이 그와
> 같기 때문이다. "우리가 원수 되었을 때에" 그리스도는 우리를
> 사랑하셨다.
>
> 그리스도인들은 더 이상 이웃과 원수를 구분하지 않는다.
> 예수님의 죽음을 통해 우리는 심지어 우리와 같은 원수들을
> 포함한 만인을 향한 사랑 속으로 들어갔다. 원수를 사랑하는
> 사람에게는 더 이상 원수가 없다. 그에게는 오직 이웃만이 남아
> 있다.[5]

초기 그리스도인들은 순교를 당하면서도 자신들의 목숨을 앗아 가는 자들을 기꺼이 용서했다. 그들은 자신들을 변호하거나 자신들의 목숨을 구하는 대신, 다른 쪽 뺨마저 돌려 대며 기쁨으로 죽음을 맞이했다. 그들은 사랑으로 로마제국의 무릎을 꿇렸다.

요한복음 3장 16절을 소중히 여기는 것은 전혀 잘못이 아니다. 하지만 그에 못지않게 마태복음 5장 44절도 우리 삶의 원칙으로 삼고 늘 기억하면 어떨까? 직장에 있는 무신론자 동료가 늘 우리 신앙을 조롱할 때 오히려 그에게 신경 써 주고 그의 일을 돌봐 준다면? 정치적 입장이 우리와 상극인 친척이 우리가 지지하는 당을 신랄하게 비판할 때 도리어 존중과 친절로 반응한다면? 우리를 괴롭히는 이들에게 두려움이나 분노가 아닌 사랑으로 반응한다면?

이 시대의 검투장이 부활했다. 하지만 그곳을 다시 변화시킬 수 있다. 단, 우리가 진정한 신앙으로 행동할 수 있어야 한다.

사랑으로 움직이는 삶

오늘날 많은 사람이 원수 사랑의 힘을 안다. 우리는 그리스도인들이 세상과 똑같은 방식으로 원수들을 대할 때 창피하게 생각하며, 원수 사랑의 미덕을 보이면 감동한다. 우리가 뛰어넘었다고 생각했던 증오의 습관으로 회귀하면 스스로에게 실망하고 만다. 그렇다면 어떻게 해야 그리스도처럼 원수들을 대하는 습관을 기를 수 있을까?

미국 기독교 역사에서 마틴 루서 킹 주니어 박사만큼 이런 사랑의 접근법을 잘 보여 준 인물도 드물다. 그는 정치적·문화적 적들에게 거의 유례없는 증오의 대상이었다. 예수님의 가르침과 원수 사랑에 대한 그의 믿음은 끊임없이 시험대 위에 올랐고, 그때마다 그는 그런 위대한 사랑의 힘을 보여 주었다.

한번은 그가 앨라배마 주 버밍엄에서 연설을 하고 있는데 몸무게가 100킬로그램에 육박하는 한 백인 남성이 무대 위로 난입하여 그를 주먹으로 치기 시작했다. 그 남자는 증오로 가득 차서 자신의 적을 물리적 힘으로 파괴하려고 했다. 보좌관들이 킹을 보호하기 위해 달려왔을 때 킹의 반응이 놀라웠다. 방으로 들어가 기도한 것도, 멀찍이서 그 남자를 축복한 것도 아니었다. 그렇다고 그 남자를 감방에 넣기 위해 고소하지도 않았다.

킹은 즉시 그 남자를 보호하기 위해 그를 두 팔로 감싸 안았다! 그는 자신을 공격하는 그 남자를 오히려 보호했다. 그 남자가 다치지 않도록 그가 온몸으로 막자 거기 모여 있던 군중은 정의와 평화의 노래를 부르기 시작했다.

나중에 킹은 그 남자가 초대받은 귀한 내빈인 것처럼 청중에게 소개했다. 그 남자의 이름은 로이 제임스로, 스물네 살의 뉴요커이자 미국 나치당의 일원이었다. 킹이 보여 준 이 적극적인 원수 사랑에 제임스의 감정이 단번에 무너져 내렸다. 그는 킹의 품 안에서 흐느꼈다.[6] 킹의 적극적인 원수 사랑은 선지자적이고도 강력한 방식으로 증오의 힘을 흩어 버렸다.

사랑할 기회에 눈뜨다

우리 모두가 그토록 극적인 원수 사랑이 필요한 상황에 처하는 것은 아니지만, 매일 우리는 적극적인 사랑으로 화해의 여지를 만들어 낼 기회를 마주한다. 우리 모두 다른 쪽 뺨을 돌려 대고, 5리를 더 함께 가 주고, 겉옷까지 벗어 줄 개인적·문화적 기회를 마주하게 되는 것이다(마 5:39-41).

한 친구에게서 어떤 이야기를 들었을 때 이런 기회가 어떤 식으로 나타나는지를 다시금 확인했다. 전날 그 친구는 차를 타고 뉴욕에서 주로 유태인들이 거주하는 지역을 지나게 되었다. 그때 갑자기 후진하며 자신 쪽으로 돌진하는 차를 발견했다. "나는 그가 후진하지 못하도록 여러 번 경적을 울리고 나서 속도를 높여 획 지나갔어."

다행히 사고는 나지 않았다. 그런데 잠시 후 신호등에서 차를 세우고 백미러를 보니 방금 지나온 차가 보였다. 그 차의 운전자는 빨간불에서 내 친구 왼쪽에 붙었다가 왼쪽 차선에서 급작스럽게 차를 우측으로 틀었다. 그 바람에 그 차가 내 친구의 차를 들이 받고 말았다.

두 사람 모두 차에서 내렸고, 상황이 점점 안 좋아졌다. 상대편 차의 운전자는 젊었고, 기도할 때 걸치는 숄로 보아 유태인이 분명했다. 바로 옆에 회당이 있었는데, 그곳에서 유태인들이 우르르 쏟아져 나오는 것이 보였다. "정말 긴장되는 순간이었어. 나 혼자 저 유태인들 전부를 상대할지도 모른다고 생각했거든." 단순한 난폭 운전이 폭동으로 발전하기 일보 직전이었다.

다행히 한 유태인이 나서서 사고를 목격했다고 말해 주었다. 그가 상대편 운전자의 잘못이라고 밝히자 과열된 분위기가 가라앉기 시작했다.

잠시 후 현장에 도착한 경찰관은 두 운전자를 조사한 뒤 내 친구의 차를 받은 운전자에게 딱지를 끊었다. 내 친구는 경찰관과 악수를 하고 차에 올라탔다. 그런데 그 자리를 떠나려는데 문득 망설여졌다.

'이 상황에서 내가 아니면 누가 예수님을 보여 줄 수 있지?'

내 친구는 적잖이 망가진 차에서 내려 상대편 운전자에게로 걸어갔다. "이 사건은 당신 잘못이지만 솔직히 둘 다 잘못이 있습니다. 둘 다 난폭하게 운전했고 감정을 다스리지 못했어요. 우리는 듣기에 빠르고 말하기에 느려야 해요. 분노는 하나님이 원하시는 의를 낳지 못하니 노하기에 더뎌야 합니다"(약 1:19-20).

그렇게 두 사람은 그 길가에서 바로 서로에게, 또 하나님께 분노의 죄를 고백했다. "정말 특별한 순간이었어."

두 사람은 함께 카센터를 찾아 수리비 견적을 내기로 했다. 결국, 우리 공동체의 다른 친구가 모든 수리비를 대신 내주었다. 덕분에 그 운전자의 보험료는 인상되지 않았다.

이어서 두 사람은 유태인 식당에서 함께 점심 식사를 하면서 서로의 인생을 나누었다. 빈민가에서 어렵게 살았던 그 남자는 암스테르담에서 노숙자 생활을 하기도 했다. 그러다 한 그리스도인이 그에게 보금자리와 일자리를 구해 주었다. 그는 철저한 유대교 신자면서도 그의 인생길은 이상하게도 그리스도인들과 마주치고 있었다. 내 친구를 만나기 전에도 벌써 그리스도인들과의 만남에서 많은 일이 있었다. 그는 그 모든 일이 자신의 유대교 신앙에 관한 새로운 깨달음으로 이어졌다고 말했다.

내 친구는 그 이야기를 이렇게 마무리했다. "우리는 서로 주먹다짐을 하기 직전 관계에서 친구 사이로 변해 서로 악수하고 웃으며 앞으로 더 예의 있게 운전하기로 다짐했지. 이 일을 겪고 나니 하나님이 어떻게 역사하시는지는 몰라도 반드시 역사하신다는 것을 확실히 알게 되었어. 마귀는 분노를 사용해 우리를 파괴하려 하지만, 분노의 순간을 하나님께 맡기면 그분이 상황을 정말 아름답게 바꿔 주시더라고."

난폭하게 운전하다가, 서로의 이야기를 듣고, 은혜를 베풀게 된 것이다. 변화로 이어지는 인생의 작은 순간마다 사랑은 증오에 저항한다.

적진으로 들어간다면?

1219년 9월, 성 프란체스코는 원수 사랑을 진지하게 받아들이기로 결심했다. 전 재산을 팔아 예수님을 따른 젊은 거상으로 유명했던 그는 이슬람교도들에게 복음을 전하기를 갈망했다. 그는 복음을 전하고자 세 번이나 시도했지만 처음 두 번은 실패로 끝났다. 1219년, 제5차 십자군 전쟁 당시 그는 결국 이집트로 들어갔다.

8만 명의 이슬람 군대는 이집트 술탄 알카밀의 지휘를 받고 있었다. 4만 명에 불과한 십자군은 가톨릭 추기경 펠라지오 갈바니가 이끌고 있었다. 십자군의 또 다른 리더는 갈바니에게 술탄과 평화 협상을 하라고 권했다. 하지만 갈바니는 적은 병사로도 강공을 펼쳐야 한다며 그의 말을 거부했다. 전투 당일 프란체스코는 병사들에게 싸우는 것은 하나님의 뜻이 아니니 싸움을 멈추라고 간청했다. 그의 간절한 부탁에도 십자군은 결국 진군했고 수천 명이 목숨을 잃었다.

그런데 뜻밖에도 술탄은 또 다른 평화 조약을 제안했고, 추기경은 이집트 전체를 정복할 욕심에 또다시 거절했다. 프란체스코는 너무도 안타까운 마음에 적진으로 들어가 술탄을 만나기로 결심했다. 그에게는 아무런 공식 문서도 없었다. 정부의 허가도 없었다. 따라서 적군이나 스파이로 간주되어 현장에서 목이 잘릴 위험이 컸다. 피비린내가 진동하는 전장을 방황하던 그는 적진으로 들어가 결국 체포당했다.

그는 알카밀을 만나 할 말이 있다고 말했다. 놀랍게도 이슬람 병사들은 그를 죽이지 않고 술탄에게로 데려갔다. 술탄은 그에게 이슬람교로 전향하라고 요구했다. 그러나 프란체스코는 자신이 오히려 술탄에게 예수님을 전하기 위해서 왔다고 말했다. 술탄은 종교에 정통한 병사들이 없는 자리에서 종교에 관한 대화를 나눌 수 없다며 전문가들을 불러 기독교와 이슬람교에 관해서 장시간 이야기를 나누었다. 술탄은 프란체스코의 담대함, 확신, 사랑, 겸손에 깊은 감명을 받아 어마어마한 재물을 제시했다. 이미 모든 부를 포기했던 프란체스코는 술탄의 제의를 거절했고, 이후 풀려났다.

이후로도 십자군 전쟁은 계속되었지만 프란체스코는 원수에 대한 증오의 바다에서 원수 사랑의 선지자적 역할을 계속했다. 그의 사랑은 적극적이고 대담했으며, 기독교 역사상 가장 부끄러운 순간 속에서도 희망의 빛이 되었다.[7] 그의 미력한 저항은 미움의 문화 속에서 사랑이 무엇인지를 선명하게 보여 주었다.

물론 프란체스코는 자신의 주인이신 예수 그리스도를 따른 것이었을 뿐이다. 예수님 자신이 우리가 그분에 맞서 쌓은 죄의 모든 담을 건너오신 분이었다. 그분은 우리가 죄의 전쟁을 벌이고 있을 때 복음의 평화를 들고 오셨다. 그분은 우리를 하나님께로 회복시키기 위해 위험을 감수하실 뿐 아니라 아예 희생적인 사랑으로 목숨을 내놓으셨다.

오늘날과 같은 문화적 십자군 전쟁의 한복판에서 예수님의 제자들이 그분의 사랑을 적들에게 가시적으로 보여 주기 위해 증오의 강을 건너 적진으로 들어간다면? 그리스도인들이 적진으로 들어가 적들에게 사랑을 보여 준다면? 그리스도인들이 법정과 감옥, 일터, 지역사회, 가정 안에서 적진으로 들어간다면 이 폭력적인 세상이 어떻게 변할까?

큰 대가가 따르는 초자연적 실천

법정에서는 딜런 루프의 재판이 시작되었다. 희생자 가족들의 아픔과 절규를 듣는 것은 언제나 견디기 힘든 일이다. 그 소리를 들을 때마다 원수 사랑에 큰 대가가 따른다는 사실을 실감하게 된다. 원수 사랑은 초자연적 실천이다. 그것은 우리 가운데 나타나는 하나님 역사의 증거다.

원수들은 우리에게 상처를 입힌다. 원수들은 우리를 학대한다. 원수들은 우리에게 폭력을 가한다. 이것은 치료하기 힘들 만큼 깊은 트라우마와 슬픔을 남긴다. 하지만 예수님은 이 모든 고통을 겪고서도 사랑의 길을 고수하셨다. 예수님은 자신을 십자가에 못 박은 자들에게 값비싼 용서를 베푸셨다.

재판장에서 희생자 가족들이 들려준 말들은 이런 종류의 값비싼 은혜를 보여 준다. 그들은 극심한 고통 가운데서도 성경적 결단으로 입을 열었다.

희생자 에델 랜스의 딸 네이딘 콜리어는 딜런 루프에게 이렇게 말했다. "당신은 내게서 정말 귀한 것을 앗아 갔어요. 이제 다시는 엄마의 목소리를 듣지 못하게 되었다고요. 다시는 엄마와 말하지 못하겠죠. 하지만 당신을 용서할게요. 당신의 영혼이 불쌍해요."

또 다른 희생자 드페인 미들턴 닥터 가족은 이렇게 말했다. "언니가 항상 말한 것은 …… 우리가 사랑으로 맺어진 가족이라는 거예요. 우리는 미워할 수 없어요. 그래서 용서해야 해요."

증오로 불타고 있는가? 필시 그것은 깊은 상처를 입었기 때문일 것이다. 하지만 이제 증오를 멈추라. 원수를 용서하라. 그러면 그리스도와 같은 사랑을 시작하기 위한 문이 열릴 것이다.

딜런 루프의 재판에서 발언했던 또 다른 유족 앨라나 시먼스는 루프의 영혼을 위한 간청으로 "증오는 이길 수 없다"라는 사실이 증명되었다고 말했다.[8]

증오는 이길 수 없다! 이것은 십자가에서 들려오는 외침이다. 증오는 이길 수 없다! 이것은 법정에서 들려오는 외침이다. 증오는 이길 수 없다! 이것은 하나님이 그분의 모든 자녀에게 요구하시는 외침이다. 증오는 이길 수 없다! 사랑은 증오의 폭군에 언제나 저항해 왔고, 저항하고 있으며, 계속해서 저항할 것이기에.

8.

익숙한 특권에 저항하라,
틀을 깨는 희생으로

———————

아무 일에든지 다툼이나 허영으로 하지 말고
오직 겸손한 마음으로 각각 자기보다 남을 낫게 여기고
각각 자기 일을 돌볼뿐더러 또한 각각 다른 사람들의 일을 돌보아.
· 빌립보서 2장 3-4절

역사를 보면 한 집단이 부와 안전, 명성의 달콤한 열매를 맛볼 때마다
자신들만 특권을 누릴 자격이 있다는 빤한 거짓말을 믿고
당연하게 받아들이기 시작한다.
· 스티브 비코, "흑인들의 의식과 진정한 인간성에 대한 탐구"

새벽 3시 45분이었다. 나는 댈러스 외곽 이민귀화국 센터에 들어가기 위해 줄을 섰다. 나는 스페인어를 하는 사람들에게 둘러싸여 어디로 가서 뭘 해야 할지 몰라 답답해하고 있었다. 당시는 1999년이었고, 나는 미국인과 결혼한 뒤 학생 비자에서 영주권자 비자로 갱신하려는 중이었다. 법적 지위가 바뀌었고, 나는 이제 이민자였다.

너무 이른 시간에 나왔는지 눈이 아팠다. 그런데 아직 내가 선 자리는 맨 앞 언저리에도 가지 못했다. 동이 틀 때까지 센터 앞에 가지 못하면 말 그대로 하루 종일 기다릴 듯했다. 사람들은 이미 몇 시간 전부터 와서 줄을 서 있었다. 앞에 선 사람들에게 무엇을 어떻게 해야 하는지 물어봤지만 주변에 영어를 할 줄 아는 사람이 단 한 명도 보이지 않았다. 결국 나는 다 포기하고 인간 가축처럼 떼 지어 이동하는 흐름에 몸을 맡긴 채 책을 꺼내 읽기 시작했다.

얼마가 지났을까, 어디선가 소란스러운 소리가 들렸다. 제복입은 사람이 줄을 따라 내려오며 질문을 던지고 있었다. 나는 그가 내 앞에 올 때까지 기다렸고, 그가 내 앞에 멈춰 서더니 "영어 좀 할 줄 아세요?"라고 물었다.

"네, 호주에서 왔습니다."

내 말에 그의 안색이 살짝 달라졌다. "어떤 비자를 신청하시려는 건가요?"

나는 그와 몇 분간 대화를 나누었고, 그의 태도가 점점 변하는 것을 느꼈다. "이쪽으로 저를 따라오세요." 뜻밖에도 그는 거의 맨 뒤에 있던 나를 앞쪽으로 데리고 갔다. 나는 나보다 훨씬 일찍 알람을 맞춰서 일어난 사람들을 지나쳐 갔다. 나보다 피부가 검은 사람들을 지나쳐 갔다. 이민 수속이 사회적 지위가 아닌 법적 시스템에 따라 정중하게 이루어져야 한다고 믿는 사람들을 지나쳐 갔다. 이런 부당한 일에는 체념한 듯 보이는 사람들을 지나쳐 갔다. 나는 부당함에 반박하고 싶었다. 하지만 동시에 쾌재를 부르고 싶었다. 창피하면서도 신이 났다. 시간도 벌고 미국인으로 새로운 삶을 살게 된 기회에 무한히 감사하면서도 뭔가 찜찜한 기분을 느꼈다. 말로 표현하기 힘든 어떤 감정, 뭔가 불편한 감정.

내 이민 수속 과정은 상대적으로 순조롭게 이뤄졌다. 나는 금방 서류를 작성하고 변호사를 만났다. 하지만 줄을 서서 스페인어로 "죄송합니다. 영어를 할 줄 몰라요"라고 말하는 사람들에게 이민 수속은 인생에서 가장 고통스러운 경험 중 하나였으리라. 내 뒤에 서서 체념한 표정을 짓는 이들을 바라보자니 머릿속에 한 가지 단어가 천천히 떠올랐다. '특권.' 난생처음 나는 특권을 실질적으로 경험했다.

세상 문화는 우리에게 특권을 이용하라고 권한다. 특권을 지키라고, 특권을 즐기라고. 특권은 즐기라고 있는 것이니까.

하지만 그 특권은 예수님의 길이 아니다. 하나님의 아들로서 예수님은 그 누구보다도 많은 특권을 지니셨다. 하지만 마구간에서 태어나 구유에 놓인 인자, 머리 누일 곳도 없던 메시아, 십자가에 달린 하나님의 어린양으로서 예수님은 그 누구보다도 철저하게 특권을 내려놓으셨다. 그 과정에서 예수님은 우리가 받은 복과 기회를 어떻게 사용해야 할지 본을 보여 주셨다. 우리는 예수님이 주신 특권들을 다른 사람들을 위해 사용해야 한다.

희생은 특권을 이기적으로 즐기려는 욕구에 대한 저항이다.

특권이란 무엇인가

'특권'은 오늘날 논쟁의 한가운데 있는 단어 중 하나다. 이 단어는 분노와 경멸을 불러일으킬 수 있다. 특권은 권리와 책임에 관한 극심한 철학적 논쟁을 일으켰다. 우리가 이 문제에 얼마나 깊이 연루되어 있는지를 보려면 특권이 무엇인지를 이해해야만 한다.

한 사회 운동 단체는 '특권'을 이렇게 정의했다. "스스로의 노력이 아니라 사회적 소속을 통해 일부 사람들만 누릴 수 있는, 자원들에 대한 접근 권리(사회적 권력). 한 사회 집단이 다른 모든 집단의 평범한 이점을 초월해서 누리는 이점이나 면책권."[1]

남아프리카공화국의 작가 시안 퍼거슨에 따르면, 특권은 인종, 종교, 계급, 성별, 성적 성향, 심지어 시민권까지 수만 가지 방식을 통해 얻을 수 있다. 이런 영역 중 어느 한 영역에서 특권을

얻으면 문화적 힘과 기회를 쉽게 누릴 수 있다.[2]

데이샤 에드위는 특권을 시각적인 형태로 보여 주기 위해 '특권은 무엇인가?'라는 제목의 동영상을 제작했다. 그녀는 사람들을 모아 한 줄로 서게 했다. 모든 참가자가 같은 줄에서 시작했다. 이는 모두의 가치가 동등하다는 점을 의미한다. 이제 참가자들은 인생 경험에 관한 일련의 질문을 받았다. 각 질문에 대한 답에 따라 참가자는 앞이나 뒤로 이동했다. 이는 문화적 상황에서 특권의 효과를 시각적으로 보여 준다. 질문은 다음과 같은 것들이었다.

* 부모가 밤이나 주말에도 근무한다면 한 걸음 뒤로.
* 평소에 성폭력을 당할까 걱정하지 않는다면 한 걸음 앞으로.
* 영어가 집안의 주된 언어가 아니라면 한 걸음 뒤로.
* 단란한 가정에서 자랐다면 한 걸음 앞으로.
* 신용을 얻기 위해 말투나 버릇을 고치려고 노력한 적이 있다면 한 걸음 뒤로.
* 실수했을 때 인종이나 성별 때문이라는 말을 들은 적이 없다면 한 걸음 앞으로.[3]

이 틀 안에서는 특권을 주로 세상의 불평등을 조장하는 조직적·체계적 문제로 이해한다.

미국이란 나라에서 산 지 얼마 되지 않은 이민자로서 나는 이 나라에서 몇 세대에 걸쳐 살아온 흑인 친구와 이 문제에 관해 토론했다. 그는 이 과정이 어떻게 펼쳐졌는지를 흥미로운 비유로 설명했다. "모노폴리 게임을 한다고 해 봐. 한 시간 동안 게임을 하고 나면 기존 참가자가 가장 좋은 땅을 다 사서 그곳에 호텔을 짓게 되지. 이제 네가 게임에 참여할 차례야. 하지만 처음부터 네겐 돈이 없어. 그래서 '패스 고'(pass go)로 버티려고 하지. 하지만 게임은 재미있기는커녕 점점 두려워져. 다른 사람이 소유하지 않은 땅, 네게 참여가 허용되기도 전에 다른 사람이 자산을 축적한 땅에 걸리지 않기만을 바랄 뿐이야. 몇 판을 하다 보면 겨우 긁어모은 것을 다 잃고 결국 이 게임에서 가장 안전한 곳은 감옥이라는 걸 깨닫게 된다고."

며칠 내내 이 비유가 머릿속을 맴돌았다. 길을 천천히 거닐며 나와 우리 교회 식구들의 인생 여정을 떠올렸다. 마치 내게 새로운 눈이 생긴 것 같았다. 당연하게 여겼던 것들, 내게 저절로 주어진 것들, 내가 너무도 쉽게 얻은 것들, 내가 손을 뻗기만 하면 손안에 넣을 수 있는 것들. 하지만 모두가 그것들을 쉽게 누리는 게 아니라는 사실이 새삼 깨달아졌다.

취약 계층의 복잡성을 이해하라

"교차성"(intersectionality)이란 용어는 법학자 킴벌리 크렌쇼가 1989년 "인종과 성별 교차성의 주류화"라는 글에서 처음 사용한 것이다.

> 사방에서 차가 오고 가는 교차로의 비유를 생각해 보라. 차별은 교차로를 지나는 차들처럼 여러 방향으로 흐를 수 있다. 교차로에서 사고가 발생하면 그것은 여러 방향, 때로는 모든 방향에서 오는 차들로 인한 것일 수 있다. 이와 비슷하게, 흑인 여성이 교차로에 있는 탓에 피해를 입는다면 그녀의 상처는 성 차별 혹은 인종 차별 …… 등에서 비롯할 수 있다. …… 하지만 사고를 분석하는 일이 항상 쉽지는 않다.[4]

교차성은 온갖 요소가 상호작용한다는 뜻이다. 그래서 불의의 정확한 원인을 파악하는 것이 쉽지 않다. 특권 없이 태어났다면 붐비는 거리를 건너기가 쉽지 않다. 경제적·인종적·종교적·교육적·가정 환경적 요인 등 온갖 요인이 방해할 수 있다. 하지만 그중 무엇이 원인인지 정확히 판단하기도 어렵다.

특히 이 세상에서 특권이 없으면 번영하기 힘들다. 물론 번영의 기회 자체가 없는 것은 아니다. 다만 특권층은 취약 계층이 장애물을 넘기 위해 필요한 노력을 잘 고려하지 않는다. 함께 작용하여 특정 집단을 돕거나 방해하는 요인들의 복합적 그물망이 존재한다.

한 교인을 상담하다가 이 점을 분명히 알게 되었다. 여기서는 그의 이름을 제로드라고 부르자. 제로드는 내가 볼 때 쉽게 해결될 것만 같은 문제들의 굴레에 갇혀서 계속해서 허덕이고 있었다. 하지만 어떠한 선입관도 갖지 않고 그의 세상 속으로 들어가자 전혀 다른 현실이 보였다.

제로드는 항상 우리 교회의 재정적 도움을 필요로 했다. 큰 액수는 아니었지만 도움의 요청이 계속되자 그와 재정적인 책임에 관한 대화를 나누게 되었다. 우리 팀은 그가 조금이라도 돈을 모아 스스로 삶을 꾸려 가지 않는 것을 이해할 수 없었다. 하지만 깊은 대화를 통해 우리 대부분이 겪지 않아도 되는 경제적 불이익과 장애물의 그물망이 나타났다.

제로드는 가난한 지역에서 태어나서 자랐다. 그곳에서는 어린 나이에 합법적으로 돈을 벌 수단이 거의 없었다. 그로 인해 그는 감옥에 들어갈 수밖에 없는 지경이 됐다. 출소한 뒤에도 번듯한 직장 하나 찾기가 쉽지 않았다. 은행 계좌 개설도 힘들었고, 최저 임금으로 겨우 입에 풀칠할 정도였다. 악덕 사채업자에게 돈을 빌리고 나서 갚지 못하는 악순환이 반복되었다. 낮은 신용과 전과 탓에 휴대폰 개통도 힘들었다. 그래서 매달 통신사 지점까지 직접 찾아가 선불로 돈을 내고 휴대폰을 이용했다. 그래서 차가 필요했고, 그러다 주차 딱지를 끊었다. 주차 위반 범칙금은 그의 월급의 거의 절반에 달했다. 이는 그가 감당할 수 없는 액수였고, 결국 자동차는 견인당했다.

차가 없으니 일하러 가기가 더욱 힘들어졌다. 차를 타고 휴대폰 요금을 내러 갈 수 없어서 휴대폰도 끊겼다. 하루는 대중교통으로 출근하는데 대중교통이 지연되었다. 하지만 휴대폰이 없어서 회사에 늦는다고 연락할 수도 없었다. 결국 해고당하고 말았다. 그는 주차 위반 범칙금, 견인 요금, 차 보관 요금을 낼 돈을 벌수 없었고, 당국은 그의 차를 경매에 넘기겠다고 엄포를 놓았다. 결국 그는 우리 교회로 찾아와 도움을 요청했다. 그는 낙심하며 분노했다.

이 이야기를 듣고 나니 난관들의 그물망이 제대로 보였다. 개인적으로는 참을 만한 작은 것들이 쌓이고 쌓여서 도저히 넘을 수 없는 산이 되었다. 전진하기는커녕 원점으로 돌아오기 위한 노력도 매번 수포로 돌아가자 깊은 환멸과 좌절이 찾아왔다. 그냥 몇 달간이라도 길거리에서 마약 거래를 하는 편이 더 나아 보였다. 그는 악순환을 끊기 위한 도움을 얻고자 우리 교회를 찾아온 것이다.[5]

나는 이런 것들에 관해서 한 번도 걱정해 본 적이 없다. 휴대폰 개통이나 은행 계좌 개설은 너무나 쉽게 이뤄진다. 그런데 이런 이점은 내가 물려받은 것 때문이다. 이런 것은 내 계급과 사회적 환경에 따라오는 것들 때문이다. 이런 상황을 처리하는 것이 내게는 식은 죽 먹기다. 하지만 우리가 당연하게 여기는 것들이 많은 사람에게는 싸워서 쟁취해야 하는 것이며, 이와 같은 전투 피로는 일종의 압제다. 그리스도를 닮고 싶다면 자신의 특권을 잘 알 뿐 아니라 특권을 누리지 못하는 취약 계층이 얼마나 힘든지도 알아야 한다.

비판이론(critical theory)을 옹호하려는 것은 전혀 아니다.[6] 하지만 불공정한 시스템과 역사가 존재하는 것은 엄연한 사실이다. 또한 예수님이 취약 계층에게 관심을 두셨으니 이 문제는 복음과 제자도에 중요한 의미를 지닌다. 세상 이념들을 두려워하면 하나님 나라를 위한 기회들을 놓칠 수 있다. 복음은 개인적 의미만이 아니라 문화적·사회적 의미도 지니고 있다. 문화와 사회 차원에서 복음을 실천하면 가시적이고 구조적인 변화를 이끌어낼 수 있다.

특권을 다른 용도로 사용하면?

특권을 지닌 사람들에게서 흔히 볼 수 있는 두 가지 반응이 있다. 하나는 권리에 관한 방어적인 태도이고, 다른 하나는 개인적인 책임을 강조하는 모습이다.

* **방어적인 태도.** 다음과 같은 말을 듣기 어렵지 않다. "모두 내가 고생해서 얻은 거야. 그 누구도 이용한 적이 없어. 나 스스로 삶을 책임지기 위해 노력했다고. 정부나 다른 사람을 의지하지도 않았어. 모두 내 힘으로 이룬 거야. 거저 얻은 것은 아무것도 없어." "나는 조금만 챙겼을 뿐이야. 내 사람이나 내 문제가 아니라고."

* **개인적인 책임.** 이 시각에서 볼 때 미국에서 다른 사람보다 앞서 나가기는 쉽다. "고등학교를 잘 마치고, 혼전임신을 하지 말고, 일자리를 구하라. 이렇게 하면 가난해지지 않는다. 하지만 이렇게 하지 않으면 피부색에 상관없이 가난해진다." 이는 이런 뜻이다. "자기 삶을 스스로 책임지라. 옳은 것을 하면 삶이 좋아질 것이다. 과거는 현재에 그리 많은 영향을 미치지 못한다. 지난 일은 털어버리고 성공을 향해 달려가라."

과연 예수님은 이렇게 말씀하실까?

물론 위와 같은 말도 어느 정도 일리가 있기는 하다.[7] 하지만 우리가 주로 그런 렌즈를 통해 불의나 불평등의 문제를 바라봐야 할까? 그것이 예수님의 삶에서 볼 수 있는 태도일까?

누가복음 22장에서 예수님은 이 문제와 관련해 매우 충격적인 말씀을 하신다. 한편, 이 장면에 나온 배경이 꽤나 흥미롭다. 예수님은 제자들의 발을 씻기고 유월절을 지키고 계셨다. 곧 예수님은 다른 사람들이 번영할 수 있도록 자신의 생명을 내주고 권리를 내려놓으실 참이다. 성경을 보자.

> 또 그들 사이에 그중 누가 크냐 하는 다툼이 난지라 예수께서
> 이르시되 이방인의 임금들은 그들을 주관하며 그 집권자들은
> 은인이라 칭함을 받으나 너희는 그렇지 않을지니 너희 중에 큰
> 자는 젊은 자와 같고 다스리는 자는 섬기는 자와 같을지니라
> 앉아서 먹는 자가 크냐 섬기는 자가 크냐 앉아서 먹는 자가 아니냐
> 그러나 나는 섬기는 자로 너희 중에 있노라 너희는 나의 모든
> 시험 중에 항상 나와 함께한 자들인즉 내 아버지께서 나라를
> 내게 맡기신 것같이 나도 너희에게 맡겨 너희로 내 나라에 있어
> 내 상에서 먹고 마시며 또는 보좌에 앉아 이스라엘 열두 지파를
> 다스리게 하려 하노라(눅 22:24-30).

예수님의 삶 속에서 이 장면은 실로 코미디 같다. 예수님은 제자들에게 그들 중 한 명이 자신을 배신할 것이고 사랑의 값비싼 희생 제물로서 그분의 몸이 찢기고 피를 쏟을 것이라 말씀하시고 나서, 종으로서 제자들의 발을 씻기셨다(눅 22:19-21; 요 13:4-10). 그런데 이런 상황에서 누가 가장 "큰 자"인지를 놓고 제자들 사이에서 입씨름이 벌어졌다. 예수님은 끔찍한 죽음을 맞기 직전이신데 제자들이라는 사람들이 그저 개인적인 지위를 챙기는 데 눈이 멀

어 있다. 때로 이러한 모습이 우리가 주변 세상을 바라보는 모습이 아닐까 하는 생각이 든다. 세상에는 온통 망가지고 힘든 사람들 천지다. 예수님은 다른 사람을 위해 우리 자신을 내주라고 분명히 명령하셨다. 하지만 우리는 개인적인 삶의 질을 더 높이기 위해서만 싸우고 있다.

하지만 예수님은 우리가 두려움 없이 다른 사람들을 위해 우리의 특권을 사용하도록 그 기반을 다지셨다. "내 아버지께서 나라를 내게 맡기신 것같이 나도 너희에게 맡겨 너희로 내 나라에 있어 내 상에서 먹고 마시며 또는 보좌에 앉아 이스라엘 열두 지파를 다스리게 하려 하노라"(눅 22:29-30).

하나님 나라는 우리가 노력으로 얻는 것이 아니라 선물로 거저 받는 것이기에 우리는 어떤 두려움 없이 다른 사람을 섬길 수 있다. 이렇게 안정된 위치에서 우리는 아무 걱정 없이 자신을 낮출 수 있다.

게임 이론과 십자가 복음

앤디 크라우치가 복음과 게임 이론, 희생적인 삶에 관한 예수님의 명령에 관해 말하는 것을 들은 적이 있다. 게임 이론은 "참가자가 선택한 행동의 결과가 다른 참가자들의 행동에 크게 좌지우지되는 경쟁적인 상황에서 그 상황을 다루기 위한 전략들을 분석하는 수학의 한 분야"다.[8] 게임 이론은 수학이나 경영의 영역에만 머물지 않는다. 게임 이론은 우리의 관계들과 문화를 기술하는 데도 사용된다. 게임 이론은 다음과 같이 우리의 상호작용과 관계에도 적용할 수 있다.

* **내가 이기고 당신은 진다.** 우리는 제한된 자원을 놓고 경쟁한다. 내가 원하거나 필요한 것을 얻기 위해서는 당신에게서 빼앗아야 한다.

* **윈윈(win-win).** 이는 이런 경쟁적 틀에 대한 현대 사회의 대안이다. 세상이 서로 연결되어 있다는 인식이 강해지면서 자신만을 돌보는 것은 무자비하다는 자각이 일었다. 하지만 최근에 사람들은 이런 태도에 관해서 분석했다. 그 분석에 따르면, 많은 사람이 개인적인 상황에서는 기꺼이 다른 사람을 돕지만 그러기 위해 사회 전체의 구조와 힘의 역학까지 기꺼이 바꾸려는 사람은 드물다. 그로 인해 후한 베풂의 한복판에서도 온정주의와 우월감이 나타날 수 있다. '윈윈'의 실제 의미는 바로 이것이다. "내 도움이 필요하면 돕겠다. 하지만 나한테 큰 손해가 된다면 돕지 않겠다."

* **내가 희생하고 당신이 이긴다.** 이 틀 안에서 우리는 단순히 눈앞의 문제를 해결해 주기 위해 섬기거나 베풀지 않는다. 우리가 쌓아 온 것을 우리에게 손해가 될 정도로 내놓고 우리 삶의 자세까지

바꾼다. 다른 사람들을 높여 주기 위해 희생하고 섬긴다. 이 세 번째 범주는 우리가 사는 세상의 구조를 뒤흔들고, 세상을 향한 예수님의 마음과 더 깊이 연합할 것을 요구한다.

특권이 무시할 것도, 즐길 것도 아니라는 점은 그 무엇보다도 예수님의 삶 속에서 가장 분명하게 드러난다. 빌립보서 2장 3-8절을 읽으면서 거기서 나오는 새로운 힘에 흠뻑 젖으라.

아무 일에든지 다툼이나 허영으로 하지 말고 오직 겸손한 마음으로 각각 자기보다 남을 낫게 여기고 각각 자기 일을 돌볼뿐더러 또한 각각 다른 사람들의 일을 돌보아 나의 기쁨을 충만하게 하라 너희 안에 이 마음을 품으라 곧 그리스도 예수의 마음이니 그는 근본 하나님의 본체시나 하나님과 동등됨을 취할 것으로 여기지 아니하시고 오히려 자기를 비워 종의 형체를 가지사 사람들과 같이 되셨고 사람의 모양으로 나타나사 자기를 낮추시고 죽기까지 복종하셨으니 곧 십자가에 죽으심이라.

예수님은 하나님과 동등한 지위를 자신을 위해 사용하시지 않았다. 그분은 오히려 자신을 비우셨다. 종의 형체를 가지셨다. 낮아진 모습으로 이 땅에 오셨다. 공개적인 수치를 당하고 영문 밖에서 죽음을 맞으실 만큼 낮아지셨다(히 13:13).

예수님이 우리를 위해 이렇게 하신 것에 우리는 경외감을 품지만, 서구에서 자란 이들에게는 그분의 본을 따르는 것이 극도로 어렵다. 미국은 승리에 눈이 멀어 있다. 우리는 '위'라는 방향을 좋아한다. 우리는 발전의 증거를 갈망한다. 우리는 기업 실적 그래프에서 상향 곡선을 원한다. 새로 떠오르는 스타에 열광한다. 우리는 상위 계층이 되기를 원한다. 발전의 전망은 많은 이들에게 희망을 전해 주었다. 하지만 발전이 이루어지지 않을 때 우리는 속은 듯한 기분을 느낀다.

미국 교회는 우리의 문화적 특권이 스스로 즐기기 위한 것이 아니라는 사실을 이해하기가 힘들다. 우리는 가진 것들의 용도를 바꾸어 다른 사람들을 위해 사용해야 한다. 문제는 우리 문화가 '아래'라는 방향을 끔찍이 싫어한다는 것이다. 하향 곡선, 강등, 기분의 급락. 우리는 이런 것을 마치 전염병처럼 피한다.

하지만 예수님은 "큰 자"를 '스스로 얻어 내지 않은 문화적 이점을 다른 사람들을 위해 사용하는 사람'으로 다시 정의하셨다. 예수님은 권리를 위해 싸우거나 책임을 운운하지 말고, 우리의 특권을 다른 사람들을 위해 사용하라고 명령하신다.

우리가 가진 특권을 나누는 행위에는 더없이 강력한 힘이 있다. 우리가 개인적 특권과 집단적 특권을 다른 사람들을 위해 사용할 때 궁극의 교차성이 나타난다. 성경을 보면 예수님은 "죽기까지 복종하셨으니 곧 십자가에 죽으심이라." 하나님이 세상 속으로 들어오시자 죄인들, 종교, 체제, 권력, 정치의 힘들이 사방에서 몰려왔다. 결국 그들은 하나님의 아들을 십자가에 못 박았다. 하지만 놀라운 반전이 나타났다. 예수님의 겉으로 드러난 실패는 세상의 특권을 허물었다. 이제 사람들은 하나님께 올 때 승리자가 아닌 실패자로서 온다. 그런 의미에서 겸손은 우리 신앙의 기초가 된다. 그리스도인은 다른 사람들을 겸손히 섬긴다는 비전으로 세상을 살아간다.

예수님은 종교적·인종적·성적 계급을 허무신 뒤 사도 바울로 하여금 이렇게 선포하게 하셨다. "너희가 다 믿음으로 말미암아 그리스도 예수 안에서 하나님의 아들이 되었으니 누구든지 그리스도와 합하기 위하여 세례를 받은 자는 그리스도로 옷 입었느니라 너희는 유대인이나 헬라인이나 종이나 자유인이나 남자나 여자나 다 그리스도 예수 안에서 하나이니라 너희가 그리스도의 것이면 곧 아브라함의 자손이요 약속대로 유업을 이을 자니라"(갈 3:26-29).

유대인 남자들은 회당에서 이런 기도를 드렸다. "하나님, 저는 여자가 아니라서 감사합니다. 저는 종이 아니라서 감사합니다. 저는 이방인이 아니라서 감사합니다."

바울은 예수님의 제자들(모두를 평등하고 겸손하게 만드는 십자가의 힘으로 구원을 받은 자들)이 해로운 계급 체제를 조장하는 시스템에 동화되기를 원하지 않았다. 유대인이나 이방인, 종이나 자유인,

여자나 남자가 따로 있지 않다는 사실을 인정하면 더 이상 회당에서 그런 기도를 드릴 수 없었다. 이제 그들은 그리스도처럼 특권을 다른 용도로 사용해야 했다.[9]

교회 안에서는 십자가로 인해 이러한 계급이 허물어진다. 교회는 세상과 다른 공동체가 된다. 이것은 새로운 인류를 만들어 내는 문화적 전복이다. 교회는 모든 장애물이 제거되고 모든 사람이 예수님 안에서 동등해지는 곳이어야 한다. 십자가는 차별과 특권을 낳는 교차성의 문화를 허문다.

크리스 아네이드는 월스트리트에서 큰 성공을 거두고서 안락하게 살고 있었다. 그는 *Dignity*(존엄)라는 책에서 특권과 지위에 환멸을 느끼고, 가난한 사람들을 향한 관심이 점점 강해진 이야기를 전해 준다. 그는 전국을 돌며 잃어버린 자와 지극히 낮은 자들의 말에 귀를 기울였다. 여행을 하면서 그가 계속해서 놀랐던 점은 가장 망가진 곳에는 언제나 교회가 있었다는 것이다. 그가 볼 때 교회는 중독자들과 수치스러운 자들을 인간으로 대해 준 유일한 곳이었다. 교회는 그들을 인간으로 대접하고 깊이 사랑해 주었다.

그는 그 책에서 이렇게 말했다. "그들은 '있는 그대로 오라'라고 말한다. 그들은 떨쳐 내고 싶은 과거를 용서로 씻어 내게 해 준다. 가기만 하면 환영을 받는다. 교회는 거리의 사람들을 이해하고, 모든 사람이 죄인이며 모두가 실수한다는 사실을 알고 있다.

교회를 제외한 나머지 세상, 즉 법원이나 병원, 재활 센터, 복지 센터, 경찰서, 심지어 일부 비영리 단체와 학교들도 …… 그것을 이해하지 못한다. 냉정한 세속 세상은 설령 의도 자체는 옳다 하더라도 냉담하고 비판적이다."[10]

냉담과 비판: 내가 이기고 당신은 진다.

복지와 법: 윈윈.

다른 사람들을 인간으로 대해 주는 연민과 섬김: 내가 희생하고 당신이 이긴다.

섬김으로 특권에 저항하면 하나님 나라가 뿌리를 내린다.

특권, 세상을 섬기는 도구

예수님의 본을 따르는 이들로서 우리는 예수님께 받은 것을 주변 사람에게 주도록 부름받았다. 옆집 사람에게, 같은 지역에 사는 사람에게, 이 땅에서 가장 힘든 곳에서 사는 사람에게. 그리스도인이 이런 책임을 받아들이면 세상 사람들에게 신뢰를 얻는다. 니콜라스 크리스토프는 〈뉴욕 타임스〉에 기고한 "복음주의자들은 자유주의자를 사랑할 수 있다"라는 제목의 글에서 다음과 같이 말했다.

강도와 군인들이 움직이는 것이라면 뭐든 총으로 쏘거나

강간하는 아프리카 지역에서 유일하게 사역하는 집단은 대개
국경없는의사회와 종교 단체에서 나온 구호 활동가들이다.
그들은 미친 의사들과 미친 그리스도인들이다. 전쟁으로 폐허가
된 콩고 마을 루슈루에서 나는 굶주리는 아이들, 강간당한 과부들,
포격 속에서 살아남은 생존자들을 발견했다. 그리고 굳은 결의로
조용히 교회 병원을 운영하는 폴란드에서 온 가톨릭 수녀를 봤다.
말만 많은 종교 우파들과 달리 그 수녀는 '낙태 반대'의 길을
열정적으로 실천했다. 심지어 그녀는 이미 태어난 아이들의
생명을 위해서도 온 힘을 쏟았다. 그녀와 같은 용감한 영혼들이
종교 보수 진영에서 점점 더 많이 나타나고 있다.[11]

중요한 것은 특권 없는 이들이 섬김받는 일만이 아니다. 특권
을 가진 이들이 변화되고 있다는 것이다. 그들의 마음이 예수님
의 마음을 닮아 가고 있다. 앤디 크라우치의 말을 들어 보자. "우
리가 세상을 가장 크게 변화시킬 때는 당연히 권위를 휘두를 것
같은 상황에서 오히려 자신을 완전히 비울 때다."[12]

우리가 더없이 많이 지니고 있다는 특권. 이 특권을 다른 사람
들을 위해 사용하는 것이 교회를 위한 기회다.

자, 당신이 받은 특권을 의식하고 있는가? 그것에 감사하고 있
는가? 하나님이 다른 사람들을 위해 그 특권을 사용하는 것에 관
해 당신에게 어떻게 말씀하셨는가? 성령이 당신을 어디로 이끌고

계시는 것 같은가? 당신이 가진 특권을 다른 사람들을 위해 어떻게 사용할 것인가? 교회로서 우리는 하나님이 부르신 곳에서 어떻게 새로운 공동체가 될 수 있을까? 어떻게 해야 특권을 지녔음에도 자신을 낮추고 희생하고 그 특권을 다른 사람들을 위해 사용하는 공동체가 될 수 있을까? 특권은 정치권에서 말로만 논의할 사안이 아니다. 특권은 예수님의 제자들이 오늘날 세상을 섬기기 위해 사용해야 할 도구다. 예수님께서는 희생이 특권보다 더 중요했다. 예수님을 잘 따르려면 우리도 희생을 특권보다 중요하게 여겨야 한다.

9.

현대적 냉소에 저항하라,
기쁨 넘치는 축하로

소망의 하나님이 모든 기쁨과 평강을 믿음 안에서 너희에게 충만하게 하사
성령의 능력으로 소망이 넘치게 하시기를 원하노라.
· 로마서 15장 13절

한때 심오함이 무엇인지 알았다가 길을 잃거나
경이감에 무감각해진 사람이야말로 가장 슬픈 사람이라고 생각하곤 한다.
비밀스러운 세계로 들어가는 문을 닫아 버린 사람.
시간, 게으름, 약한 순간에 내린 결정으로 그 문을 닫아 버린 사람.
· 더글러스 커플랜드, *Life After God* (하나님을 추구하는 삶)

진정한 뉴요커의 일반적 특징 중 하나는 냉소다. 사실, 뉴요커면서 냉소적이지 않기란 거의 불가능에 가깝다. 누군가가 부푼 꿈을 안고 뉴욕에 오면 뉴요커는 그 순진한 낙관주의를 꺾어 줘야 한다는 책임감을 느낀다. 누군가가 뉴욕의 스카이라인에 감탄하며 이 도시의 위용에 빠져들면서 '앞으로 여기서 잘살게 되리라'라고 생각할라치면 뉴요커의 반응은 이런 식이다. "이렇게 말해서 미안하지만 여기서는 작은 원룸도 한 달에 3천 달러라고. 아마 얼마 버티지 못할 거야."

누군가가 휘황찬란한 브로드웨이를 지나며 자신이 섰던 지방 무대에 관해서 말한다. 그러면서 이제 브로드웨이에 도전할 거라고 당찬 포부를 밝힌다. 그러면 뉴요커는 이렇게 말한다. "구름 떼처럼 많은 사람이 배우의 꿈을 안고 매년 여기로 오지. 하지만 네가 브로드웨이에 입성할 일은 없을 거야."

누군가가 큰돈을 만질 꿈을 안고 월스트리트를 내려다본다. 하지만 그가 운을 떼기도 전에 뉴요커가 고개를 흔든다. "여긴 잔혹한 도시야. 돈을 벌긴 힘들 거야."

냉소주의는 뉴욕의 DNA다. 누구든 이 도시에만 오면 심한 의심과 회의에 빠진다.

하지만 뉴욕의 이런 냉소주의는 우리 마음속에 파고드는 더 깊은 냉소주의가 표출된 것일 뿐이다. 그 냉소주의는 마치 암처럼 우리 문화 속에 파고들고 있다. 정말 심각한 일이다. 냉소주의는 깊은 절망감을 동반하기 때문이다. 현재 우리는 삶을 더없이 편하게 해 주는 첨단 기술이 가득한 시대에 살고 있다. 또한 자기 계발 전문가들은 책과 방송을 통해 멋진 삶을 살 수 있는 방법을 끊임없이 알려 준다. 그런데도 우리 사회는 우울증, 마약 중독, 공허함, 이혼, 난잡한 성생활, 외로움, 폭력에 찌들어 있다. 이 냉소주의는 단순한 개념이나 감정 차원을 넘어 세상에 실제로 형체가 있는 영향을 미치고 있다.

긍정적 일화들을 이야기해 줌으로써 이 깊은 냉소주의와 싸울 수는 있다. 하지만 문제는 세상이 어둡고 힘든 곳이라는 증거가 너무 많다는 것이다. 텔레비전에서 세상 뉴스를 보거나 인터넷에서 도는 소식만 접해도 세상에 나쁜 일이 정말 많이 벌어지고 있다는 것을 알 수 있다. 그리고 우리는 그런 일을 다룰 준비가 되어 있지 않아 보인다.

Winners Take All(승자독식)이라는 책에서 저자는 냉소주의가 합리적인 반응처럼 보이는 이유들을 소개했다.

* 미국 과학자들은 의학과 유전학 분야에서 매우 중대한 발견들을 하고 다른 어떤 나라보다도 많은 생체의학 연구 보고서를 발표한다. 하지만 평균적인 미국인들의 건강은 다른 부국들의 국민에 비해 그다지 좋지 않다. 특정 기간에는 수명이 오히려 줄어드는 모습도 보이고 있다.

* 미국 연구진들은 많은 무료 인터넷 자료와 동영상 덕분에 놀라운 새 학습법들을 계속해서 개발해 낸다. 하지만 정작 오늘날 미국 고3 학생들의 읽기 시험 평균 점수는 1992년보다 낮다.

* 어느 책의 표현대로 미국은 "요리의 르네상스 시대"를 맞았다. 농산물 직거래와 자연식품도 유행하고 있다. 하지만 국민들의 영양 상태는 별로 좋아지지 않았다. 오히려 비만 관련 질병이 꾸준히 증가하고 있다.

* 사업가가 되기 위한 수단은 전에 없이 많아졌다. 온라인 코딩이든 우버 운전자가 되는 법이든 쉽게 배울 수 있다. 하지만 자기 사업을 하는 젊은이 숫자는 1980년대 이후 3분의 2로 떨어졌다.

* 미국에서 아마존이라는 초대형 온라인 서점이 탄생하여 큰 성공을 거두었다. 다른 회사 구글도 대중을 위해 2,500만 권 이상의 책을 스캔했다. 하지만 문맹은 지독히도 사라지지 않고 있으며, 한 해에 최소한 한 권 이상의 문학작품을 읽는 미국인 숫자는 최근 몇 십 년 사이에 거의 4분의 1 가까이 떨어졌다.[1]

이런 사실을 접하면 맥이 빠진다. '노력해 봐야 무슨 소용? 모험을 할 필요가 있을까? 근면이고 뭐고 다 소용없어.'

문제는 이런 깊은 냉소주의가 우리 주변에만 팽배해 있는 게 아니라는 것이다. 냉소주의는 교회 안에도 침투했다. 우리는 진정한 열정을 보이는 사람들에 대해 냉소적으로 군다. 그들의 순진한 열정이 고통으로 결국 식을 것이라고 생각한다. 우리는 응답되지 않은 기도를 너무 많이 본 탓에 하나님의 역사에 대해 냉소적으로 군다. 우리는 인생이 얼마나 힘든지를 잘 알기에 상황이 좋아질 가능성에 대해 냉소적으로 군다.

그래서 우리는 세상을 변화시킬 복음을 전하는 대신, 24시간 뉴스에 빠져 끊임없이 절망의 유해한 공기를 들이마시고 있다. 이제 우리는 교회를 통한 하나님의 역사를 잘 믿지 않는다. 기대감을 잃고 아무것도 바라지 않기 시작했다.

하지만 성경은 하나님이 선하시다고 선포하고 있으며, 그리스도인은 하나님의 선하심을 기뻐 축하해야 한다. 냉소적인 뉴스들에 귀를 닫을 때 우리는 우리 자신과 주변 사람들의 삶 속에서 수시로 나타나는 하나님의 역사를 볼 수 있다.

나쁜 뉴스들이 세상에서 실제로 일어나는 일을 보지 못하도록 우리의 시야를 흐리고 있는 것은 아닐까? 우리가 어둠에 관심을 집중하고 빛을 무시하도록 세뇌당한 것은 아닐까? 우리가 어디를 봐야 할지를 알기만 하면 세상에는 훨씬 더 많은 은혜와 구속이 일어나고 있는 것은 아닐까? 우리가 선함을 발견하고 축하하며 냉소주의의 문화에 저항해야 하는 것은 아닐까?

축하와 냉소의 조합이 분명 흥미로울 줄 안다. 왜 단순히 "기뻠이 냉소에 저항한다"가 아닌가? 왜 "소망이 냉소에 저항한다"가 아닌가? '축하'(celebration; 또는 축하 잔치, 찬양, 공표, 기념 의식)는 매우 가시적이다. 축하는 도전적이다. 축하는 하나님이 누구이시며 무엇을 하고 계신지를 깨닫고서 반응하는 것이다. 축하는 의심의 세상 속에서 행하는 경건한 저항이다.

우리는 영적 훈련이 신앙의 열쇠라는 말을 자주 한다. 실제로 이 주제에 관한 가장 유명한 책 가운데 하나는 《영적 훈련과 성장》(Celebration of Discipline; 원제는 '훈련에 대한 축하'라는 뜻)이다. 하지만 지금 같은 냉소적인 세상에서 신앙의 열쇠는 훈련에 대한 축하가 아니라 축하하는 훈련이지 않을까? 우리가 섬기는 선하신 하나님을 찬양하고 공표하는 일을 잘해야 하지 않을까? 나는 그렇게 생각한다.

축하는 냉소에 대한 저항이다.

하나님이 어떤 분이시라고 생각하는가

세상에 만연한 냉소주의에는 더 깊은 뿌리가 있다. 우리는 삶이 힘들거나 만만치 않기 때문에 냉소적으로 변했다고 말한다. 하지만 냉소주의의 진짜 이유는 표면 아래에 있다. "하나님이 어떤 분이시라고 생각하는가?"라는 질문에 답하는 방식에서 냉소주의가 비롯한다. 이 질문에 잘못 답하면 우리 삶에 냉소주의의 씨앗이 뿌려진다. 하나님을 분노하거나 복수하는 분으로 보면 냉소적인 세계관에 빠진다. 하나님이 수동적인 분이라고 생각해도 냉소주의가 싹튼다.

당신은 어떻게 생각하는가? 하나님은 행복한 분이신가? 하나님은 기분이 좋으신가? 하나님은 기쁨으로 충만하신가? 이런 질문에 "아니다"라고 대답하면 그런 특성을 그리스도의 제자에게도 필수 요소로 보지 않게 된다.

하지만 우리는 기쁨의 하나님을 섬긴다. 이 사실은 매우 중요하다. 존 오트버그의 다음 말을 유심히 읽어 보라.

하나님에 관해서 이 사실을 이해하기 전까지는 그분을 진정으로 이해할 수 없다. "하나님은 우주에서 가장 행복한 존재이시다." 물론 하나님은 슬픔도 아신다. 예수님은 무엇보다도 "간고를 많이 겪었으며 질고를 아는 자"로 기억되고 있다. 하지만 하나님의 간고 곧 슬픔은 그분의 진노처럼 타락한 세상에 대한 일시적인 반응일 뿐이다. 그 슬픔은 세상이 회복되는 날 그분의 마음속에서 영원히 떠나갈 것이다. 기쁨은 하나님의 기본적인 성품이다. 기쁨은 그분의 영원한 운명이다. 하나님은 우주에서 가장 행복한 존재이시다.[2]

이 사실을 알고 있는가? 우리가 이 사실을 기억하고 하나님을 세상에 나타내도록 그분의 형상을 따라 창조되었다고 믿는다면 이 사실을 우리 삶 속에서 드러내는 것이 중요하다. 기쁨, 즐거움, 축하 같은 것들은 우리가 받는 훈련과 삶의 핵심 요소들이다. "여호와를 자기 하나님으로 삼는 백성은 복이 있도다"(시 144:15).

그렇다. 성경 속에는 죄와 고난이 있다. 강간, 살인, 죽음, 폭력, 상심이 있다. 하지만 성경은 어디까지나 죄를 만들어 내시는 하나님이 아니라 죄를 다루시는 하나님에 관한 이야기다. 하나님은 소망, 회복, 생명으로 우리의 증오, 폭력, 분쟁을 흩어 버리고 계신다. 냉소주의의 렌즈가 성경을 보는 시야를 흐리도록 허용하지 말고, 기쁨을 보는 법을 배우라. 하나님의 역사를 보면 그분의 나라가 눈앞에 있다는 증거로서 그 일을 축하하라. 축하, 기쁨, 즐거움은 성경에서 미묘하게 나타나는 것이 아니라 성경의 핵심 주제다. 하나님은 기분이 좋으시며, 세상이 그 사실을 알기를 바라신다.

하나님이 세상을 창조하시는 동안

최초의 기쁨 충만한 축하 현장은 성경의 첫 장인 창세기 1장에서부터 나타난다. 창세기 하면 많은 사람이 걱정부터 한다. 우리는 창세기를 과학, 시, 문학 중 어떤 시각으로 읽어야 할지 몰라 혼란스러워한다. 이런 논쟁은 실제로 일어나는 일을 보지 못하게 하는 경우가 많다. 중심 주제는 기쁨과 즐거움으로 창조하시는 선하신 하나님이다. 창세기 1장에서 계속해서 나타나는 일관된 진술이 있다. "하나님이 보시기에 좋았더라." 계속해서 하나님은 새로운 뭔가를 창조하시면서 그것이 좋다고 우리에게 확인시켜 주셨다.

욥기 말씀에서 하나님이 그분의 창조 세계를 어떻게 보시는지에 관한 더 깊은 통찰을 얻을 수 있다.

> 내가 땅의 기초를 놓을 때에 네가 어디 있었느냐 네가 깨달아
> 알았거든 말할지니라 누가 그것의 도량법을 정하였는지, 누가 그
> 줄을 그것의 위에 띄웠는지 네가 아느냐 그것의 주추는 무엇 위에
> 세웠으며 그 모퉁잇돌을 누가 놓았느냐 그때에 새벽 별들이 기뻐
> 노래하며 하나님의 아들들이 다 기뻐 소리를 질렀느니라(욥 38:4-7).

하나님이 바삐 세상을 창조하시는 동안 어떤 일이 벌어지고 있었는가? 새벽 별들이 함께 노래하고 천사들이 기뻐서 소리 지르고 있었다. 창조를 위한 합창이 있었다. 하나님은 잔뜩 찡그린 표정으로 앉아 세상을 빚고 계시지 않았다. 별들은 기뻐 노래하고 천사들은 기뻐 소리치고 있었다. 하나님이 세상을 창조하시는 동안 온 우주에 기쁨에 찬 그분의 심장 고동이 온 우주에 울려 퍼졌다. 그리고 그 심장 고동과 함께 그분 입에서 같은 탄성이 계속

해서 터져 나왔다.

좋구나!

좋구나!

좋구나!

하나님의 마음은 기뻐서 벅차오르고, 온 우주에 축하 잔치의 물결이 요동쳤다. 가만히 귀를 기울이면 천사들이 기뻐서 외치는 소리의 메아리가 지금도 여전히 들린다.

내가 가진 것을 드릴 기회를 축하하라

기독교에서 그리스도인이 의무감(때로는 냉소주의)을 갖는 영역 중 하나는 십일조다. 하나님께 헌금을 드리기 전에 '저들이 나한테 원하는 것은 돈밖에 없나?'라고 생각하는 사람들이 많다. 하지만 하나님은 우리가 후하게 드릴 기회를 축하함으로써 탐욕의 굴레에서 해방되기를 원하시는 것이 아닐까? 다음 신명기 말씀은 이 점을 시사한다.

> 너는 마땅히 매년 토지 소산의 십일조를 드릴 것이며 네 하나님
> 여호와 앞 곧 여호와께서 그의 이름을 두시려고 택하신 곳에서 네
> 곡식과 포도주와 기름의 십일조를 먹으며 또 네 소와 양의 처음
> 난 것을 먹고 네 하나님 여호와 경외하기를 항상 배울 것이니라

그러나 네 하나님 여호와께서 자기의 이름을 두시려고 택하신 곳이 네게서 너무 멀고 행로가 어려워서 네 하나님 여호와께서 그 풍부히 주신 것을 가지고 갈 수 없거든 그것을 돈으로 바꾸어 그 돈을 싸 가지고 네 하나님 여호와께서 택하신 곳으로 가서 네 마음에 원하는 모든 것을 그 돈으로 사되 소나 양이나 포도주나 독주 등 네 마음에 원하는 모든 것을 구하고 거기 네 하나님 여호와 앞에서 너와 네 권속이 함께 먹고 즐거워할 것이며(신 14:22-26).

여기서 무슨 일이 벌어지는지 알겠는가? 하나님은 그분의 백성들에게 그분께 드리는 것을 특권으로 여겨 축하하라고 말씀하고 계신다. 십일조를 가지고 너무 멀리까지 여행해야 할 때는 그 십일조를 돈으로 바꾸고, 선택된 곳에 도착하면 그 돈으로 "소나 양이나 포도주나 독주 등 네 마음에 원하는 모든 것"을 사라. 그런 다음 축하의식을 하라. 한마디로, 그것들을 즐기라는 것이다. "거기 네 하나님 여호와 앞에서 너와 네 권속이 함께 먹고 즐거워할 것이며."

우리가 가진 것을 드릴 기회를 '그분의 은혜를 찬양하고 즐기고 공표하라'는 하나님의 초대로 받아들인다면? 우리가 가진 것을 드릴 때마다 우리가 기뻐하는 소리가 멀리까지 들린다면? 이 나라에서 교회 밖에 서 있는 사람들이 웃고 노래하고 떠드는 소리를 듣게 될 때 서로에게 "헌금을 하고 있는 것이 분명하군!"이라고 말하게 된다면?

말씀의 계시 앞에서 축하하라

많은 사람이 성경을 억압적인 책으로 여기고 있다. 현대 관점에서 성경을 읽으면 성경의 권위 아래서 사는 것에 여러 의문과 의심이 생길 수 있다. 성경이 정말로 좋은 소식을 담고 있는가? 하지만 성경을 보면 실제로 말씀의 계시 앞에서 축하하는 모습을 자주 볼 수 있다.

가장 분명한 사례 중 하나는 느헤미야서에 있다. 이스라엘 자손들은 예루살렘 성벽과 성문의 재건을 마무리한 뒤에 에스라가 전하는 하나님의 말씀에 귀를 기울였다.

총독 느헤미야와 제사장 겸 학사 에스라와 백성을 가르치는 레위 사람들이 모든 백성에게 이르기를 오늘은 너희 하나님 여호와의 성일이니 슬퍼하지 말며 울지 말라 하고 느헤미야가 또 그들에게 이르기를 너희는 가서 살진 것을 먹고 단 것을 마시되 준비하지 못한 자에게는 나누어 주라 이 날은 우리 주의 성일이니 근심하지 말라 여호와로 인하여 기뻐하는 것이 너희의 힘이니라 하고 레위 사람들도 모든 백성을 정숙하게 하여 이르기를 오늘은 성일이니 마땅히 조용하고 근심하지 말라 하니 모든 백성이 곧 가서 먹고 마시며 나누어 주고 크게 즐거워하니 이는 그들이 그 읽어 들려준 말을 밝히 앎이라 (느 8:9-12).

말씀의 계시는 곧 큰 기쁨으로 이어졌다(이렇게 기뻐하며 성경 공부 모임을 마친 적이 언제인가). 이 얼마나 아름다운 비전인가! 말씀을 재발견한 기쁨이 솟아났다. 흐느껴 울고 절망하는 소리가 아니라, 탄식과 후회의 소리가 아니라, 바로 축하의 소리.

오랫동안 뉴욕에서 살던 어떤 사람이 내게 무슨 일을 하는지를 물었다. 내가 목사라고 말하자 그는 "항상 왁자지껄한 저 큰 교회에서" 왔는지를 물었다.

"왁자지껄하다고요?"

"항상 기쁘게 노래 부르며 춤추는 저 교회 말이에요."

나는 그 교회에서 사역하지는 않았지만 그가 말해 준 말들이 며칠 동안 내 머릿속을 떠나지 않았다. 이 얼마나 멋진 평판인가! 그 뉴요커는 기독교 신앙에 관해서 거의 몰랐지만 신앙 이전에 기쁨이 가득한 교회라는 이미지가 각인됐다. 솔직히 그 교회가 우리 교회라면 좋았겠다는 생각이 들었다.

구약을 보면 하나님의 임재는 견뎌 내야 할 것이 아니라 축하해야 할 일이라는 사실을 계속해서 확인할 수 있다. 냉소적인 아내가 지켜보는 가운데 하나님 앞에서 온 힘을 다해 춤을 춘 다윗(삼하 6:14-16). 고대 근동의 코첼라 축제라고 할 만한 주요 절기들. 그분의 은혜를 기뻐 찬양하고 공표하라는 내용이 가득한 시편들. 기쁨은 하나님의 언약 백성의 중요한 특징이어야 했다.

다가오는 희년의 때를 축하하라

당신이 어린아이이고, 당신 가족이 몇 십 년 동안 힘든 시기를 보내 상황이 변하기만을 간절히 바라고 있다고 상상해 보라. 당신은 지금 좌절감과 분노에 싸여 있다. 하지만 당신 삶의 이야기는 계속해서 이렇게 절망적이지는 않을 것이다. 희년이 오고 있기 때문이다. 모든 시대에 절망 가운데서도 희망의 지평선이 보일 것이다.

"아빠, 아직도 희년이 아니야?"

"응, 하지만 3년밖에 남지 않았어."

"아빠, 아직 희년이 아니야?"

"이제 2년만 더 기다리면 돼. 걱정하지 마. 희년이 오면 온 세상이 그 사실을 알게 될 거야."

마침내 희년이 오면 이제껏 유례없는 자유와 기쁨, 축하 잔치가 있을 것이다. 용서, 회복, 보상, 수확이 있을 것이다. 하나님의 선하심 아래서 사는 것이 어떠한지를 다시 기억하게 해 줄 쉼의 한 해가 찾아올 것이다.

구속과 회복의 축하 잔치

원수의 주된 목표 하나는 언제나 하나님의 선하심에 의문을 제기하는 것이었다. 우리로 하여금 하나님을 떠나서 하나님 없이 자유와 생명을 찾을 수 있다고 믿게 만드는 것이 사탄의 목표다 (창 3:1-5). "하나님이 정말로 그렇게 말씀하셨니?"라는 말은 모든 거짓말 이면에 자리한 거짓말이다.

이 논쟁을 끝내기 위해 성부 하나님은 아들을 이 세상으로 보내 반문화로서 희년을 선포하게 하셨다. 예수님의 오심에 관한 이야기 전체는 축하라는 틀 안에서 나타난다. 천사들은 "큰 기쁨의 좋은 소식"을 가져왔다고 말했다(눅 2:10). 나중에 예수님은 사역을 시작하실 때 신학적으로 '축하하라'는 주제 안에서 그 사역을 제시하셨다.

> 예수께서 그 자라나신 곳 나사렛에 이르사 안식일에 늘 하시던 대로 회당에 들어가사 성경을 읽으려고 서시매 선지자 이사야의 글을 드리거늘 책을 펴서 이렇게 기록된 데를 찾으시니 곧 주의 성령이 내게 임하셨으니 이는 가난한 자에게 복음을 전하게 하시려고 내게 기름을 부으시고 나를 보내사 포로 된 자에게 자유를, 눈 먼 자에게 다시 보게 함을 전파하며 눌린 자를 자유롭게 하고 주의 은혜의 해를 전파하게 하려 하심이라 하였더라 책을 덮어 그 맡은 자에게 주시고 앉으시니 회당에 있는 자들이 다 주목하여 보더라 이에 예수께서 그들에게 말씀하시되 이 글이 오늘 너희 귀에 응하였느니라 하시니(눅 4:16-21).

"주의 은혜의 해를 전파하게 하려." 바로 이것이 예수님이 오신 이유다. 예수님은 단순히 한 해의 희년이 아니라 희년의 문화를 원하셨다. 그분의 사역 전체는 우리의 구속과 회복에 대한 기쁨 넘치는 축하로 정의할 수 있다. 놀랍게도 청중은 이 소식을 잘 받아들이지 않았다. 예수님은 축하의 문화를 세우기 위해 당시의 냉소주의자들과 논쟁하셔야 했다. 이 사건에서 그들은 예수님의 메시지를 받아들이기는커녕 그분을 벼랑 아래로 밀어 버리려고 했다(눅 4:28-29). 냉소의 세상 속에서 축하는 싸워서 쟁취해야 할 것이다.

이런 반응에도 불구하고 예수님은 계속해서 구속과 축하에 대한 하나님의 초대를 선포하셨다. 예수님은 냉소적인 종교에 의해 소외된 이들을 찾아 집으로 초대하셨다. 예수님의 비유들에는 이런 축하의 주제가 흐르고 있다.

누가복음 14장에서 예수님은 성대한 잔치를 열어 많은 이들을 초대하기로 한 남자에 관한 이야기를 전해 주신다(16-24절). 잔치 준비가 끝나자 그는 초대받은 사람들을 불러 모으기 위해 종들을 보낸다. 하지만 일부는 그 초대를 거절한다. 종들이 참석하지 않을 손님들의 온갖 변명을 듣고 들어온다. 어떤 사람은 밭을 사서 살피러 가야 한다고 변명한다. 어떤 사람은 최근 다섯 겨리의 소를 사서 살펴봐야 한다고 변명한다. 결혼해서 갈 수 없다는 이도 있다. 하나님의 축하 잔치를 방해한 것은 이런 일상적인 일들이었다.

종이 이 소식을 전하자 잔치의 주최자는 불같이 노한다. 하지만 그는 텅 빈 연회장에서 화를 삭이기보다는 종들을 밖으로 보내 다시 다른 손님들을 데려오게 한다. 가난한 사람에서 절뚝거리는 사람과 눈먼 사람까지 다 데려오라고 한다. 종은 주인의 명령을 다 수행한 뒤 돌아와서는 아직도 자리가 남는다고 말한다. 이에 주인은 종을 다시 길거리로 보내 아무나 보이는 대로 다 데려오게 한다. 하나님은 집이 가득 차기를, 성대한 잔치를 원하신다.

발 디딜 틈 없이 꽉 차고 흥겨운 음악이 흐르고 사람들이 함께 웃고 즐겁게 떠드는 잔칫집[파티장]에 가 본 적이 있는가? 이런 잔칫집 열기는 실로 엄청나다. 이런 잔치, 이런 삶이 얼마나 멋진가! 예수님이 사역하실 때는 사회에서 소외된 사람들이 크게 기뻐하며 잔치를 즐겼다.

누가복음의 다음 장에서 예수님은 같은 메시지를 전달하셨다. 이제 그분은 그 주제가 듣는 이들의 마음 깊이 새겨지도록 세 개 이야기를 연달아 전해 주신다.

누가복음 15장은 이렇게 시작된다.

모든 세리와 죄인들이 말씀을 들으러 가까이 나아오니
바리새인과 서기관들이 수군거려 이르되 이 사람이 죄인을
영접하고 음식을 같이 먹는다 하더라 예수께서 그들에게 이
비유로 이르시되(1-3절).

예수님은 100마리 양을 소유한 사람의 이야기를 전해 주셨다. 그중 한 마리의 양이 사라진다. 이에 주인은 99마리의 양을 들판에 놔 둔 채 잃어버린 한 마리 양을 찾아 나선다. 마침내 잃은 양을 찾은 그는 이를 크게 기뻐하며 집으로 돌아온다. "집에 와서 그 벗과 이웃을 불러 모으고 말하되 나와 함께 즐기자 나의 잃은 양을 찾아내었노라"(6절). 예수님은 이 이야기를 이렇게 마무리하셨다. "죄인 한 사람이 회개하면 하늘에서는 회개할 것 없는 의인 아흔아홉으로 말미암아 기뻐하는 것보다 더하리라"(7절).

　　이어서 예수님은 동전을 잃어버린 한 여인에 관한 이야기로 넘어가셨다. 여인은 등불을 켜서 집안을 샅샅이 뒤진다. 잃어버린 동전을 찾을 때까지 쉬지 않고 찾고 또 찾는다. 그 여인이 마침내 동전을 찾으면 호주머니에 동전을 넣은 채 아무 일도 없었던 것처럼 평소대로 살아갈까? 아니다! 그 여인은 이웃들을 불러 모아 이렇게 말한다. "나와 함께 즐기자 잃은 드라크마를 찾아내었노라"(9절).

　　이 삼부작 비유에서 세 번째는 바로 탕자 이야기다. 둘째 아들은 집을 나가 창기들과 방탕한 삶에 전 재산을 탕진하고서 가난하고 수치스러운 몰골로 집에 돌아온다. 그런데 그의 아버지는 "아직도 거리가 먼데"(20절) 아들이 오는 것을 보고 달려 나가 아들의 변명을 중도에 끊고서는 그의 귀향을 축하하기 위한 잔치를 준비한다.

그때 밭에서 일하던 첫째 아들이 돌아와 잔치 소리를 듣고 만다. 화가 난 그는 아버지에게 어디서 잔치가 열리는지를 묻는다. 그리고 책임감 있는 아들인 자신을 위해서는 왜 잔치를 열지 않느냐고 아버지에게 따진다. 하지만 아버지는 이렇게 말한다. "내 것이 다 네 것이로되"(31절). 첫째 아들은 자기 집의 문화를 깨닫지 못했다. 그는 냉소주의에 빠져 축하 잔치에 동참하지 못했다. 어느 시대나 냉소주의자들은 얼마든지 즐길 수 있는 것을 즐기지 못한다.

예수님은 하나님의 역사하심을 축하해야 한다고 말씀하셨다. 예수님은 세상 속에서 복된 소식을 전하고, 외인들을 환영하고, 잃은 자들을 회복시키고, 망가진 것을 싸매고 계신다.

자, 이제 질문이다. 이 잔치에 동참할 텐가, 아니면 핑계를 댈 텐가?

기쁨의 힘이 충분할 때

현대 과학은 뇌가 기분과 감정을 어떻게 조절하는지 계속해서 밝혀내고 있다. 과학은 특정한 행동을 반복할 때 우리 뇌가 변한다는 사실도 밝혀냈다. 포르노 시청 같은 여러 형태의 중독을 보면 이 사실을 알 수 있다. 그런데 이것이 축하의 영역에서도 작용한다는 사실을 아는가? 신경생리학자들은 뇌 발달이 대부분 어린

시절에 끝나지만 우측 안와전전두피질의 한 부분은 평생 자란다는 사실을 발견했다. 이 부분을 "기쁨 센터"(joy center)라 부른다. 한 책의 저자는 이렇게 말했다. "기쁨 센터가 충분히 발달하면 감정, 통증, 면역 모두를 조절한다. 기쁨 센터는 이성을 잃지 않게 도와준다. 또한, 기쁨 센터는 도파민과 세로토닌 같은 신경전달물질을 분비한다. 기쁨 센터는 뇌에서 식욕과 성욕, 공포, 분노 같은 주된 욕구와 감정보다 우선적으로 작용할 수 있는 유일한 부분이다."[3] '기쁨의 힘'이 충분하지 않으면 우리는 그 부족함을 채우기 위해 평생 애를 쓴다.

축하는 뇌의 이 부분을 강화해 준다. 보상이 줄어드는 탓에 점점 더 많은 양의 쾌락을 필요로 하는 쾌락주의와 달리, 축하는 기쁨 센터를 강화시켜 우리의 시각 전체를 변화시킨다. 소망은 전염성이 강하다. 감사 또한 전염된다. 그렇다면 냉소주의에 저항하고 기쁨 가득한 축하 문화를 구축하는 일을 어떻게 시작할 수 있을까?

개인적인 축하 습관

우리의 삶 속에서 먼저 개인적인 축하 습관을 기르는 일부터 시작해야 한다. 하나님의 선하심을 경험한 주요한 순간들을 기억하면 우리의 삶 전체가 다르게 보일 수 있다.

블레즈 파스칼이 구원받은 순간을 축하한 방식은 언제나 내게 큰 도전이 되었다. 1654년 11월 23일, 파스칼은 하나님을 강력하게 만났다. 그 뒤로 그의 남은 삶이 완전히 변했다. 그는 그 순간을 다음과 같이 묘사했다.

저녁 10시 30분쯤부터 자정을 30분 넘긴 시각까지.

불.

철학자들과 학자들의 하나님이 아닌, 아브라함의 하나님, 이삭의 하나님, 야곱의 하나님.
확신. 확신. 감동. 기쁨. 평안.
예수 그리스도의 하나님.
데움 메움 엣 데움 베스트룸(Deum meum et Deum vestrum)
"당신의 하나님이 내 하나님이 될 것이다."
세상에 대한 망각. 하나님을 제외한 나머지 모든 것에 대한 망각.
복음서에서 가르치는 길을 통해서만 그분을 찾을 수 있다.
인간 영혼의 위대함.
"의로우신 아버지여 세상이 아버지를 알지 못하여도 나는 아버지를 알았사옵고."
기쁨, 기쁨, 기쁨, 기쁨의 눈물.[4]

파스칼의 사후 이 글은 그의 옷에 꿰매어진 채로 발견되었다. 그렇게 그는 늘 이 글을 통해 인생의 경험들을 바라보았다.

우리도 파스칼의 본을 따라야 마땅하다. 교회력(강림절, 성탄절, 현현절, 유월절 등)이 있지만 우리 자신의 구속력(redemptive calendar)도 스스로 만들어 보는 것은 어떨까? 우리를 가장 잘 아는 사람들에게 하나님의 선하심을 선포하는 축하의 리듬을 정해 보면 어떨까? 그렇게 하면 축하가 개인적이고도 구체적인 습관으로 자리 잡는다.

최근 기도회에 참석했다가 우리 교회 성도 메건이 이렇게 말하는 것을 엿듣게 되었다. "오늘은 제 첫 번째 영적 생일이에요."

그 말이 참으로 감동적이었다. 이 얼마나 기쁨에 찬 표현인가! 누구에게나 스스로 선택하지 않은 육신의 생일이 있다. 하지만 영적 생일은 다르다. 이날은 우리가 죄 사함을 받은 날이다. 이날은 우리가 기념하고 축하하기로 스스로 선택한 날이다.

메건은 구원받은 첫 해 동안 자신의 삶이 다음과 같이 변했노라 고백했다.

내가 예수님과 동행하기 시작한 해(내가 영적으로 태어난 해!)에 그분이 내 삶에서 행하신 놀라운 일 몇 가지를 소개한다.

* 예수님은 나와 아버지의 관계를 구속하고 회복시켜 주셨다.

상처와 가혹한 말로 얼룩진 지난 날로 인해 아버지와의 관계는 소원해질 대로 소원해진 상태였다. 현재 아버지는 내게 그 누구보다도 큰 힘이 되어 주는 존재다. 우리는 성경 읽기, 기독교 팟캐스트와 찬양 듣기를 늘 함께하고 예수님이 일상 가운데 행하시는 역사하심에 관해 이야기를 나눈다. 아버지는 매주 수요일 아침에 우리 교회의 팟캐스트를 듣는다. 그래서 내가 우리 교회에서 배우는 내용을 아버지와 함께 토론할 수 있다.

* 내 삶을 향한 하나님의 계획과 공급하심이 날이 갈수록 점점 더 선명하게 보인다. 프리랜서로 일하는 동안 하나님의 손길이 더없이 분명하게 느껴진다. 내 일거리의 대부분은 1년 전만 해도 잘 몰랐던 교인들에게서 왔다. 4월에 실직했을 때 예수님을 몰랐다면 뉴욕을 분명 떠났을 것이다. 하지만 은혜로우신 하나님은 나를 사랑하시사 그분을 아는 지식이 날로 자라나도록 도와줄 수 있는 교회로 인도해 주셨다. 또한 하나님은 회사 생활로 지친 나를 회복시키고 내게 새로운 비전과 창의성을 주셨다.

* 내게 피조 세계는 하나님께로 가는 영적 통로다. 하나님은 매일 일출과 일몰, 하늘을 통해 내게 말씀하신다. 복잡한 뉴욕의 한복판에서도 하나님은 매일 어느 곳에서나 그분 사랑의 작은 증거들을 조금씩 보여 주신다. 그럴 때마다 멈춰서 그분을

찬양할 수밖에 없다.

* 내가 오랫동안 버리지 못한 죄가 있었다. 그 죄는 내 삶에서
  많은 문제와 고통을 낳았다. 내 삶에서 차지하는 그 영역을
  4월에 예수님 앞에 내려놓은 뒤 그분은 내 삶에서 모든 유혹과
  욕구를 완전히 없애고, 그분을 알고 그분과 더 많은 시간을
  보내려는 새로운 욕구를 부어 주셨다.

어느 잔칫집에 갔는데 이제껏 본 것 중 가장 기쁜 잔치가 벌어지고 있다고 상상해 보라. 산해진미가 차려져 있고, 사람들은 친절하다. 모두가 잔뜩 신이 나 있다. 주인을 찾아가 "무엇을 축하하시는 중이죠?"라고 묻는다. 그러자 주인은 "제가 그리스도인이 된지 일곱 해 되는 날을 축하하고 있답니다!"라고 대답한다. 우리가 오직 우리 삶에 나타난 하나님의 긍휼과 강력한 역사를 축하하기 위한 잔치를 연다면? 그렇게 하면 우리의 가장 냉소적인 친구들도 이런 신앙에는 끌리리라 확신한다.

공동체적 축하 훈련

리처드 포스터는 이렇게 말했다. "삶 속의 더 높은 것들로 마음이 향하는 것은 의지의 행위다. 이것이 축하가 훈련의 하나인 이유다. 축하는 머리 위로 떨어지는 감이 아니다. 축하는 생각과

삶의 길을 의식적으로 선택한 결과다. 이 길을 선택하면 그리스도 안에서의 치유와 구속이 우리 삶과 관계의 깊은 곳으로 스며든다. 그로 인한 필연적인 결과는 기쁨이다."[5]

지역 교회 공동체마다 예수님의 복음을 삶의 중심에 둘 것을 가르쳐야 한다. 우리 그리스도인은 이런 복음의 사고방식과 삶의 방식을 선택하는 법을 배워야 한다. 우리는 '정통 교리, 가난한 자들에 대한 섬김, 성경적 윤리에 대한 확신' 그 이상이라고 알려져야 한다. 우리는 축하하고 잔치를 즐길 줄 아는 이들로 알려져야 한다. 기쁨의 본능을 타고나서 현재의 순간을 즐기고 구속의 순간을 기념하는 이들로 알려져야 한다. 디저트를 주문하고, 잔을 높이 들고, 하나님의 역사를 나누고, 그분의 선하심을 축하하는 이들로 알려져야 한다.

축하하는 훈련을 하면 할수록 그것이 자연스레 우리의 본능처럼 자리를 잡는다. 우리가 은혜와 구속의 순간을 그냥 지나치지 않고 이를 기념하면 소망과 사랑의 가치가 이 냉소적인 세상 속으로 스며들어 간다.

이런 종류의 기쁨은 전염성이 크다. 한 대학교 교목은 이렇게 말했다. "헬라어 '스키르타오'는 이 기쁨을 묘사할 때 사용된다. 문자적으로 이 단어는 기뻐서 뛰노는 것을 의미한다. 이 단어는 예수님을 임신 중인 마리아가 찾아왔을 때 어머니의 배 속에서 '기뻐서 뛰놀았던' 세례 요한에 대해 사용되었다. 이 단어는 예수님이 그분을 위해 박해를 당할 제자들에게 하신 말씀에서 다시 등장한다. '그날에 기뻐하고 뛰놀라 하늘에서 너희 상이 큼이라 그들의 조상들이 선지자들에게 이와 같이 하였느니라.'"[6] 기뻐서 뛰노는 법을 배우는 이것이 얼마나 아름다운가! 당신이 바로 교회의 문화를 바꾸는 일에 앞장설 수 있다. 당신이 교회 안에서 벌어지는 하나님의 역사를 보고서 기쁨과 소망을 다른 사람들에게 전해 줄 수 있다.

얼마 전 이런 구속의 축하 자리에 참석한 적이 있다. 우리 팀은 식탁에 둘러앉아 하나님이 행하신 모든 일을 찬양하며 공표했다. 한 사람씩 하나님의 선하심에 관한 이야기를 나누었다. 우리는 배꼽이 빠져라 웃고, 감사의 눈물을 흘리고, 배가 부를 때까지 먹고 마셨다. 사람들은 섹스 중독에서 해방된 일, 정죄하는 태도를 버린 일, 가족과의 관계 회복, 직장에서의 승진, 소원해진 배우자와의 관계에서 새로운 희망을 보게 된 일을 나누었다. 우리는 식사를 마치면서 모두들 잔을 들고 외쳤다. "만왕의 왕과 그분의 나라를 위하여!" 그러자 식당 안에 있던 모든 손님과 종업원이 몸을 돌려 우리를 바라봤다. 그 순간, 그들은 우리의 기쁨에 끌렸다. 우리 이야기를 엿들은 한 종업원은 나중에 내게 이렇게 말했다. "그렇게 희망적인 분들은 처음 봤어요. 저는 하나님을 믿지 않는데도 그 모습이 너무나 좋아 보였답니다."

냉소주의는 이 나라를 죽이고 있다. 냉소주의는 우리의 마음을 파괴하고 있다. 냉소주의는 우리가 받은 이 복된 소식에서 오는 기쁨을 누리지 못하게 만들고 있다. 하지만 하나님은 냉소주의에 대한 해독제를 이미 갖고 계신다. 그 해독제는 바로 그분의 임재, 그분의 구속, 그분의 충만한 기쁨이다. 개인적으로든 공동체로서든 시간을 내서 축하를 할 때, 우리는 망가진 주변 세상에 하나님의 영광을 보여 주는 셈이다. 그것은 우리가 섬기는 하나님이 어떤 분이신지를 보여 주고 실질적 은혜를 세상에 선포하는 것이다.

"소망의 하나님이 모든 기쁨과 평강을 믿음 안에서 너희에게 충만하게 하사 성령의 능력으로 소망이 넘치게 하시기를 원하노라"(롬 15:13). 당신의 삶 속에서 축하가 넘치고 그 축하가 오늘날 세상에 가득한 냉소에 저항하게 되기를 바란다.

에필로그 epilogue

지금 자리에서

아름다운 저항을
시작하다

이른 아침이다. 나는 지하철을 탄 뒤 감기는 눈을 애써 뜨고 있기 위해 커피를 마시고 있다. 이곳은 뉴욕. 이곳 언어를 할 줄 알고, 도로 표지판을 이해하며, 내가 어디로 가고 있는지를 정확히 알 수 있는 곳. 나는 내가 목회하는 내내 머릿속을 맴돌았던 디트리히 본회퍼 인생의 또 다른 한 시절을 다시 묵상하고 있다.

1호선을 탄 나는 125번가에서 내렸다. 언덕을 올라가다가 천천히 발걸음을 멈추었다. 날씨는 따뜻했고 주변은 고요했다. 눈에 띄는 것이 별로 없었다. 역사적인 지형물 같은 건 하나도 보이지 않았다. 내가 찾는 것이 있을 것 같지 않았다. 좀 더 생각할 시간을 갖기 위해 한 식품점 앞으로 천천히 걸어갔다.

내가 거의 15년 동안 뉴욕에서 목회를 해 왔다는 사실이 믿기질 않는다. 교회를 개척하겠다는 꿈을 품고 20대에 이곳으로 건너왔다. 당시 나는 믿음과 순수한 열정, 이상주의로 충만해 있었다. 교외 대형 교회의 편안한 목회 자리를 마다하고 전 재산을 팔아 초대 교회에서처럼 다른 사람의 빚을 갚아 주고 저 밑바닥에서부터 시작할 만한 열정이 있었다(행 2:44-45).

내 목회 인생에는 가장 잔인한 순간과 가장 아름다운 순간이 뒤섞여 있다. 뉴욕에서 예수님을 따르는 동안 우리 교회와 나는 함께 웃고, 함께 울고, 서로를 향해 고함을 지르고, 용서 가운데 떡을 떼어 포도주를 마시고, 우리 가운데 나타난 하나님의 은혜에 놀라워했다. 또 어떤 순간에 우리는 비방과 오해를 당했고, 참기힘든 배신과 비난을 경험하기도 했다. 솔직히 최근에는 거의 한계에 다다랐다. 나는 하나님께 더 쉬운 소명의 길을 요청했다. 다른 곳으로 가고 싶은 마음을 억누르기 힘들었다. 덜 세속적인 곳으로, 변화가 덜한 곳으로, 예수님과 동행하는 길이 가파른 오르막길이 아닌 곳으로 가고 싶었다. 이런 생각을 하며 나도 모르게 깊은 한숨을 내쉬었다.

뉴욕에 머문 본회퍼

1930년 9월 6일, 본회퍼는 증기선을 타고 독일을 떠나 미국 뉴욕으로 향했다. 약 한 달 전, 스물네 살의 나이에 그는 두 번째 박사 논문을 제출하고 강사 자격을 얻은 뒤 베를린에서 첫 강의를 한 터였다. 그는 유니온신학교(Union Theological Seminary)에서 신학을 공부하기 위해 뉴욕으로 갔다. 이미 그는 베를린대학교(Berlin University)에서 세계 최고의 신학자들에게 배우며 박사 학위까지 소유했지만, 미국 신학은 유니온신학교에 입학해서 제대로 체험할 수 있었다. 그런데 그 경험은 예상외로 한심한 것이었다. 그는 당시 미국 교회의 실상에 깊이 실망했다.

> 뉴욕에서 그들은 사실상 모든 것을 전한다. 그런데, 딱 하나만 전하지 않는다. 그곳에서 내가 거의 듣지 못한 것은 바로 예수 그리스도의 복음이었다. …… 그렇다면 기독교 메시지의 자리를 무엇이 차지하고 있는가? 스스로를 '그리스도인'이라 부르는 진보주의 신앙에서 탄생한 도덕적 · 사회적 이상주의가 차지하고 있다. 그리스도를 믿는 성도로서의 교회의 자리는 사회적 기업으로서의 교회가 차지하고 있다. 매일, 아니 거의 매시간 행사가 벌어지는 뉴욕 교회들의 주중 프로그램을 본 적이 있는 사람이라면 …… 목사들이 비굴하게 교인 등록을 애걸하는 상황을 본 사람이라면, 그런 교회의 특성을 판단할 수 있다. ……

가끔 일어나는 내적 공허함을 해소하기 위해(또한 부분적으로는 교회의 재정을 다시 채우기 위해) 일부 교회는 가능한 1년에 한 번 정도 '부흥회'를 위해 복음을 전하는 부흥사를 부른다.[1]

본회퍼는 계속해서 이렇게 지적했다. "교회는 더 이상 하나님의 말씀을 듣고 전하는 곳이 아니라 사회적 존재로서 이런저런 목적을 위해 부차적인 혜택을 얻는 곳이다."[2]

그곳 교회는 문제가 많았지만 본회퍼는 뉴욕을 사랑했다. 그는 뼛속까지 도시인이었고, 그 도시는 온갖 흥미로운 경험을 제공했다. 그는 독일로 돌아온 뒤 자신의 교회 관리인인 막스 디스텔에게 이런 편지를 보냈다. "뉴욕을 제대로 경험해 보면 반하고 말 겁니다."[3]

본회퍼가 미국에서 제대로 된 기독교 신앙을 본 곳은 "흑인 교회들"뿐이었다.[4] 그는 극좌인 해리 에머슨 포스딕이 목회하던 진보 진영의 실세 리버사이드교회(Riverside Church)의 그림자를 피하고 싶었다. 그래서 그는 자신의 미국 흑인 친구인 앨버트 프랭클린 '프랭크' 피셔와 함께 아비시니안침례교회(Abyssinian Baptist Church)를 즐겨 찾았다. 노예의 후손인 그곳 설교자 애덤 클레이튼 파월 시니어 박사는 한때 악에 빠져 있다가 1885년에 예수님을 영접했다.

한 저자는 본회퍼의 경험을 이렇게 묘사했다. "유니온신학교에서의 탈지유로 굶주렸던 본회퍼는 [아비시니안침례교회에서] 신학적 진수성찬을 발견하고 남김없이 먹었다. 파월은 부흥사의 열정을 탁월한 지성 및 사회적 비전과 결합했다. 그는 인종주의와의 전쟁에 참여했으며 예수 그리스도의 구원하시는 능력에 관해서 거침없이 말했다. 그는 둘 중 하나만 고르라는 홉슨의 선택에 넘어가지 않았다. 그는 둘 다 있지 않으면 아무것도 없는 것이지만 둘 다 있으면 모든 것이 있는 것이라고 믿었다."[5]

본회퍼는 예배와 말씀을 즐겼다. "강의 같은 스타일의 '백인' 설교와 달리 '흑인의 그리스도'는 불타는 열정과 생생함으로 전해졌다. 흑인 영가를 들어 본 사람이라면 누구나 [그들의] 수줍고 우울한 특성과 폭발적인 기쁨의 색다른 조합을 이해한다."[6] 나중에 본회퍼는 핑켄발데의 예배에 이런 찬양을 포함시켰다. 아마 유럽에서 이런 노래가 사용된 곳은 핑켄발데가 처음일 것이다.

1931년 6월 20일, 본회퍼는 증기선을 타고 독일로 돌아왔다. 그는 할렘에서 만난 예수님과 미국 흑인 교회의 힘에 깊은 감명을 받은 상태였다. 그것이 그가 나치에 저항하고 핑켄발데의 힘과 가능성에 관한 깊은 비전을 품을 수 있었던 중요한 원동력 가운데 하나였다.

"나는 당신의 것입니다"

시계태엽을 몇 년 뒤로 감아 보자. 때는 1938년 4월, 그 달은 본회퍼에게 비극적인 달이었다. 고백교회의 일부 목사들은 직장을 잃기 싫어 총통에게 충성 서약을 했다. 본회퍼는 저항에 대해 절망을 느끼고 깊은 우울증에 빠져들기 시작했다. 얼마 있지 않아 크리스탈나흐트('수정의 밤'이라고도 한다. 1938년 11월 9일 밤, 나치 폭도들이 독일과 오스트리아의 유대인 사회를 공격한 사건)가 닥쳤다. 유대인들의 사업장이 파괴되고, 정부에 반대하는 이들은 모두 처벌되거나, 심지어 죽음의 위협을 당했다. 당황해서 어찌할 바를 모르던 본회퍼는 1939년 여름, 증기선을 타고 안전한 뉴욕 맨해튼으로 다시 갔다.

막강한 권력이 지배하는 곳에서 도대체 한 사람이 할 수 있는 게 뭐가 있을까? 하지만 그의 양심이 그를 가만 내버려 두질 않았다. 뉴욕 문화와 풍성함에 대한 이전의 호감은 이내 시들해졌다. 모든 것이 지루하고 하찮게 보였다. 참된 신앙이 필요한 고국의 상황이 온통 그의 마음을 사로잡았다. 도무지 뉴욕에 머무를 수만은 없었다. 나치하에 타협하는 교회가 가득한 한복판에서 그리스도의 복음을 위해 싸워야 했다. 독일 교회의 미래를 위해 싸워야 했다. 안위보다 명분, 안전보다 사명 쪽으로 더 마음이 기울었다. 고국으로 가서 저항해야 했다.

본회퍼는 신학자 라인홀트 니부어에게 쓴 편지에서 다음과 같이 말했다.

> 미국으로 온 것은 잘못이었습니다. 우리 국가의 이 힘든
> 시기를 독일 성도들과 함께 버텨야 합니다. 이 시기의 시련을
> 동포들과 함께 나누지 않으면 전후 독일 신앙의 재건에 참여할
> 자격이 없을 것입니다. …… 독일의 그리스도인들은 기독교
> 문명의 유지를 위해 국가의 패배를 추구하든, 국가의 승리를
> 추구함으로써 기독교 문명을 파괴하든 둘 중 하나를 선택해야
> 하는 끔찍한 상황에 처할 것입니다. 저는 둘 중 어떤 길을
> 선택해야 할지 잘 알고 있습니다. 하지만 안전한 곳에서는 이
> 선택을 할 수 없습니다.[7]

본회퍼는 고국으로 돌아갔고, 그 선택으로 결국 목숨을 잃는
다. 히틀러 암살 시도에 참여한 죄로 1943년에 투옥된 그는 감옥
에서 글을 쓰고, 다른 사람들을 위로하고, 그곳에서도 최대한 저
항했다. 1945년 4월 9일, 그는 플로센부르크수용소에서 처형당
했다. 당시 그의 나이 39세였다. 그가 처형당한 직후 수용소 수감
자들은 풀려났다.

본회퍼는 죽기 전 자신이 씨름하고 있는 주제들에 관한 시 한
편을 썼다. 하지만 마지막 문장 "나는 당신의 것입니다"는 희망을
불러일으킨다. 그는 생명이 죽음보다 강하고, 부활이 무덤보다

강하며, 하나님의 아들로서 자신의 정체성이 변절자라는 비난보다 강하다는 사실을 알았다. 그 시는 다음과 같다.

나는 누구인가? 사람들은 종종 내게 말하기를
감방에서 걸어 나오는 모습이
어찌나 차분하고 기운차고 단호한지
마치 대지주가 자기 저택에서 나오는 것 같다 한다.

나는 누구인가? 사람들은 종종 내게 말하기를
간수들과 대화하는 내 모습이
어찌나 자유롭고 친절하고 분명한지
마치 명령하는 자가 나인 것 같다 한다.

나는 누구인가? 사람들은 종종 내게 말하기를
불행한 나날을 견뎌 내는 모습이
어찌나 안정되고 미소를 잃지 않고 당당한지
승리가 익숙한 사람 같다 한다.

그들이 말하는 내가 진짜 나인가?
나 스스로 아는 내가 진짜 나인가?
새장에 갇힌 새처럼 불안하고 그립고 병든 나,

목이 졸린 것처럼 숨 쉬려고 바둥거리는 나,

빛깔과 꽃, 새소리에 주린 나,

다정한 말과 이웃간의 정에 목마른 나,

폭정과 시시한 모욕에 치를 떠는 나,

좋은 일을 학수고대하며 뒤척이는 나,

무한히 멀리 있는 벗들 생각에 무기력하게 떠는 나,

기도에도, 생각에도, 무언가 만들어 내는 일에도 지쳐 공허한 나,

한없이 나약해져 이 모든 것에 작별을 준비하는 나.

나는 누구인가? 이것이 나인가? 저것이 나인가?

오늘은 이 사람이다가 내일은 저 사람이 되는 것인가?

아니면 둘 다 나인가? 나는 남들 앞에서는 허세를 부리고

자신 앞에서는 초라하게 질질 짜는 약골인가?

내 속에 여전히 패잔병 같은 것이 남아 있어

이미 얻은 승리로부터 정신없이 도망치고 있는가?

나는 누구인가? 내 이 외로운 물음들이 나를 조롱하는구나.

내가 누구든, 오 하나님, 당신은 아시지요. 나는 당신의 것입니다.[8]

선한 능력, 아름다운 저항

당신도 현대 교회의 모습에서 다 포기하고 싶은 유혹을 느낀 적이 있을 줄 안다. 한밤중에, 계속해서 애를 쓸 필요가 있을까 하는 깊은 회의감을 느낀 적이 있을 것이다. 오해를 사고, 가슴 아파하고, 신뢰성에 타격을 입고, 희생을 하면서까지 애를 쓸 필요가 있을까?

그럴 필요가 없다는 결론을 내린 사람이 많을 것이다. 교회라는 기관을 아예 포기하고 다른 방법으로 영성을 추구하는 편을 선택한 이들도 있을 것이다. 지독한 타협으로 얼룩진 교회를 차마 보지 못하고 고개를 돌린 채 이 글을 읽고 있는가? 교회 대신 보다 쉬운 영성의 길로 빠지고 싶은 유혹이 드는가? 하지만 마음 깊은 곳에서는 더 나은 길을 갈망하고 있을 줄 안다.

헌신을 포기하면 쇄신으로 이어질 수 없다. 더 심한 냉소로 빠질 뿐이다. 하나님은 당신이 느끼는 긴장과 분노를 좋은 쪽으로 사용하실 수 있다. 개혁을 위해, 회복을 위해, 소망을 위해. 이것은 우리가 개인적으로 참여할 수 없는 우주적 차원의 일이 아니다. 이 일은 우리 마음속, 우리 삶 속, 우리가 사는 지역 안에서도 일어날 수 있다. 우리는 어둠을 몰아내고 빛을 찾기 위한 한 사람의 반문화 운동을 시작할 수 있다. 각자의 아름다운 저항을 시작할 수 있다.

우리가 무관심을 떨치고, 세상 속에서 보고 싶은 것들을 자신부터 실천하기로 결단하면 상황이 어떻게 변할까? 우리가 아름다움을 추구하고 망가짐에 저항하기로 결단하면? 예배로 우상숭배에 저항하고, 쉼으로 탈진에 저항하고, 금식으로 냉담에 저항하고, 환대로 두려움에 저항하고, 존중으로 경멸에 저항하고, 사랑으로 증오에 저항하고, 희생으로 특권에 저항하고, 축하로 냉소에 저항하기로 결단하면? 어떤 대가가 따르더라도 온전한 삶의 본을 보이기로 결단하면?

하나님은 주변에 가득한 절망 가운데서도 이런 식으로 살 사람들을 찾고 계신다. 다른 사람들에게 본을 보일 수 있는 사람들, 타협의 문화 속에서 그분을 기쁘시게 하려는 사람들을 찾고 계신다. 당신은 이 부름에 어떻게 반응하려는가?

가치 있는 싸움

내가 사는 곳으로 돌아가는 열차에 올라탔다. 이윽고 도시가 내려다보이는 옥상으로 향하는 계단을 올라갔다. 안전한 미국을 떠나 독일로 돌아간 본회퍼의 선택에 관해 깊이 생각했다. 그가 본 모든 상황의 암담함, 핑켄발데 지하 신학교의 폐교에 대한 실망감, 친구들의 타협, 눈앞의 위험. 이런 상황에서도 그는 복음을 믿었다. 그는 교회를 믿었다. 그리스도와 그분의 나라를 믿었다. 그 나라를 위해 목숨을 바칠 가치가 있다고 믿었다.

나는 그곳에 서서 한참 동안 도시를 바라보았다. 골똘히 생각하느라 딸이 등 뒤에까지 온 줄도 몰랐다. 딸은 내게 말했다. "아빠, 너무 힘들어 보이세요. 무슨 생각을 그렇게 하세요?"

나는 딸아이에게 우리 삶을 예수님께 드려야 한다고, 교회는 아름다운 곳이 될 수 있으며, 때로 상황이 힘들어지고 내 믿음이 흔들려도 끝까지 전진해야 한다고 답했다. 또 마지막으로 이렇게 덧붙였다. "무슨 생각을 하냐고? (우리 교회를 가리키며) 이걸 생각하고 있단다. (내 손으로 도시의 윤곽을 그리며) 우리는 저것에 저항해야 해."

따로 또 같이

1단계 。 각각 그날 모임에 해당하는 장을 읽고, 개인적인 준비 활동을 하라.

2단계 。 다른 사람들과 주어진 질문을 놓고 이야기를 나누라.

3단계 。 메시지를 내면화하기 위해 더 깊이 숙고하는 혼자만의 시간을 가지라.

예수의 선한 능력으로 아름다운 저항에 동참하라!

Session 1

프롤로그와 1장을
읽고

프롤로그에서는 나치 독일의 힘을 자신이 이끄는 신학교의 힘과 비교하고 더욱 강력한 제자도와 영적 형성의 필요성을 강조하는 디트리히 본회퍼 이야기를 나누었다. 본회퍼는 나치의 힘들이 하나님 백성의 충성을 빼앗으려 경쟁하기 때문에 이 힘들에 저항해야 한다고 믿었다. 요지는 오늘날 우리도 매우 비슷한 상황에 처해 있다는 것이다.

"우리는 교회가 세상의 좌파나 우파나 중도와 타협하는 시대에 산다. 그리스도인은 영향력을 점차 잃어 가고 있다. 교회를 압박하는 특정한 '히틀러'는 없지만 대신 우리의 신앙을 무너뜨리려는 수많은 힘이 존재한다. 성, 윤리, 기술, 세속적 이념, 종교, 세계화의 구조 자체가 변하면서 서구 그리스도인에게 익숙했던 기독교적 풍경은 이제 대부분 사라지고 없다."

1장에서는 이렇게 덧붙였다. "예수님이 긍휼과 은혜 위에 세우신 교회는 그분을 닮기는커녕 때로 그분과 완전히 상반된 모습까지 보였다. 유명 목사들의 스캔들, 가톨릭교회 안에서 발생한 학대, 난민 문제나 인종주의나 환경주의 같은 우리 시대 인도주의적 위기에 대한 무관심, 물질주의, 현실 안주. 이런 것들 때문에 숱한 이들이 교회를 떠났다."

암담한 현실이다. 하지만 예수님이 본래 의도하신 교회는 여전히 살아 있으며, 우리는 세상 문화의 압박에 저항하는 법을 다시 배울 수 있다.

준비하는 시간

몇 분간 당신이 즐겨 찾는 SNS, 주요 언론사 웹 사이트, 기독교 뉴스 웹 사이트를 방문해 보라. 미디어에 나오는 내용, 거기서 우리 문화와 현대 교회에 관해 하는 말들을 비판적으로 생각해 보라. 그런 웹 사이트가 제공하는 정보는 망가진 사회의 어떤 면들을 보여 주는가? 갈등과 폭력, 미움과 무례, 탐욕, 인간 생명 경시, 고통에 대한 무관심의 증거가 보이는가?

죄를 정당화하거나 세상 문화의 타락한 흐름에 동참하는 현대 교회의 상태가 어떤지 구체적으로 무엇이 보이는가?

함께 나누는 시간

1. 어릴 적 교회와 관련한 당신의 경험은 무엇인가? 성인이 되고 나서 그 경험은 어떻게 변했는가?

2. 교회와 관련해서 당신이 했던 가장 아름다운 경험은 무엇인가? 그 경험이 당신에게 어떤 영향을 미쳤는가?

3. 교회와 관련해서 가장 안타까웠던 경험은 무엇인가? 그 경험이 당신에게 어떤 영향을 미쳤는가?

4. 당신은 그 경험들에 어떻게 반응했는가?

5. 교회를 바라보는 당신의 시각은 낙관적인가, 비관적인가? 교회에 대한 기대가 높은가, 낮은가?

6. 오늘날 우리가 예수 그리스도의 충성스러운 제자로서 저항해야 할 세상의 주요한 힘들은 무엇인가?

7. 어디서 이런 힘이 작용하는 것을 볼 수 있는가?

8. 이런 힘 중 당신의 삶을 압박하는 것이 있는가?

9. 그런 상황이 당신 안에 어떤 감정을 불러일으키는가?

10. 이 책에서는 현재 교회의 망가진 모습과 전혀 어울리지 않는 교회에 대한 세 가지 성경의 비유를 소개하고 논했다. "그리스도의 신부, 하나님의 성전, 그리스도의 몸." 이중 어떤 비유가 가장 마음에 와닿고 당신에게 가장 큰 소망을 주는가? 그 이유는?

11. 교회가 세상의 해로운 흐름 속에서 어떻게 다르게 행동했으면 좋겠는가?

12. 당신이 반기독교적이고 반성경적인 세상에 대한 '새로운 저항'의 일부가 되기 위해서는 개인적으로 어떤 부분이 어떻게 달라져야 할까?

홀로 더 깊이 숙고하는 시간

당신이 다녔던 교회들을 다 나열해 보라.

그 교회들은 당신에게 어떤 도움이 되었고, 어떤 악영향을 미쳤는가? 그 교회들에서 무엇을 배웠는가?

그 교회들은 교회가 '되는' 것이 무엇을 의미하는지에 관한 당신의 생각에 어떤 영향을 미쳤는가?

당신이 지금까지 섬겼던 영적 리더 한 사람 한 사람을 생각하며 감사한 점을 하나씩 적어 보라.

그들을 위해 기도하는 시간을 가지라. 하나님이 그들을 인도하시고 보호하시며 강하게 해 달라고 기도하라. 그리고 당신이 지금 다니는 교회를 위해서 기도하라. 그 교회의 비전을 위해 기도하라. 그 교회를 참된 모습으로 보호해 달라고 기도하라. 어떻게 하면 당신이 교회와 지역 사회에서 성경의 메시지를 온전히 보여 주는 빛이 될 수 있을지 알려 달라고 기도하라.

Session 2

2장을 읽고

브루스 엘리스 벤슨은 이렇게 말했다. "우리는 우상을 만들어 숭배하나 그것들의 존재를 거의 혹은 전적으로 의식하지 못할 수 있다. 설상가상으로 우리는 특정한 우상이 가치 있고 심지어 정통적이라는 이유(때로는 정말 그럴 듯한 이유)까지 제시할 수 있다. 우리는 우상을 주로 선택적으로만 인식한다. 우리 대부분은 다른 사람들의 우상에 관해서는 매우 뛰어난 우상 탐지기를 지니고 있다. 하지만 우리 모두가 각자의 우상을 갖고 있다고 봐도 무방하다."[1]

2장에서는 우리가 오직 하나님만 차지하실 수 있는 자리에 무엇을 놓고 있는지 돌아보도록 도와주었다. 우리 문화에는 우상으로 삼고 있는 것들이 수없이 많다. 우리는 사회적 지위와 커리어, 성(性)을 비롯해 하나님 자리를 차지하고 있는 것은 뭐든 거부하는 사람들이 되어야 한다.

준비하는 시간

혼자만의 시간을 내어 당신의 마음을 살펴 달라고 하나님께 요청하라. 조용한 장소를 찾아 성령을 초대하고 말씀해 달라고 요청하라. 시편 139편 23-24절로 기도하고 자신을 하나님께 드리면서 시작하라.

하나님이여 나를 살피사 내 마음을 아시며 나를 시험하사 내 뜻을 아옵소서 내게 무슨 악한 행위가 있나 보시고 나를 영원한 길로 인도하소서.

그런 다음, 성령의 임재 가운데 다음 질문들을 생각하는 시간을 가지라. 성령께 통찰을 구하라.

무엇이 당신을 혹하게 하는가? 당신의 행성은 어떤 태양을 중심으로 돌아가는가? 당신의 삶은 무엇을 중심으로 이루어지고 있는가?

당신은 어디에서 안전, 위로, 해방, 즐거움을 찾는가? 무엇 혹은 누구를 믿는가?

당신에게는 누구의 능력이 중요한가? 당신 세상의 평안은 누구의 어깨에 놓여 있는가? 누가 당신의 세상을 더 좋게, 잘 돌아가게, 안전하게, 성공하게 할 수 있는가?

당신은 누구를 기쁘게 하려고 노력하는가? 당신에게는 누구 의견이 중요한가? 누구의 인정을 원하고 누구의 거부를 두려워하는가?

당신은 어떤 식으로 인생을 마무리하게 될까? 무엇에서 인생의 의미를 찾고 있는가?

무엇이 당신에게 가장 큰 즐거움이나 행복을 안겨 주는가? 무엇이 당신에게 가장 큰 고통이나 불행을 안겨 주는가?

무엇을 당신의 권리로 보는가? 당신은 무엇을 누릴 자격이 있다고 생각하는가?

힘든 상황에서 무엇을 의지하는가? 무엇에 관해 생각하는가? 무엇에서 탈출구를 찾는가? 무엇에게서 도망치려고 하는가?

가장 자주 생각하는 게 무엇인가? 무엇을 골똘히 생각하는가? 아침에 일어나면 당신의 마음은 본능적으로 무엇으로 향하는가?

주로 어떤 공상을 하는가? 당신에게 즐거움을 주거나 두려움을 일으키는 생각들은 무엇인가? 주로 낮에 어떤 공상을 하고 밤에 어떤 꿈을 꾸는가?

어디서 정체성을 찾는가? 자신을 어떻게 정의하는가?

함께 나누는 시간

1. 우상숭배에 빠졌던 시기가 있는가? 어떤 우상이었는가?

2. 그 우상이 당신에게 어떤 영향을 미쳤는가? 그 우상에서 어떻게 해방되었는가?

3. 당신이 몸담은 공동체에서 사람들에게 영향을 미치는 주된 '마음의 우상'은 무엇이라고 생각하는가?(53-55쪽 참고)

4. 당신이 사는 지역에서 사람들에게 영향을 미치는 주된 '문화적 우상'은 무엇이라고 생각하는가?(55-58쪽 참고)

5. 이런 우상은 우리의 정체성, 의미, 가치에 관해 어떤 거짓말을 하는가?

6. 당신이 원하는 뭔가가 우상으로 변하고 있는지 어떻게 알 수 있는가?

7. 좋은 것들(예를 들어, 가족이나 관계, 일, 사랑)이 어떻게 우상으로 변할 수 있는가?

8. 61-65쪽에서 기만, 일그러뜨림, 파괴를 통해 우리 삶에 피해를 입히는 우상들을 언급했다. 이런 피해가 당신 주변에서 문화적 우상을 통해 어떤 식으로 이루어지고 있는가?

9. 또한 이런 피해가 당신 주변에서 마음의 우상을 통해 어떤 식으로 이루어지고 있는가?

10. 우상숭배에 굴복했다가 하나님께로 돌아선 경험을 통해 무엇을 배웠는가?

홀로 더 깊이 숙고하는 시간

우상숭배에 저항하려면 그것을 알아보고 대처해야 한다. 그러기 위해 하나님의 능력과 아름다우심에 시선을 고정하는 것보다 더 좋은 방법은 없다. 하나님의 속성을 나열한 다음 리스트를 보라. 가장 마음에 와닿는 속성들을 골라 보라. 그런 다음, 이런 속성 하나하나를 놓고 하나님을 찬양하고, 모든 우상의 거짓말을 무너뜨리는 하나님의 능력을 선포하라.

1 / 무한하신 하나님: 하나님은 창조되지 않고 스스로 존재하신다

또한 그가 만물보다 먼저 계시고 만물이 그 안에 함께 섰느니라(골 1:17).

우리 주는 위대하시며 능력이 많으시며 그의 지혜가 무궁하시도다(시 147:5).

2 / 불변의 하나님: 하나님은 절대 변하시지 않는다

나 여호와는 변하지 아니하나니(말 3:6).

3 / 자족하시는 하나님: 하나님은 부족한 것이 없으시다

아버지께서 자기 속에 생명이 있음같이 아들에게도 생명을 주어 그 속에 있게 하셨고(요 5:26).

4 / 전능하신 하나님: 하나님은 모든 것을 하실 능력이 있으시다

여호와의 말씀으로 하늘이 지음이 되었으며 그 만상을 그의 입 기운으로 이루 었도다(시 33:6).

5 / 전지하신 하나님: 하나님은 모든 것을 아신다

너희는 옛적 일을 기억하라 나는 하나님이라 나 외에 다른 이가 없느니라 나는 하나님이라 나 같은 이가 없느니라 내가 시초부터 종말을 알리며 아직 이루지 아니한 일을 옛적부터 보이고 이르기를 나의 뜻이 설 것이니 내가 나의 모든 기뻐하는 것을 이루리라 하였노라(사 46:9-10).

6 / 무소부재하신 하나님: 하나님은 항상 모든 곳에 계신다

내가 주의 영을 떠나 어디로 가며 주의 앞에서 어디로 피하리이까 내가 하늘에 올라갈지라도 거기 계시며 스올에 내 자리를 펼지라도 거기 계시니이다 내가 새벽 날개를 치며 바다 끝에 가서 거주할지라도 거기서도 주의 손이 나를 인도 하시며 주의 오른손이 나를 붙드시리이다(시 139:7-10).

7 / 지혜로우신 하나님: 하나님은 완벽하고 변하지 않는 지혜로 충만하시다

깊도다 하나님의 지혜와 지식의 풍성함이여, 그의 판단은 헤아리지 못할 것이 며 그의 길은 찾지 못할 것이로다(롬 11:33).

8 / 신실하신 하나님: 하나님은 무한하고도 변함없이 참되시다

그런즉 너는 알라 오직 네 하나님 여호와는 하나님이시요 신실하신 하나님이 시라 그를 사랑하고 그의 계명을 지키는 자에게는 천 대까지 그의 언약을 이행하시며 인애를 베푸시되(신 7:9).

9 / 선하신 하나님: 하나님은 선한 뜻으로 무한하고도 변함없이 충만하시다

너희는 여호와의 선하심을 맛보아 알지어다 그에게 피하는 자는 복이 있도다
(시 34:8).

10 / 의로우신 하나님: 하나님의 모든 행위는 무한하고도 변함없이 옳다

그는 반석이시니 그가 하신 일이 완전하고 그의 모든 길이 정의롭고 진실하고
거짓이 없으신 하나님이시니 공의로우시고 바르시도다(신 32:4).

11 / 자비로우신 하나님: 하나님은 무한하고도 변함없이 긍휼히 여기시고 온유하시다

내가 긍휼히 여길 자를 긍휼히 여기고 불쌍히 여길 자를 불쌍히 여기리라 하
셨으니 그런즉 원하는 자로 말미암음도 아니요 달음박질하는 자로 말미암음
도 아니요 오직 긍휼히 여기시는 하나님으로 말미암음이니라(롬 9:15-16).

12 / 은혜로우신 하나님: 하나님은 우리를 긍휼히 여기기를 원하신다

여호와는 은혜로우시며 긍휼이 많으시며 노하기를 더디 하시며 인자하심이
크시도다(시 145:8).

13 / 사랑이신 하나님 : 하나님은 우리를 무한하고도 변함없이 사랑하신다

사랑하는 자들아 우리가 서로 사랑하자 사랑은 하나님께 속한 것이니 사랑하
는 자마다 하나님으로부터 나서 하나님을 알고 사랑하지 아니하는 자는 하나
님을 알지 못하나니 이는 하나님은 사랑이심이라(요일 4:7-8).

14 / 거룩하신 하나님: 하나님은 무한하고도 변함없이 온전하시다

거룩하다 거룩하다 거룩하다 주 하나님 곧 전능하신 이여(계 4:8).

15 / 영광의 하나님: 하나님은 무한히 아름답고 위대하시다

그의 광명이 햇빛 같고 광선이 그의 손에서 나오니 그의 권능이 그 속에 감추어졌도다(합 3:4).

Session 3

3장을
읽고

많은 사람이 스트레스를 받고 지쳐 있다. 현대 생활의 거침없는 속도 때문에 우리는 자신의 삶, 커리어, 영혼에 대한 통제력을 잃은 것 같은 기분을 느낀다. 이는 예수님의 제자로 빚어지는 우리의 영적 형성과 헌신에 큰 위협이다. 많은 사람이 마음의 깊은 갈망을 풀지 못하고 있다. 수많은 사람이 정신없는 일상의 한복판에서 하나님과 인생이라는 선물을 즐기지 못하고 있다. 안식일은 이런 상태에 대한 저항과 회복의 강력한 도구가 될 수 있다.

교회 안에 생활에 쫓겨 지친 그리스도인이 가득하면 하나님은 영광을 받지 못하시고 세상 문화 역시 새로워질 수 없다. 그런 면에서 안식일은 부담스러운 짐이 아니라 우리의 어깨를 짓누르는 세상의 압박 속에서 쉼, 올바른 시각, 기쁨, 은혜를 찾게 해 주는 귀한 선물이다.

이번 주의 활동은 안식일을 계획하고 맘껏 즐기는 것이다. 그런 다음, 하나님과 당신의 삶, 당신 자신에 관해서 무엇을 배웠는지 서로 나누라.

준비하는 시간

이번 주에 다음 네 가지 요소를 사용하여 24시간의 안식일을 계획하고 실천하라.

저항하기

내가 '일'이라고 분류하는 건 무엇인가? 그 일에 맞서는 장벽을 어떻게 만들까?

첨단 기술의 무자비한 침입에 어떻게 저항할 수 있을까?

방해받지 않도록 어떤 경계들을 정할 수 있을까?

일 생각을 하고 싶은 유혹, 어떻게 뿌리칠 수 있을까?

쉬기

안식을 어떻게 누릴 수 있을까?

* 영적 안식

* 육체적 안식

* 정서적 안식

* 지적 안식

* 사회적 안식

기억하기

어떻게 하면 피조물로서 내 한계를 인정할 수 있을까?

어떻게 하면 하나님과의 관계로 들어갈 수 있을까?

어떻게 하면 그리스도 안에서의 내 정체성에 다시 집중할 수 있을까?

어떻게 하면 사도 요한처럼 예수님의 품에서 즐거워할 수 있을까?

즐기기

어떻게 하면 하나님께 영광이 되는 방식으로 먹고 마실 수 있을까?

하나님의 영광을 위해 무엇을 보거나 읽어야 할까?

무엇이 내게 생명을 주고 내 안에 기쁨을 채우며 하나님을 찬양하게 만드는가?

성경의 어떤 진리를 즐길 수 있을까?

어떻게 하면 내 마음에 아름다움을 가득 채울 수 있을까?

함께 나누는 시간

1. 지금까지 안식일을 어떻게 실천해 왔는가?

2. 안식일은 어떤 면에서 생명을 주는가? 안식일을 실천하는 것이 어떤 면에서 어려운가?

3. 이것이 당신 자신과 당신의 현재 라이프스타일에 관해 무엇을 말해 주는가?

4. 이번 장을 읽기 전에 당신이 생각하는 안식일은 무엇이었는가?

5. 이번 장에서 배운 내용을 볼 때 성경적인 안식일과 그냥 하루를 쉬는 것은 어떤 차이가 있는가? 이런 구분이 왜 중요한가?

6. 저자는 안식일에 관한 피터 스카지로의 정의를 인용했다. "'안식일'이라는 단어는 '멈추다, 일을 그만하다'라는 뜻의 히브리어에서 왔다. 이 말은 매주의 하루 24시간 동안 일과 관련한 것은 아무것도 하지 않는 것을 의미한다. 우리의 온 삶을 '거룩하게' …… 나머지 6일과 …… '구별된' 것으로 드리는 시간이다. …… 안식일은 지금 우리에게 살아 계신 하나님을 중심으로 삶의 방향을 완전히 바꾸기 위한 또 하나의 리듬을 제공한다."[2] 이 정의에서 무엇이 특히 눈에 들어오는가?

7. 정말 솔직히 말한다면, 당신 삶의 현재 속도는 지속 가능한가? 그 이유는?

8. 당신의 삶에서 압박이 극심한 영역은 무엇인가?

9. 현재 삶의 방식이 당신을 예수님의 형상으로 빚어 가는가? 아니면 세상의 형상으로 변질시키는가? 이런 상태가 당신의 삶에서 구체적으로 어떻게 나타나고 있는가?

10. 마티티하우 체바트는 성경의 안식일이 "하나님의 주권을 받아들이는 것"을 의미한다고 말했다.[3] 어떤 면에서 안식일은 하나님께 대한 항복을 의미하는가?

11. 어떤 면에서 안식일의 실천은 제자도를 강화해 주는가?

12. 안식일의 실천은 주변 사람들에게 복음을 전하는 데 어떤 도움이 되는가?

홀로 더 깊이 숙고하는 시간

존 오트버그는 이렇게 말했다. "영적 삶을 추구하면서 바쁨과 계속해서 싸워야 한다. 많은 사람에게 큰 위험은 신앙을 버리는 것이 아니라 엉뚱한 것들에 정신을 팔며 달려가느라 평범한 신앙에 안주하게 되는 것이다. 실제로 삶을 사는 것이 아니라 삶을 띄엄띄엄 건너뛰게 되는 것이다."[4]

당신의 삶 속에서 바쁨과 싸우는 전쟁터는 어디인가?

당신의 삶 속에서 지나친 바쁨을 없애면 무엇이 그 빈 공간을 채울까?

Session 4

4장을
읽고

이번 장에서 우리는 덜 중요한 욕구들에 집착하여 우리의 영적 감각이 마비된 상황, 하나님을 향한 굶주림을 키우기 위한 금식의 힘을 살펴보았다. 본회퍼는 《나를 따르라》라는 책에서 이렇게 말했다. "육체를 만족시키면 기쁘게 기도하거나 많은 자기 부인을 요하는 섬김의 삶에 전념하기가 어렵다."[5]

금식은 오늘날 기독교 제자도에서 가장 간과되고 있는 습관 중 하나다. 문화적 분위기에서는 건강상 유익과 관련해서 금식을 자주 이야기하지만(간헐적 금식이나 디톡스 주스 등), 현대의 제자 훈련에서 금식을 이야기하는 경우는 드물게 보인다. 하지만 구약과 신약 성경 모두에서 금식은 하나님과 함께하는 주기적인 삶의 경건한 신앙 행위였다. 특히 금식은 예수님 자신의 삶과 가르침에서 중심을 차지했다.

금식은 하나님께 더 의존하게 만들고, 영적 짐을 덜게 도와주며, 우리를 회개의 자리로 이끈다. 또한 금식은 우리를 잠들게 만드는 영적 냉담을 깨뜨린다.

준비하는 시간

삶의 어떤 영역에서 변화가 필요한가? 혹은 하나님과의 더 깊은 친밀감이 필요한가? 하나님이 당신을 무엇으로 이끄시는 것 같은가? 무엇 때문에 이런 변화가 필요하게 되었는가? 이것이 당신에게 왜 중요한가?

24시간 하루 동안 금식하면서 이 영역에 관해 기도할 준비가 되었는가?

다음과 같은 단계가 도움이 될 것이다.

금식을 시작하면서

금식의 시작 시간을 정해 하나님과의 의식적인 교제 속으로 들어가라.

금식 중에

하나님의 속삭임에 귀를 기울이라. 어떤 느낌을 받았으며 깨닫게 된 통찰은 무엇인가?

당신을 공격하거나 유혹하려는 원수를 조심하라. 사탄은 예수님이 육체적으로 약해지셨을 때 공격을 감행했다. 금식 중에 당신이 무엇을 의지하고 있는지, 무엇에 정신을 팔고 있는지, 당신의 우선순위가 무엇인지, 그리고 당신 자신과 문화에 관해서 어떤 사실이 눈에 들어오는가?

금식을 마치면서

서서히 금식을 마무리하라. 금식을 마무리할 때 우리 몸은 약간의 적응하는 시간이 필요하다. 금식하면서 경험한 것을 놓고 하나님께 감사하면서 그분과 함께하는 시간을 마무리하라.

금식 과정을 돌아보면서

당신 안에 어떤 일이 벌어졌는가?

당신이 평소 무엇을 의지하는지 드러났는가? 하나님이 거기에 대해 당신에게 어떻게 말씀하셨는가?

무엇을 배웠는가?

이런 것을 공동체 안에서 다른 사람들과 나누라.

함께 나누는 시간

1. 24시간 금식 과정이 어떻게 이루어졌는가?

2. 어떤 점이 좋았는가? 또 어떤 점이 힘들었는가?

3. 금식 과정에서 당신 자신, 당신이 무엇에 초점을 맞추고 살아가는지, 당신이 음식에 얼마나 의존하는지에 관한 어떤 사실이 드러났는가?

4. 금식은 무엇이며, 그것은 다이어트와 어떻게 다른가?

5. 금식이 어떻게 냉담을 깨뜨리고 영적 굶주림을 깨우는가? 이것을 경험했는가? 그 이유는?

6. 금식에 대한 거부감이나 두려움이 있는가? 금식이 불가능하게 느껴지는 이유가 있는지 스스로를 점검하라.

7. 금식과 기도는 어떻게 오늘날 세상 속의 속된 흐름을 깨뜨릴 수 있는가?

8. 금식의 개념이 신앙에서 자제력 같은 영역에 어떤 영향을 미칠 수 있는가?

9. 금식을 주기적으로 행할 수 있겠는가? 그 이유는?

10. 어떻게 하면 금식이 율법주의로 흐르지 않고 생명을 주는 습관, 하나님과 동행하는 삶의 일부가 될 수 있을까?

홀로 더 깊이 숙고하는 시간

예수님은 냉담한 그리스도인을 묘사하시면서 그들을 '거부당하는 음식'에 비유하셨다.

> 아멘이시요 충성되고 참된 증인이시요 하나님의 창조의 근본이신 이가 이르시되 내가 네 행위를 아노니 네가 차지도 아니하고 뜨겁지도 아니하도다 네가 차든지 뜨겁든지 하기를 원하노라 네가 이같이 미지근하여 뜨겁지도 아니하고 차지도 아니하니 내 입에서 너를 토하여 버리리라(계 3:14-16).

예수님은 그들이 열정을 회복하고 그분의 부름에 응답하기를 원하셨다. 그들이 그렇게 했다면 그분과의 잔치를 기대할 수 있었으리라.

> 네가 열심을 내라 회개하라 볼지어다 내가 문 밖에 서서 두드리노니 누구든지 내 음성을 듣고 문을 열면 내가 그에게로 들어가 그와 더불어 먹고 그는 나와 더불어 먹으리라(계 3:19-20).

어떻게 금식을 실천하는 생활양식이 영적 잔치로 이어질 수 있을까?

Session 5

5장을
읽고

이번 장에서 우리는 '타자' 곧 우리에게 익숙한 집단이나 우리의 안전지대 밖에 있는 사람들을 두려워하는 인간 성향을 탐구했다. 특히 미디어가 조장하는 세상의 대립으로 인해 우리는 우리와 다른 사람들을 비인간화하고 악마화했다. 우리는 그들을 우리 삶과 세상의 위협으로 두려워한다. 이런 일은 정치권뿐 아니라 우리 자신의 마음과 삶 속에서도 벌어지고 있다. 하지만 빌립보서 2장과 요한복음 1장에서 우리는 예수님이 우리에게로 내려와 우리처럼 되신 것을 볼 수 있다. 예수님은 우리 세상으로 내려와 우리 안에 거하셨다. 그 뒤에도 예수님은 늘 다른 사람들을 삶속으로 초대해 함께 식사하고 이야기를 나누며 심지어 그분을 만지게 하셨다. 그분은 그렇게 환대를 실천하셨다. 이번 주에는 두려워하고 피하는 세상의 경향에서 벗어나 예수님처럼 다른 사람들을 찾아 나서기를 바란다. 다른 사람들을 당신의 삶속에 초대하고, 사랑과 긍휼을 품고 그들에게 다가가라.

준비하는 시간

하나님의 환대와 환영이 필요한 사람에게로 이끌어 달라고 성령께 요청하라. 평소라면 찾아가지 않을 사람을 선택하라. 당신 삶의 울타리를 넘어 애써 찾아가야 하는 사람, 큰맘 먹고 찾아가야 하는 사람. 이런 사람을 찾으려면 민감성과 지혜가 필요하다.

그를 식사 자리나 커피숍으로 초대하라. 다른 사람들에 관해 알고 우리 세상에 만연한 두려움과 적대감을 깨뜨리고 싶다고 말하라.

판단하거나 의견을 말하지 말고 그의 이야기에 귀를 기울이라. 그의 삶의 배경, 시각, 현재의 걱정거리, 현재 상황에 관한 질문을 던지라.

그를 축복하고 격려하며 그의 이야기를 존중하라. 음식 값을 지불하고, 그에게 시간을 내주어 감사하다고 말하라.

이후 혼자 시간을 내서 그를 위해 기도하고, 그와 함께한 시간에 관해서 하나님이 밝혀 주신 것을 돌아보라.

함께 나누는 시간

1. 이번 주에 환대를 실천하기 위해 누구와 음식 혹은 커피를 나누었는가?

2. 그 사람을 왜 선택했는가? 어떤 일이 있었는가?

3. 그와 함께한 시간의 좋은 점은 무엇이었는가? 힘든 점은 무엇이었는가?

4. 당신 자신, 당신이 사귀는 친구들의 유형, 당신과 다른 사람들을 보는 당신의 시각에 대해 무엇을 배웠는가?

5. 타자에 대한 미국 문화의 경향은 제거하고 동화시키고 지배하고 악마화하는 것으로 정리할 수 있다(132-135쪽). 당신이 사는 지역 어느 곳에서 이런 경향을 보았는가?

6. 당신의 마음속에서 이런 일이 일어나고 있다는 징후가 있는가? 그것을 고백할 믿음과 용기가 있는가?

7. '환대'는 '낯선 이에 대한 사랑'을 의미한다. 예수님은 이 사랑의 본을 어떻게 보여 주셨는가?

8. 오늘날 우리 세상에서는 이런 환대를 실천하기가 왜 그토록 어려운가?

9. 5장에서는 환대를 통해 두려움을 극복하는 하나의 틀을 제시했다. "환영하는 환경 + 정체성 변화 = 새로운 인류." 이 틀에서 무엇이 특히 눈에 띄는가?

10. 우리의 마음과 집을 여는 것이 왜 두려움을 없애기 위한 좋은 첫 단계인가?

11. 데렉 블랙과 매튜 스티븐슨 이야기가 어떤 면에서 유익했는가? 지금 하나님이 당신에게 다가가라고 촉구하고 계신 사람이 있는가?

홀로 더 깊이 숙고하는 시간

팀 체스터는 《예수님이 차려주신 밥상》이란 책에서 이렇게 말했다.

> 신약이 "인자는 _____을 위해 오셨다"를 완성하는 방식은 세 가지다. "인자
> 가 온 것은 섬김을 받으려 함이 아니라 도리어 섬기려 하고 자기 목숨을 많은
> 사람의 대속물로 주려 함이니라 …… 인자가 온 것은 잃어버린 자를 찾아 구원
> 하려 함이니라 …… 인자는 와서 먹고 마시매"(마 20:28; 막 10:45; 눅 19:10; 7:34).
>
> 앞의 둘은 목적의 진술이다. 예수님은 '왜' 오셨는가? 예수님은 섬기고, 대속물
> 로 자기 목숨을 내주고, 잃어버린 자를 찾아 구원하기 위해 오셨다. 세 번째는
> 방식의 진술이다. 예수님은 그 목적을 '어떻게' 이루셨는가? 예수님은 와서 먹
> 고 마셨다.[6]

환대에 초점을 맞추면 당신의 '사명'과 '방식'이 어떻게 바뀔지 잠시 생각하고 기도
하라. 결혼해서 장성한 자녀가 있다면 어떻게 하면 다른 사람들을 환대하는 가족이
될지 토론하라.

Session 6

6장을
읽고

성경은 "서로 우애하고 존경하기를 서로 먼저 하며"라고 명령한다(롬 12:10). 경멸이 가득한 우리 세상에서는 실로 낯선 개념이 아닐 수 없다! 경멸은 우월감을 낳고, 다른 사람들을 폄하하고, 우리 가운데서 하나님의 역사를 방해하기 때문에 예수님의 제자들에게 실로 위험하다. 우리가 다른 사람들을 경멸하면 대부분은 고개를 갸웃거린다. 하지만 경멸은 우리가 곧바로 인식하지 못하는 다양한 모습으로 나타난다. 6장에서는 '뜨거운 미움'과 '차가운 미움'이라는 아서 브룩스의 개념을 논했다. 브룩스는 뜨거운 미움이 분노에서 비롯한 반면, 차가운 미움은 경멸에서 비롯한다고 주장한다. 그는 이렇게 말한다. "차가운 미움은 뜨거운 미움만큼이나 해로울 수 있다. 사회 심리학자이자 관계 전문가인 존 가트맨은 대화를 조금만 들어 봐도 부부가 이혼할지 말지를 94퍼센트 정확하게 예측해서 세상을 놀라게 했다. 이혼에 대한 가장 심각한 위기 징후는 경멸, 빈정거림, 비웃음, 적대적인 유머 같은 것들이다. …… 의견 차이가 있는 건 정상적이지만 경멸의 반응은 치명적일 수 있다."[7]

이번 시간에는 존중이라는 성경적 가치로 어떻게 이 치명적인 경멸을 극복할지 살펴볼 것이다. 천국의 운영 시스템인 존중을 우리의 삶, 우리 지역사회, 문화 전체에 불어넣을 방안을 모색해 볼 것이다.

준비하는 시간

이번 주에 누구를 존중해 줄 수 있을지 성령께 여쭈라. 또한 그 사람에게 꼭 필요한 말이나 그에 관한 통찰을 알려 달라고 요청하라.

6장에서 설명한 존중의 렌즈를 사용하여 그 사람의 가치를 인정해 주는 편지를 쓰라. 직접 만나서 쓴 내용을 읽어 줘도 좋다.

그의 '사연'을 존중하라. 즉 다른 사람들이 간과해 온 그의 인생 속 순간들을 존중하라. 그가 지나 온 삶을 존중해 주고 그의 인생 여정에서 독특하고도 중요한 면을 인정해 주라.

그의 '소명'을 존중하라. 하나님이 그에게 주신 잠재력과 그분 나라의 비전을 알아보고 인정해 주라. 그에게서 가능성을 이끌어 내라.

그의 '희생'을 존중하라. 그의 삶 속에서 다른 사람들이 간과해 온 크고 작은 희생의 순간들을 생각하라. 그가 다른 사람들을 위해 의무 이상으로 노력했던 순간, 그가 예수님을 따라 정직하게 살기 위해 고난을 참아 낸 순간, 그가 신자라면 그가 소명을 따르기 위해서 혹은 맡은 책임을 온전히 감당하기 위해 어떤 대가를 치러야 했는지 알아내서 인정해 주라.

그의 '은사'를 존중하라. 그가 어떤 영적 은사나 타고난 은사, 갈고 다듬은 은사를 사용하여 당신에게 도움을 주었는가? 고마움을 구체적으로 표현하라.

그의 '미래'를 상기시켜 주라. 하나님이 그를 어디로 이끄시는 것 같은가? 1년, 5년, 10년 뒤에 그는 어떤 모습일까? 과거에 그의 삶 속에서 하나님이 어떻게 신실하게 행해 주셨는지를 상기시켜 주라. 그리고 하나님이 그를 위해 어떤 미래를 예비하셨다고 생각하는가? 그에게 그 미래에 관해 말해 주라.

격려에는 말할 수 없이 큰 힘이 있다. 오늘날 우리가 다른 사람들에게 듣는 말은 주로 비판의 말이다. 하지만 존중은 희망을 회복시키고, 낙심을 극복하고, 미래를 향해 나아가게 해 준다. 이것을 대수롭지 않게 여기지 말라. 하나님이 어떤 일을 행하실지 아무도 알 수 없다.

함께 나누는 시간

1. 이번 주에 누구를 존중해 주었는가?

2. 왜 그 사람을 선택했는가?

3. 그 사람에게 편지를 쓰거나 그 사람을 만났을 때 마음속에서 어떤 일이 벌어졌는가?

4. 그 과정에서 존중의 힘과 누군가를 존중하는 것에 관해 무엇을 배웠는가?

5. 이번 주에 성령이 당신에게 존중을 표현하라고 마음 주시는 또 다른 사람이 있는가?

6. 이번 주에 경멸에 관해 배운 것으로 볼 때 당신이 사는 지역 어디에서 경멸이 가장 극심하게 나타나고 있는가?

7. 교회의 어느 부분에서 경멸이 가장 극심하게 나타나고 있는가?

8. 당신은 주로 누구 혹은 무엇에 대한 경멸을 표출하는가?

9. 세상의 경멸은 때로 교회 안에 침투할 수 있다. 6장에서는 교회 안에서 경멸이 나타나는 여러 가지 모습을 다루었다. 약속하신 일을 행하실 수 있는 하나님의 능력에 대한 경멸(이스라엘 자손들이 약속의 땅에 들어가지 못한 이유), 성령의 역사에 대한 경멸(그분을 근심하게 하거나 그분의 은사나 사역을 대수롭지 않게 여기는 것), 예수님의 사역에 대한 경멸(예수님이 자신의 정체성에 관해서 하신 말씀을 믿지 않거나 그분께 너무 익숙해져서 감격을 잃어버리는 것). 하나님을 이런 식으로 대하는 죄를 범한 적이 있는가? 왜 그렇게 되었는가?

10. 이런 상황에서 어떻게 벗어났는가?

11. 존중의 렌즈의 다섯 가지 영역(다른 사람들의 사연, 소명, 희생, 은사, 미래를 존중하는 것) 중에서 당신에게는 어떤 영역이 가장 쉬운가? 어떤 영역이 가장 어려운가? 그 이유는?

당신이 누군가를 경멸하지 않았는지 깊이 돌아보고 하나님께 당신의 마음을 바꿔 달라고 요청하라. 그러고 나서 그 사람을 축복하는 기도를 드리라.

홀로 더 깊이 숙고하는 시간

존중을 언급하는 성경 말씀을 소개한다. 이 구절을 묵상하고 기도하면서 하나님이 누구에게 다가가 존중을 표하라고 마음을 주시는지 보라.

* **존중(honor)은 우리의 운명이다.** 요한계시록 7장 9-17절은 열국이 하나님의 보좌 앞에 모여 하나님께 합당한 모든 찬송과 영광과 존귀를 어린양께 돌리게 될 것이라고 말한다.

* **존중(공경)은 삼위일체의 관계적 틀이다.** 요한복음 5장 22-23절은 성부를 공경하듯 성자를 공경하라고 명령한다. 삼위일체는 서로 존중 속에서 관계를 맺고 계신다.

* **모든 피조물은 하나님을 존중(존경)한다.** 이사야 43장 20-21절은 심지어 들짐승들도 하나님의 공급하심으로 인해 그분을 존경한다고 말한다. 자연이 말을 할 줄 안다면 창조주의 위대하심에 대한 존경을 표현할 것이다.

* **인간의 모든 문화가 하나님을 존중(공경)할 것이다.** 이사야 60장 9절은 인간의 망가진 문화가 구속되고 하나님 나라에 귀속될 것이라고 말한다.

* **우리는 성(性)으로 하나님을 존중하도록(영광을 돌리도록) 부름받았다.** 고린도전서 6장 18-20절은 우리가 우리 자신이 아닌 하나님께 속했으니 우리 몸으로 그분께 영광을 돌려야 한다고 말한다.

* **우리는 재산으로 하나님을 존중(공경)하도록 부름받았다.** 잠언 3장 9-10절은 하나님을 먼저 공경하면 복과 공급하심을 받는다고 말한다. 우리는 공급의 원천이신 하나님을 공경해야 한다.

* **우리는 결혼 생활 안에서 하나님을 존중하도록 부름받았다.** 베드로전서 3장 7절은 남편이 아내를 귀히 여기지 않으면 그의 기도가 막힌다고 말한다. 결혼은 존중 위에 세워져야 한다.

* **가정에서 존중(공경)이 중요하다.** 에베소서 6장 1-3절은 자녀에게 부모를 공경하라고 명령하고 그에 대한 복을 약속한다. 자녀는 집에서 부모의 가치와 기여를 인정해야 한다.

* **우리는 사회에서 하나님을 존중하도록 부름받았다.** 로마서 13장 1-7절은 우리가 하나님이 정해 주신 권위를 존중해야 한다고 말한다. 존중은 문화를 번영하게 만든다.

* **존중(존경)은 교회의 문화가 되어야 한다.** 디모데전서 5장 17절은 자신의 일을 잘 감당하는 리더들이 갑절의 존경을 받아 마땅하다고 말한다. 성경에서 갑절의 존경이 언급된 것은 이 구절이 유일하다. 교인들은 리더를 존경해야 한다.

* **우리는 서로를 존중(존경)하도록 부름받았다.** 로마서 12장 10절은 "서로 우애하고 존경하기를 서로 먼저" 하라고 말한다. 하나님의 백성은 서로를 존경으로 대해야 한다.

Session 7

7장을
읽고

7장에서 우리는 증오에 저항하는 사랑이라는 깊고도 힘든 주제를 탐구했다. 사랑
으로 증오에 저항하는 것은 말은 쉽지만 실천하기는 극도로 힘들다. 원수를 사랑하
는 것은 예수님 제자들의 중요한 특징이다. 이런 사랑은 예수님 없이는 불가능하기
때문이다. 원수 사랑은 하나님만이 우리 마음속에서 행해 주실 수 있는 초자연적
역사다. 아우구스티누스는 이렇게 말했다. "많은 사람이 다른 쪽 뺨을 대는 법을 배
웠지만 자신을 때린 사람을 사랑하는 법은 모른다."[8]

준비하는 시간

모든 원수 사랑은 그에 대한 용서에서 비롯한다. 성령께 당신의 마음을 살펴 남은 원망이 있는지 살펴 달라고 요청하라. 마음을 열고 성령께 도움을 요청하면서 용서의 5단계 과정을 밟으라.

파악하라

상대방이 당신에게 입힌 손해를 나열하라. 솔직하고 구체적으로 파악하되 속 좁게 굴지는 말라. 마음속 갈등이나 저항을 무시하지 말라.

기억하라

당신 마음의 동기를 점검하라. 교만이나 원망, 복수심이 조금이라도 있는가? 그것들을 하나님 앞에 내려놓고 마음의 그 자리로 그분을 초대하라.

시간을 내서 당신 자신의 죄와 망가짐, 그리고 십자가를 묵상하라. 하나님이 어떤 식으로 당신에게 긍휼을 베풀어 주셨는가? 당신의 어떤 죄를 용서해 주셨는가?

상대방이 당신에게 해를 끼친 일만이 아니라 그의 삶의 배경을 기억하라. 그에게 일어난 어떤 일이 그가 당신에게 그런 짓을 저지르는 데 하나의 요인으로 작용했을까?

풀어 주라

상대방을 빚에서 풀어 주라. 의식적으로 그를 용서하고 마음속에서 무죄를 선언하라. 하나님께 그 사람을 사랑하고 그분의 눈으로 그를 볼 힘을 달라고 간청하라.

아래 대본을 활용해도 좋다.

> 아버지, _____을(를) 용서하지 못한 저를 용서해 주옵소서. 그를 용서할 힘을 주옵소서. 그를 내 마음속 원망의 감옥에서 풀어 줄 수 있게 해 주옵소서. 그를 용서합니다. 예수님의 이름으로 기도합니다. 아멘.

결단하라

"평안의 매는 줄로 성령이 하나 되게 하신 것을 힘써 지키"기로 결단하라(엡 4:3).
상처를 과거로 돌리고 다시는 꺼내지 않기로 결단하라.

이 사람에게 어떻게 '사랑을 보여 줄' 수 있을까?

이 사람에게 어떻게 '잘해 줄' 수 있을까?

이 사람을 어떻게 '도와줄' 수 있을까?

이 사람을 위해서 어떻게 '기도할' 수 있을까?

기뻐하라

십자가의 치유의 능력을 기뻐하라. 이 장애물을 딛고 원수 사랑까지 나아가게 된 것을 기뻐하라. 이것이 작은 일처럼 보일지 모르지만 증오와 원망, 폭력의 악순환은 이런 작은 승리를 통해 깨진다. 누군가가 증오의 흐름을 뒤엎고 있다. 당신 삶에서 증오의 짐이 떨어져 나간 것에 기뻐하라. 당신의 성품이 점점 그리스도를 닮아 가고 있다는 사실에 기뻐하라.

함께 나누는 시간

1. 원수 사랑은 쉽지 않다. 우리에게 깊은 상처를 준 사람을 용서하는 것은 고통스럽지만 하나님의 은혜로는 가능하다. 이번 주에 우리는 원수 사랑을 향한 첫 걸음으로 용서를 실천했다. 어떤 계기로 원수를 용서할 마음이 생겼는가?

2. 이 용서의 어려운 점은 무엇이었는가? 이렇게 용서하고 나니 어떤 면에서 후련했는가?

3. 혹시 하나님이 이 사람과의 관계와 관련해서 다음 단계를 밟으라고 명령하고 계신가?

4. 어릴 시절, 당신 삶에서 첫 번째 원수라고 할 만한 사람은 누구인가? 그와의 갈등이 나머지 인생을 바라보는 당신 시각에 어떤 영향을 미쳤는가?

5. 181-183쪽에서 저자는 시민들이 스스로 원수라고 생각하는 이들을 향해 소리를 지르며 분노를 표출하는 소설 《1984》의 한 장면을 언급했다. 어떤 면에서 미디어가 당신의 마음속에 분노와 증오를 불어넣고 있는가? 예를 들어 보겠는가?

6. 자신을 공격한 백인 우월주의자를 보호하고 안아 준 킹 박사의 이야기는 우리가 원수를 어떻게 사랑해야 할지를 보여 주는 선지자적 사건이라고 할 수 있다 (194-195쪽 참고). 이와 비슷한 상황에 처해 본 적이 있는가? 혹은 이와 비슷하게 반응해 본 적이 있는가? 누가 당신의 원수였으며 어떤 일이 일어났는가?

7. 어떤 면에서 이것이 우리에게 십자가를 보여 주는가?

8. 원수 사랑은 기독교 초기 300년간 교회의 결정적 특징 가운데 하나였다. 오늘날 우리의 메시지가 변한 데는 어떤 힘들이 작용하고 있다고 생각하는가?

9. 자동차 사고와 이후 용서에 관한 이야기(195-197쪽)를 읽고 나서 갈등이 가득한 오늘날의 세상 속에서 원수 사랑의 작은 행동을 보여 주고 싶은 마음이 들었는가? 어떻게 해서 그런 마음이 들었는가?

지역 사회에서 원수로 여겨지는 이들을 위해 함께 기도하는 시간을 가지라. 그런 다음, 이번 주에 그들을 돕고 그들을 선대할 구체적 방안에 관해서 토론하라.

홀로 더 깊이 숙고하는 시간

다음 말씀을 읽고 묵상하라. 어떤 구절이 마음에 와닿는가? 그 이유는? 하나님이 당신에게 무엇을 하라고 촉구하고 계시는가?

또 네 이웃을 사랑하고 네 원수를 미워하라 하였다는 것을 너희가 들었으나 나는 너희에게 이르노니 너희 원수를 사랑하며 너희를 박해하는 자를 위하여 기도하라 이같이 한즉 하늘에 계신 너희 아버지의 아들이 되리니 이는 하나님이 그 해를 악인과 선인에게 비추시며 비를 의로운 자와 불의한 자에게 내려주심이라 너희가 너희를 사랑하는 자를 사랑하면 무슨 상이 있으리요 세리도 이같이 아니하느냐 또 너희가 너희 형제에게만 문안하면 남보다 더하는 것이 무엇이냐 이방인들도 이같이 아니하느냐 그러므로 하늘에 계신 너희 아버지의 온전하심과 같이 너희도 온전하라(마 5:43-48).

이 구절은 우리 신앙의 '일부'가 아니라 우리 신앙의 '심장부'다. 프레스톤 스프링클은 다음과 같이 말했다.

"원수를 사랑하라"라는 예수님의 명령은 초대 교회에서 가장 유명한 구절이었다. 그 명령은 기독교의 처음 300년 역사 동안 열 명의 저자들에 의해 스물다섯 곳에서 인용되었다. 그래서 이것은 초대 그리스도인 사이에서 단연 가장 사랑받는 명령이었다. 마태복음 5장 44절은 소위 초대 교회의 요한복음 3장 16절이었다. 원수 사랑은 기독교 신앙의 트레이드마크였다. 다른 종교도 자신들의 이웃을 사랑해야 한다고 가르쳤다. 심지어 다른 종교도 자신에게 잘못한 사람을 용서하라고 가르쳤다. 하지만 원수를 사랑까지 한다? 오직 예수님과 그분의 제자들만이 그 정도의 사랑을 실천했다. 그것은 우리를 향한 하나님의 사랑이 그와 같기 때문이다. "우리가 원수 되었을 때에" 그리스도는 우리를 사랑하셨다.[9]

Session 8

●●●

8장을
읽고

8장에서 우리는 우리 시대에 많은 논쟁을 불러일으키는 주제를 살펴보았다. 그 주제는 바로 특권이다. 특권이란 개념은 많은 논쟁을 불러오지만 우리 모두는 우리가 스스로 얻지 않은 문화적 이점을 어느 정도 물려받았다는 점을 인정한다. 그리스도의 제자로서 우리는 이런 특권으로 무엇을 해야 할까? 우리에게 특권이 있다는 현실을 인정하고 그것을 즐겨야 할까? 죄책감과 수치심을 느껴야 할까?

둘 다 아니다. 우리는 특권을 이기적으로 즐기지 말고 다른 사람들을 위한 희생적 섬김에 특권을 사용하도록 부름받았다. 이것은 세상이 교회로부터 간절히 바라는 자세이며, 하나님이 그 아들의 제자라고 주장하는 이들에게서 찾는 자세다. 세상이 우리에게 특권을 희생적으로 사용하는 것을 요구하지 않는 상황에서도 자발적으로 그렇게 할 때 우리는 세상에 하나님의 사랑을 보여 준다. 앤디 크라우치는 이렇게 말했다. "우리가 세상을 가장 크게 변화시킬 때는 당연히 권위를 휘두를 것 같은 상황에서 오히려 자신을 완전히 비울 때다."[10]

준비하는 시간

당신의 삶 속이나 주변에서 당신보다 특권이 적은 사람을 찾으라. 선입견을 벗어던지고 적절한 사람을 찾을 수 있도록, 또한 그 사람에게 자신이 구원자인 것처럼 굴지 않도록 성령의 인도하심을 구하라. 그 사람을 남몰래 돕거나 섬길 방법을 찾으라. 최대한 의미 있고 상대방에게 실질적 도움이 될 방법을 찾으라. 힘의 역학이 나타나거나 자신도 모르게 생색내지 않도록 남몰래 돕는 편이 가장 좋다.

누구를 희생적으로 섬기고 싶은가?

그 사람을 섬기고 돕기 위해 무엇을 할 것인가?

어떻게 하면 이것이 의미 있는 희생이 될까?

더없이 망가진 세상에서는 이런 작은 행위가 하찮고 무의미해 보이기 쉽다. 하지만 작게라도 시작해야 한다. 작은 행위를 큰 의도로 하면 우리의 본능과 습관이 바뀌고, 점차 우리의 삶 전체가 변한다.

정교수가 되겠다는 목표로 오랫동안 공부하고 결국 박사 학위를 딴 친구가 생각난다. 수년간 공부한 끝에 마침내 그는 정교수 자리를 놓고 경쟁할 수 있게 되었다. 다른 교수인 소수민족 여성도 그 자리를 놓고 경쟁하고 있었다. 집안에서 처음으로 박사 학위를 딴 그 여성은 재능이 매우 탁월했다. 내 친구는 그 여성이 교수가 되면 누구보다 잘 해낼 줄 알았다. 그래서 그는 그 여성을 정교수로 추천했다. 그는 자신의 학문적 꿈에 큰 차질이 빚어지는 것을 알면서도 기쁨으로 양보했다.

그의 말은 내게 깊은 감명을 주었다. "나는 세계 최고 대학에서 높은 학위를 받은 백인 남성이네. 그래서 더 좋은 기회가 얼마든지 찾아올 거야. 하지만 이 여성이 이 일을 하면 정말 잘 해낼 것이고 그녀의 집안에도 큰 희망을 줄 수 있네. 그녀의 뒤를 따라오는 이들에게도 큰 힘이 될 거고. 예수님의 제자로서 그런 일에 참여할 수 있는 것이 얼마나 기쁜지 모르네."

이는 그가 작은 희생을 오랫동안 꾸준히 실천해 온 결과였다. 그는 늘 사랑과 격려를 생각하고 실천해 왔기에 이런 순간을 위한 준비가 되어 있었다.

함께 나누는 시간

1. 저자가 자신에게 특권이 있음을 처음 깨달았던 순간에 관한 이야기로 8장의 포문을 열었다. 그는 호주에서 온 덕분에 이민귀화국에서 줄 맨 앞으로 이동할 수 있었다(204-205쪽 참고). 이렇게 자신의 특권을 실감했던 적이 있는가? 어떤 상황이었는가? 기분이 어떠했는가?

2. 8장에서는 '특권'을 이렇게 정의했다. "스스로의 노력이 아니라 사회적 소속을 통해 일부 사람들만 누릴 수 있는, 자원들에 대한 접근 권리(사회적 권력). 한 사회 집단이 다른 모든 집단의 평범한 이점을 초월해서 누리는 이점이나 면책권."[11] 이 정의에서 무엇에 특히 눈에 들어오는가? 이 정의에 동의하는가, 동의하지 않는가? 그 이유는?

3. 오늘날 당신이 사는 지역의 어느 영역에서 특권을 볼 수 있는가?

4. 212-213쪽에서는 특권에 관한 논의에서 두 가지 흔한 반응을 언급했다. 하나는 방어적인 태도("나는 특권이 없어. 내가 가진 모든 것은 노력으로 얻은 거야"), 다른 하나는 개인적인 책임을 강조하는 모습이다("희생자인 것처럼 굴지 말고 자신의 힘으로 일어서").

5. 8장에서는 게임 이론과 십자가 복음에 관한 이야기를 했다(215-221쪽). (1) 내가 이기고 당신은 진다. (2) 윈윈(win-win). (3) 내가 희생하고 당신이 이긴다. 삶의 틀로서 '내가 이기고 당신은 진다'는 왜 복음과 양립할 수 없는가?

6. 어떤 면에서 '윈윈'이 복음에 대한 피상적 반응인가?

7. 예수님의 삶 속에 '내가 희생하고 당신이 이긴다'가 어떤 식으로 나타나는가?

8. 당신의 삶 속에서 이 틀을 받아들이려면 무엇이 필요한가?

9. 마음의 범위를 넓히는 것은 특권이 적은 사람들을 돌보는 열쇠 중 하나다. 더 많은 사람을 돌보기 위해 마음을 넓히기 위한 실질적 방법에는 무엇이 있을까?

10. 다음 영역에서 특권을 어떤 식으로 다른 사람들을 위해 사용할 수 있을까?
    * 시간과 여유

    * 교육과 배움

* 재정

* 건강

* 물적 자산, 집

* 이동성

마음속에서 특권 의식을 몰아내고 대신 연민, 섬김, 희생정신을 가득 채워 달라고 기도하는 시간을 가지라.

홀로 더 깊이 숙고하는 시간
빌립보서 2장 1-8절을 묵상하며 기도하라.

그리스도 안에 무슨 권면이나 사랑의 무슨 위로나 성령의 무슨 교제나 긍휼이나 자비가 있거든 마음을 같이하여 같은 사랑을 가지고 뜻을 합하며 한마음을 품어 아무 일에든지 다툼이나 허영으로 하지 말고 오직 겸손한 마음으로 각각 자기보다 남을 낫게 여기고 각각 자기 일을 돌볼뿐더러 또한 각각 다른 사람들의 일을 돌보아 나의 기쁨을 충만하게 하라 너희 안에 이 마음을 품으라 곧 그리스도 예수의 마음이니 그는 근본 하나님의 본체시나 하나님과 동등됨을 취할 것으로 여기지 아니하시고 오히려 자기를 비워 종의 형체를 가지사 사람들과 같이 되셨고 사람의 모양으로 나타나사 자기를 낮추시고 죽기까지 복종하셨으니 곧 십자가에 죽으심이라.

어떤 단어나 어구가 특별히 눈에 들어오는가?

이 말씀에서 무엇이 가장 실천하기 힘든가?

이 말씀의 의미를 생각할 때 누가 머릿속에 떠오르는가?

이 말씀이 당신 안에서 예수님을 향한 사랑을 일으키는가?

하나님이 주변 사람들을 희생적으로 섬길 마음을 주시는가?

이번 주에 희생적인 섬김을 위해 어떤 단계를 밟을 것인가?

Session 9

●●●

9장과 에필로그를
읽고

브라질의 카니발, 뉴올리언스의 마르디 그라, 독일 뮌헨의 옥토버페스트, 이탈리아 베네치아의 카니발 같은 행사를 생각하면 무엇이 머릿속에 떠오르는가?

하나님, 예수님, 교회, 기독교 같은 단어를 들으면 무엇이 머릿속에 가장 먼저 떠오르는가?

예로부터 그리스도인들은 축하할 줄 아는 사람들이 아니라 세상에서 기쁨과 축하를 없애려고 하는 분노하고 모질고 비판적인 사람들로 알려져 왔다. 교회는 즐거움이나 축하 잔치에 반대하는 집단이라고 취급받고 있다. 실제로 요즘 교회 문화는 효율성이라는 명목하에 의미와 경이, 감사의 순간이 빠져 버려 무미건조해져 있다. 우리는 주변 세상 속에서 하나님 역사의 아름다움과 영광을 좀처럼 눈여겨보지 않는다. 심지어 우리 자신의 삶 속에서도 마찬가지다. 왜 우리는 예수님이 우리에게 약속해 주신 기쁨을 세상에 보여 주지 않는 걸까?

오늘날 우리 세상 속에서 예수님을 잘 보여 주려면 축하하기는 부차적 문제가 아니라 중심적인 문제다. 우리는 예수님의 파격적이고 초월적 기쁨을 받아들여야 한다. 우리는 늘 거룩한 경이감을 품고 살아가야 한다. 그럴 때 우리는 유혹을 거부하고, 하나님을 기뻐하며, 세상이 우리가 전하는 복된 소식을 받아들이도록 초대할 수 있다. 존 오트버그의 말처럼 "죄가 더 이상 매력적으로 느껴지지 않게 우리 삶을 정돈해야 한다."[12]

준비하는 시간

구약에서 하나님의 백성들은 삶 속의 굵직한 사건들과 하나님의 역사를 기념하기 위한 구속력(redemptive calendar)을 받았다. 이 절기들은 주변 세상의 압박과 요구가 아니라 하나님의 역사를 중심으로 삶을 정돈하기 위한 방법이 되었다.

이 전통에 따라 우리 모두는 각자의 구속 이야기를 갖고 있다. 우리 모두의 삶에는 하나님의 역사를 경험한 영적 순간들이 있다. 우리는 이런 순간을 기억하고 기려야 한다.

종이 한 장에 당신 삶의 개인적인 연대표를 그리고 나서 하나님이 당신에게 은혜롭고 신실하게 역사해 주신 일들을 기억해 보라. 주요한 사건들을 일어난 날짜와 함께 기록해 보라.

이런 사건이 왜 그토록 의미가 있었는가?

이런 사건에서 어떻게 하나님의 역사를 느꼈는가?

이런 사건에서 하나님의 성품에 관한 무엇을 배웠는가?

이런 사건은 당신 삶에 어떤 영향을 미쳤는가?

이런 사건은 왜 두고두고 축하하고 기념할 만한 가치가 있는가?

함께 나누는 시간

두어 사람이 자신만의 구속력을 나누면서 토론을 시작하라.

1. 무엇을 이 모임에서 함께 축하할 수 있을까? 이런 축하 의식이 어떻게 당신 안에서 기쁨을 줄 수 있을까?

2. 당신 삶 속에서 어떤 것들이 기쁨을 방해하는가?

3. 어떤 부분에서 냉소주의가 당신의 마음속으로 스며들고 있는가? 냉소주의가 왜 예수님의 제자들에게 해로울까?

4. 이번 장에서 소개한 축하의 대상(피조 세계, 십일조, 성경, 희년) 중에서 무엇이 가장 뜻밖이었는가? 이중 무엇에 대한 당신의 접근법이 바뀌게 되었는가?

5. 242-243쪽에서 우리 뇌에 "기쁨 센터"가 있고 이것이 우리의 기본적인 본능보다 우선적으로 작용할 수 있다고 말했다. 구체적으로 어떤 습관들이 당신의 기쁨 센터를 강화해 줄 수 있을까?

6. 어떻게 하면 이 공동체가 함께하는 삶을 더욱 축하할 수 있을까? 축하 의식을 이 공동체의 리듬으로 정착시키기 위한 방법을 각자 잠시 고민하고 토론해 보라.

7. "우리가 무관심을 떨치고, 세상 속에서 보고 싶은 것들을 자신부터 실천하기로 결단하면 상황이 어떻게 변할까? 우리가 아름다움을 추구하고 망가짐에 저항하기로 결단하면? 예배로 우상숭배에 저항하고, 쉼으로 탈진에 저항하고, 금식으로 냉담에 저항하고, 환대로 두려움에 저항하고, 존중으로 경멸에 저항하고, 사랑으로 증오에 저항하고, 희생으로 특권에 저항하고, 축하로 냉소에 저항하기로 결단하면? 어떤 대가가 따르더라도 온전한 삶의 본을 보이기로 결단하면?" 당신이 세상의 쉬운 길보다 의식적으로 복음과 성경의 가치를 선택하면 세상에 어떤 종류의 영향을 미칠 수 있을까?

서로를 위해 기도하는 시간을 가지라.

홀로 더 깊이 숙고하는 시간

이번 주중에 하루를 정해 종일 당신이 받은 좋은 선물들, 삶 속의 좋은 것들을 눈여겨보며 즐기는 시간을 가지라. 리처드 포스터는 이렇게 말했다. "하나님이 그분의 기쁨을 주기 위해 주로 사용하시는 방식은 인간 삶의 평범한 순간들을 구속하고 성화하는 것이다."¹³

당신은 어떤 소소한 것들을 즐기고 있는가? 다음과 같은 것들을 기뻐하며 축하하라.

* 햇빛이 비추이는 곳에 앉아서 커피를 즐기는 시간

* 단풍이 한창 물든 공원을 거니는 시간

* 좋아하는 음악을 듣는 시간

* 오랫동안 소중히 여긴 책을 다시 읽는 시간

* 하나님과의 동행에서 작은 성공을 경험하는 순간

* 친구들과 좋아하는 스포츠를 즐기는 시간

이 경험을 삶의 평범한 흐름 이상으로 끌어올려 보라.

기쁨의 작은 몸짓 하나에서 새로운 저항의 운동이 시작될 수 있다.

감사의 말

세상의 정말 중요한 것들이 다 그렇듯, 이 책 역시 눈에 보이지 않는 곳에서 공로 없이 노력해 준 손길들의 결과물이다. 아름다운 저항이 싸울 만한 가치가 있는 것이라고 믿어 준 수많은 이들의 지원과 도움에 감사드리고 싶다.

또한 다음 분들에게 깊이 감사의 마음을 전한다.

기뻐하지 못할 이유가 가득한 세상 속에서도 대담한 기쁨의 본을 보여 주는 내 귀한 아내 크리스티(Christy)에게 고맙다.

내가 누구보다 기뻐하고 자랑스러워하는 우리 아이들 네이던(Nathan)과 할리(Haley)에게 고맙다. 폴란드에서 핑켄발데를 찾을 때 나를 믿고 차량을 지원해 주고 누구보다도 친절하고 후한 사람으로 살아 준 앤드루 스토다드(Andrew Stoddard)에게 고맙다. 스토다드 없이는 이 책을 완성할 수 없었을 것이다.

에릭 스탠포드(Eric Stanford) 덕분에 훨씬 좋은 결과물이 탄생했다. 이 책에 선한 가치를 더해 준 그에게 고맙다.

몇몇 까다로운 장에서 고비를 넘게 도와준 숀 스머커(Shawn Smucker)에게 고맙다.

고된 조사 과정을 충성스럽게 감당해 준 조나 란젠더퍼(Jonah Langenderfer)에게 고맙다.

잘 알려지지 않은 자료를 열심히 찾아주고 참신한 아이디어를 더해 준 조 베리(Joe Beery)에게 고맙다.

이 책의 메시지를 삶으로 실천하고 있는 뉴욕시티교회(Church of the City New York) 식구들에게 감사드린다. "여러분 덕분에 목회가 너무도 즐겁습니다."

원고를 빨리 마무리하지 않는다고 닦달하지 않고 지난 여름 내내 나를 가만히 기다려 준 본힐커뮤니티(Bon Hill Community)에 감사드린다.

특히 지금 그리스도의 이름 때문에 핍박받는 전 세계 교회의 형제자매들에게 감사하는 마음을 전하고 싶다. 그들을 생각하며 늘 기도하고 있다. 그들은 내가 부러워할 수밖에 없는 믿음을 몸소 실천하고 있다. 그들에게 하나님의 은혜와 평안이 임하길 간절히 기도한다.

주

프롤로그

1. H. Gaylon Barker, "Editor's Introduction to the English Edition," Dietrich Bonhoeffer, *Theological Education at Finkenwalde: 1935-1937*, H. Gaylon Barker and Mark Brocker 편집, Douglas W. Stott 번역, *Dietrich Bonhoeffer Works*, vol. 14, Victoria J. Barnett and Barbara Wojhoski 편집 (Minneapolis: Augsburg Fortress, 2013), 5.

2. Dietrich Bonhoeffer, *Life Together, Life Together and Prayerbook of the Bible*, Geffrey B. Kelly, Gerhard Ludwig Müuller, and Albrecht Schöonherr 편집, Daniel W. Bloesch and James H. Burtness 번역, Dietrich Bonhoeffer Works, vol. 5, Wayne Whitson Floyd Jr. 편집 (Minneapolis: Fortress, 2005), 29. 디트리히 본회퍼, 《성도의 공동생활》(복있는사람 역간).

3. Wilhelm Niesel, "From Keelson to Principal of a Seminary," *I Knew Dietrich Bonhoeffer*, Wolf-Dieter Zimmermann and Ronald Gregor Smith 편집, Käthe Gregor Smith 번역 (New York: Harper & Row, 1966), 146.

4. Charles Marsh, *Strange Glory: A Life of Dietrich Bonhoeffer* (New York: Vintage Books, 2014), 256-257. Marsh는 "From Keelson to Principal"에 포함된 니젤의 말을 인용. 146.

5. 교회의 상태에 관한 Pinetops Foundation의 연구를 보라. greatopportunity.org.

1장

1. Seth Stephens-Davidowitz, "Googling for God," *New York Times*, 2015년 9월 19일, www.nytimes.com/2015/09/20/opinion/sunday/seth-stephens-davidowitz-googling-for-god.html.

2. Friedrich Nietzsche, *Thus Spake Zarathustra: A Book for Everyone and Nobody*, Graham Parkes 번역 (Oxford: Oxford University Press, 2005), 79. 프리드리히 니체, 《차라투스트라는 이렇게 말했다》(민음사 역간).

3. Frank Viola, *From Eternity to Here: Rediscovering the Ageless Purpose of God* (Colorado Springs, CO: David C Cook, 2009), 25. 프랭크 바이올라, 《영원에서 지상으로》(대장간 역간).

4. Rob Bell, *Sex God: Exploring the Endless Connections Between Sexuality and Spirituality* (Grand Rapids, MI: Zondervan, 2007), 131-132.

5. Viola, *From Eternity to Here*, 62-63. 프랭크 바이올라, 《영원에서 지상으로》(대장간 역간).

6. 고린도후서 6장 16절에서 백성들 가운데 거하시는 하나님에 관한 구약 약속들을 보라.

7. G. K. Beale and Mitchell Kim, *God Dwells Among Us: Expanding Eden to the Ends of the Earth* (Downers Grove, IL: InterVarsity, 2014), 99에 인용.

8. Philip Yancey, *Prayer: Does It Make Any Difference?* (Grand Rapids, MI: Zondervan, 2006), 273-274. 필립 얀시, 《기도》(청림출판 역간).

9. Yancey, *Prayer*, 274. 필립 얀시, 《기도》(청림출판 역간).

10. C. S. Lewis, "The Efficacy of Prayer," *"The World's Last Night" and Other Essays* (1952; repr., Orlando, FL: Harcourt, 2002), 9. C. S. 루이스, 《세상의 마지막 밤》(홍성사 역간).

11. Viola, *From Eternity to Here*, 236-237. 프랭크 바이올라, 《영원에서 지상으로》(대장간 역간).

12. Jean-Dominique Bauby, *The Diving Bell and the Butterfly*, Jeremy Leggatt 번역 (New York: Knopf, 1997), 77. 장 도미니크 보비, 《잠수종과 나비》(동문선 역간).

2장

1. Bruce Ellis Benson, *Graven Ideologies: Nietzsche, Derrida & Marion on Modern Idolatry* (Downers Grove, IL: InterVarsity, 2002), 19.

2. William Stringfellow, *Imposters of God: Inquiries into Favorite Idols* (Eugene, OR: Wipf & Stock, 2006), 5-6.

3. "Answer 105," Westminster Larger Catechism, 1648년 7월 2일, www.apuritansmind.com/westminster-standards/larger-catechism.

4. Timothy Keller, *Counterfeit Gods: The Empty Promises of Money, Sex, and Power, and the Only Hope That Matters* (New York: Riverhead Books, 2011), xix. 팀 켈러, 《팀 켈러의 내가 만든 신》(두란노 역간).

5. Elyse M. Fitzpatrick, *Idols of the Heart: Learning to Long for God Alone*, 2nd ed. (Phillipsburg, NJ: P&R, 2016), 28. 엘리제 피츠패트릭, 《내 마음의 우상》(미션월드라이브러리 역간).

6. David K. Naugle, *Reordered Love, Reordered Lives: Learning the Deep Meaning of Happiness* (Grand Rapids, MI: Eerdmans, 2008), 49-50.

7. David Powlison, "Idols of the Heart and 'Vanity Fair,' " *Journal of Biblical Counseling* 13, no. 2 (Winter 1995): 36.

8. Mary Douglas, *Natural Symbols: Explorations in Cosmology* (1970; repr., New York: Routledge, 2002).

9. Peter Berger, *The Sacred Canopy: Elements of a Sociological Theory of Religion* (Garden City, NY: Doubleday, 1967), 45.

10. David Foster Wallace, *This Is Water: Some Thoughts, Delivered on a Significant Occasion, About Living a Compassionate Life* (New York: Little, Brown, 2009), 102-110. 데이비드 포스터 월리스, 《이것은 물이다》(나무생각 역간).

11. George Packer, "Ten Years After the Crash," *New Yorker*, 2018년 8월 19일, www.newyorker.com/magazine/2018/08/27/ten-years-after-the-crash.

12. Philip Yancey, *Church: Why Bother? My Personal Pilgrimage* (Grand Rapids, MI: Zondervan, 1998), 25. 필립 얀시, 《교회, 나의 고민, 나의 사랑》(IVP 역간).

13. James K. A. Smith, *Who's Afraid of Postmodernism? Taking Derrida, Lyotard, and Foucault to Church* (Grand Rapids, MI: Baker Academic, 2006), 107. 제임스 K. A. 스미스, 《누가 포스트모더니즘을 두려워하는가?》(살림출판사 역간).

14. "꼭 말해야 하는 사실은 교회가 주님께 충성할 때 하나님 나라의 능력이 나타나고, 그러면 사람들이 질문을 던지고 나서 복음에서 답을 찾게 된다는 것이다." Lesslie

Newbigin, *The Gospel in a Pluralist Society* (Grand Rapids, MI: Eerdmans, 1989), 119. 레슬리 뉴비긴, 《다원주의 사회에서의 복음》(IVP 역간).

3장

1. Dorothy Victor, "Are We There Yet?," Deccan Herald, 2015년 9월 27일, www.deccanherald.com/content/503003/are-we-yet.html; Mitchell R. Haney, "The Value of Slow," *The Value of Time and Leisure in a World of Work*, Mitchell R. Haney and A. David Kline 편집 (Lanham, MD: Lexington Books, 2010), 152-153.

2. Derek Thompson, "Workism Is Making Americans Miserable," *Atlantic*, 2019년 2월 24일, www.theatlantic.com/ideas/archive/2019/02/religion-workism-making-americans-miserable/583441.

3. Samuel P. Huntington, Thompson, "Workism"에 인용.

4. Sheldon Cohen, Denise Janicki-Deverts, and Gregory E. Miller, "Psychological Stress and Disease," *Journal of the American Medical Association* 298, no. 14 (2007): 1685-1687. Haney, "The Value of Slow," *Value of Time and Leisure*, 154에 인용.

5. Carl Honoré, *In Praise of Slowness: Challenging the Cult of Speed* (San Francisco: HarperSanFrancisco, 2005), 2.

6. Thomas Merton, *Conjectures of a Guilty Bystander* (New York: Image Books, 2009), 81.

7. A. J. Swoboda, *Subversive Sabbath: The Surprising Power of Rest in a Nonstop World* (Grand Rapids, MI: Brazos, 2018), 5. 내용을 재배열해 인용했다.

8. Peter Scazzero, *Emotionally Healthy Spirituality: It's Impossible to Be Spiritually Mature While Remaining Emotionally Immature*, rev. ed. (Grand Rapids, MI: Zondervan, 2017), 150. 피터 스카지로, 《정서적으로 건강한 영성》(두란노 역간).

9. Larry Dossey, Honoré, *In Praise of Slowness*, 3에 인용.

10. Honoré, *In Praise of Slowness*, 4, 33.

11. Abraham Joshua Heschel, *The Sabbath: Its Meaning for Modern Man* (1951; repr., New York: Farrar, Straus and Giroux, 2005), 98-99. 아브라함 요수아 헤셸, 《안식》 (복있는사람 역간).

12. 이 네 가지 운동은 Marva J. Dawn, *Keeping the Sabbath Wholly: Ceasing,*

Resting, Embracing, Feasting (1989; repr., Grand Rapids, MI: Eerdmans, 2002)을 참조한 것이다. 마르바 던, 《안식》(IVP 역간).

13. Dawn, *Keeping the Sabbath Wholly*, 76. 마르바 던, 《안식》(IVP 역간).

14. Matitiahu Tsevat, Dawn, *Keeping the Sabbath Wholly*, 57에 인용. 마르바 던, 《안식》(IVP 역간).

15. Dawn, *Keeping the Sabbath Wholly*, 69. 마르바 던, 《안식》(IVP 역간).

16. William L. Holladay 편집, *A Concise Hebrew and Aramaic Lexicon of the Old Testament* (Leiden, Netherlands: Brill, 2000), 242. 이 단어에 관해서는 많은 논쟁이 있다. 이것은 단순히 의인화인가? 아니면 하나님이 세상의 창조를 돌아보며 느끼신 즐거움을 묘사한 것인가? 여기서 내 목표는 이 단어를 분석하는 것이 아니라 안식일의 회복력에 경이감을 품는 것이다.

17. Al Gini, "The Effects of Work on Moral Decision-Making," *Value of Time and Leisure*, 141.

18. Thompson, "Workism."

19. Swoboda, *Subversive Sabbath*, 17.

20. John Ortberg, *The Life You've Always Wanted: Spiritual Disciplines for Ordinary People* (Grand Rapids, MI: Zondervan, 2002), 66. 존 오트버그, 《평범 이상의 삶》(사랑플러스 역간).

21. Philo, *On the Account of the World's Creation Given by Moses*, F. H. Colson and G. H. Whitaker 번역, *Philo: In Ten Volumes* (Cambridge, MA: Harvard University Press, 1981), vol. 1, 73.

22. Swoboda, *Subversive Sabbath*, xii.

4장

1. C. S. Lewis, "The Weight of Glory," *The Weight of Glory: And Other Addresses*, rev. ed. (New York: HarperOne, 2001), 31. C. S. 루이스, 《영광의 무게》(홍성사 역간).

2. Ruby K. Payne, *A Framework for Understanding Poverty: A Cognitive Approach*, 5th ed. (Highlands, TX: aha! Process, 2013), 54-55. 루비 페인, 《계층이동의 사다리》(황금사자 역간).

3. Richard J. Foster, *Celebration of Discipline: The Path to Spiritual Growth*, 2nd ed. (New York: Harper & Row, 1988), 55. 리처드 포스터, 《영적 훈련과 성장》(생명

의말씀사 역간).

4. John Piper, *A Hunger for God: Desiring God Through Fasting and Prayer* (Wheaton, IL: Crossway, 2013), 18. 내용을 재배열해 인용했다. 존 파이퍼, 《하나님께 굶주린 삶》(복있는사람 역간).

5. Jentezen Franklin, *Fasting: Opening the Door to a Deeper, More Intimate, More Powerful Relationship with God* (Lake Mary, FL: Charisma House, 2011), 35-36.

6. 여기서 큰 목회적 지혜가 필요하다. 물론 우리 문화는 음식과 신체 이미지에 지나치게 집착하기 때문에 많은 사람이 자존감 부족에 시달리고 있다. 나는 이 상황을 악화시킬 생각도 없고 일종의 기독교 율법주의를 조장하고 싶은 생각도 없다. 예수님은 더없이 참을성이 많고 인자하시기에 진정성만 있다면 모든 예배와 훈련을 받아주신다.

7. "위장 왕"이라는 표현은 젠센 프랭클린이 *Fasting*이라는 짧지만 중요한 책에서 사용한 표현이다.

8. C. S. Lewis, *The Lion, the Witch and the Wardrobe* (1950; repr., London: HarperCollins Children's Books, 2015), 36-38. C. S. 루이스, 《나니아 연대기: 사자, 마녀, 그리고 옷장》(시공주니어 역간).

9. Dan B. Allender, *To Be Told: God Invites You to Coauthor Your Future* (Colorado Springs, CO: WaterBrook, 2005), 186. 댄 알렌더, 《나를 찾아가는 이야기》(IVP 역간).

10. Franklin, *Fasting*, 72-73.

11. Josh M. Shepherd, "How a Confederate Memorial Became a Multiracial Worship Site," *Christianity Today*, 2018년 9월 7일, www.christianitytoday.com/news/2018/september/stone-mountain-confederate-onerace-atlanta.html. 이 글은 처음부터 끝까지 읽을 만한 가치가 있다. 하나님이 미국 도시 전역에서 행하실 수 있는 역사에 관한 강력한 청사진을 제시하는 글이다.

12. Elie Wiesel, *Night*, Marion Wiesel 번역 (New York: Hill and Wang, 2006), 69. 엘리 위젤, 《나이트》(예담 역간).

5장

1. Eli Saslow, "The White Flight of Derek Black"을 보라. *Washington Post*, 2016년 10월 15일, www.washingtonpost.com/national/the-white-flight-of-derek-black/2016/10/15/ed5f906a-8f3b-11e6-a6a3-d50061aa9fae_story.html?utm_term=.c7ede592a459; "Don Black/Stormfront," Anti-Defamation League,

2012, www.adl.org/sites/default/files/documents/assets/pdf/combating-hate/
Don-Black.pdf.

2. Georg Wilhelm Friedrich Hegel, *Lectures on the Philosophy of Religion: The Lectures of 1827*, Peter C. Hodgson 편집, R. F. Brown, P. C. Hodgson, J. M. Stewart 번역 (Berkeley: University of California Press, 1988), 418. 그의 정의는 다소 복합적이며, 현대 사회학에서의 용도와 전혀 다르다. "이 타자는 …… 내 안에서만 자의식을 갖고 있다. '타자'나 '나'라는 것은 '자기 밖에 있다는 의식'과 '자기 자신이라는 의식'일 뿐이다. 그리고 '우리'라는 것은 '연합에 대한 직관, 느낌, 지식'일 뿐이다. 이것이 사랑이다. 사랑이 구분하는 동시에 구분을 부정하는 것이라는 사실을 모르면 의미 없이 사랑을 말하게 된다."

3. Mina Cikara, Brian Resnick, "What Brexit Can Teach Us About the Psychology of Fear"에 인용, Vox, 2016년 6월 25일, www.vox.com/2016/6/25/12023768/brexit-psychology-fear.

4. Miroslav Volf, *Exclusion & Embrace: A Theological Exploration of Identity, Otherness, and Reconciliation* (Nashville: Abingdon, 1996), 60. 미로슬라프 볼프, 《배제와 포용》(IVP 역간).

5. Andrew Shepherd, *The Gift of the Other: Levinas, Derrida, and a Theology of Hospitality* (Cambridge, UK: Clarke, 2014), 246.

6. Shepherd, *The Gift of the Other*, 4-9.

7. Christine D. Pohl, *Making Room: Recovering Hospitality as a Christian Tradition* (Grand Rapids, MI: Eerdmans, 1999), 7-8.

8. Joshua W. Jipp, *Saved by Faith and Hospitality* (Grand Rapids, MI: Eerdmans, 2017), 22.

9. Jipp, *Saved by Faith and Hospitality*, 17.

10. Tim Chester, *A Meal with Jesus: Discovering Grace, Community, and Mission Around the Table* (Wheaton, IL: Crossway, 2011), 13. 팀 체스터, 《예수님이 차려주신 밥상》(IVP 역간). Robert J. Karris, *Eating Your Way Through Luke's Gospel* (Collegeville, MN: Liturgical Press, 2006), 14를 인용.

11. Jacques Derrida, "Foreigner Question," *Of Hospitality: Anne Dufour-mantelle Invites Jacques Derrida to Respond*, Rachel Bowlby 번역 (Stanford, CA: Stanford University Press, 2000), 25.

12. Jipp, *Saved by Faith and Hospitality*, 2.

13. 2008년쯤 지인들 모임에서 그가 이 말을 하는 것을 들었다.

14. 다른 시민들은 나만큼 열광하지 않았다. Dan Piepenbring, "Chick-fil-A's Creepy

Infiltration of New York," *New Yorker*, 2018년 4월 13일, www.newyorker.com/culture/annals-of-gastronomy/chick-fil-as-creepy-infiltration-of-new-york-city.

15. Alan Hirsch and Lance Ford, Right Here, *Right Now: Everyday Mission for Everyday People* (Grand Rapids, MI: Baker Books, 2011), 51.

16. Skye Jethani, *The Divine Commodity: Discovering a Faith Beyond Consumer Christianity* (Grand Rapids, MI: Zondervan, 2009), 153-154. 스카이 제서니, 《하나님을 팝니다》(죠이선교회 역간).

17. Krish Kandiah, *God Is Stranger: Finding God in Unexpected Places* (Downers Grove, IL: IVP Books, 2017), 12.

18. Bob Ekblad, Kandiah, *God Is Stranger*, 282에 인용.

19. Saslow, "White Flight"에 인용.

20. Charlayne Hunter-Gault, "Derek Black Grew Up As a White Nationalist. Here's How He Changed His Mind"에 인용, *PBS NewsHour*, 2019년 11월 5일, www.pbs.org/newshour/show/derek-black-grew-up-as-a-white-nationalist-heres-how-he-changed-his-mind.

21. Saslow, "White Flight"에 인용.

22. Derek Black, "Leaving White Nationalism," *Intelligence Report*, 2013년 8월 21일, www.splcenter.org/fighting-hate/intelligence-report/2013/leaving-white-nationalism.

23. Henri J. M. Nouwen, *Reaching Out: The Three Movements of the Spiritual Life* (New York: Image Books, 1986), 65-66. 헨리 나우웬, 《영적 발돋움》(두란노 역간).

6장

1. Publilius Syrus, *The Moral Sayings of Publius Syrus, a Roman Slave*, Darius Lyman 번역 (Cleveland: Barnard, 1856), 31.

2. Arthur C. Brooks, "The Thrill of Political Hating," *New York Times*, 2015년 6월 8일, www.nytimes.com/2015/06/08/opinion/the-thrill-of-political-hating.html.

3. Sebastian Junger, *Tribe: On Homecoming and Belonging* (New York: Twelve, 2016), 125-126. 시배스천 영거, 《트라이브, 각자도생을 거부하라》(베가북스 역간).

4. William Ian Miller, *The Anatomy of Disgust* (Cambridge, MA: Harvard University

Press, 1997), 214.

5. Robert C. Solomon, "The Emotional Register: Who's Who Among the Passions," chap. 8, *The Passions: Emotions and the Meaning of Life* (Indianapolis: Hackett, 1993).

6. Ben Sasse, *Them: Why We Hate Each Other—and How to Heal* (New York: St. Martin's, 2018), 103.

7. Oli H. Anderson, *Synchronesia: A Depressing Existential Novel* (Scotts Valley, CA: CreateSpace, 2015), 195.

8. 다양한 민족지학자들은 존중 문화(cultures of honor)를 자세히 기술했다(여기서 존중은 명예를 의미한다-옮긴이). 예를 들어 사회학자 일라이저 앤더슨은 미국 도심 지역들의 명예 문화에 관한 글을 썼다. 인류학자 줄리앤 피트 리버스와 J. G. 페리스티아니는 지중해 지역의 명예에 관해서 썼으며, 페리스티아니의 1966년 저작 *Honour and Shame: The Values of Mediterranean Society*라는 책에서 중요한 문건들이 발견된다. 특별히, 그 책에는 피트 리버스와 페리스티아니, 피에르 부르디외가 쓴 장들이 포함되어 있다. 부르디외는 명예와 여성의 순결을 중요시하는 알제리 커바일(Kabyle) 민족에 관해 썼다. 많은 지중해 문화가 그렇듯 커바일 민족의 경우, 가문의 명성은 여성의 순결과 그것을 지키기 위한 남자들의 능력에 크게 좌우된다. 이런 문화에서 가문의 이름에 먹칠을 한 여성들은 가문의 이름을 깨끗하게 한다는 명목으로 남성 친척들에게 죽임을 당할 수 있다. 여기서 나는 이런 전통적 종류의 명예 문화(순결의 명예)가 아니라 예의와 존중을 말하는 것이다. 암묵적으로 다른 사람들을 인간으로 대하고 그 가치를 인정하는 것을 말한다.

9. "5091. Timaó," Bible Hub, https://biblehub.com/greek/5091.htm.

10. Joseph L. Umidi, *Transformational Intelligence: Creating Cultures of Honor @ Home and Work* (Virginia Beach, VA: Lifeforming Institute, 2014), 12.

11. C. S. Lewis, *The Problem of Pain* (1940; repr., New York: HarperOne, 2001), 46. C. S. 루이스, 《고통의 문제》(홍성사 역간).

12. Stephen R. Covey, *The 7 Habits of Highly Effective People: Powerful Lessons in Personal Change*, 25th anniv. ed. (New York: Simon & Schuster, 2013), 38-39. 스티븐 코비, 《성공하는 사람들의 7가지 습관》(김영사 역간).

13. Umidi, *Transformational Intelligence*, 13.

14. Umidi, *Transformational Intelligence*, 16.

15. Philip Yancey, *Rumors of Another World: What on Earth Are We Missing?* (Grand Rapids, MI: Zondervan, 2003), 197-198. 필립 얀시, 《내 눈이 주의 영광을 보네》(좋은씨앗 역간).

7장

1. Michael Ignatieff, "The Way We Live Now: 09-09-01: Exhibit A; Blood Sisters," *New York Times*, 2001년 9월 9일, www.nytimes.com/2001/09/09/magazine/the-way-we-live-now-09-09-01-exhibit-a-blood-sisters.html; Stephen Castle, "Nuns Convicted of Mass Slaughter in Rwandan Convent"를 보시오, *Independent*, 2001년 6월 9일, www.independent.co.uk/news/world/africa/nuns-convicted-of-mass-slaughter-in-rwandan-convent-9227307.html.

2. George Orwell, *1984* (1949; repr., New York: New American Library, 2019), 14. 조지 오 웰, 《1984》.

3. 유튜브에서 "Two Minutes Hate"를 보고 현대 세상과 비슷한지 확인하라. www.youtube.com/watch?v=t4zYlOU7Fpk.

4. Dylann Roof, Tonya Maxwell, "Convicted Killer Dylann Roof: 'I Am Not Sorry'"에 인용, *USA Today*, 2017년 1월 5일, www.usatoday.com/story/news/nation-now/2017/01/05/dylann-roof-statements/96197870.

5. Preston Sprinkle, "Love Your⋯⋯ Enemies? Grace, Nonviolence, Pacifism," PrestonSprinkle.com, 2016년 8월 31일, www.prestonsprinkle.com/blog/2016/8/31/love-yourenemies.

6. 이 이야기는 Malcolm Gladwell, *David and Goliath: Underdogs, Misfits, and the Art of Battling Giants* (New York: Little, Brown, 2013), 175에서 빌려온 것이다. 말콤 글래드웰, 《다윗과 골리앗》(김영사 역간).

7. Paul Moses, *The Saint and the Sultan: The Crusades, Islam and Francis of Assisi's Mission of Peace* (New York: Doubleday Religion, 2009), 107-146. 내가 볼 때 이것은 십자군에 관한 가장 중요한 기록 중 하나다. 이 기록은 교회사에서 가장 부 끄러운 순간 중 하나인 십자군 전쟁의 한복판에서 올바른 신앙과 소망을 보여 주 고 있기 때문이다.

8. Mark Berman, "'I Forgive You.' Relatives of Charleston Church Shooting Victims Address Dylann Roof"에 인용, *Washington Post*, 2015년 6월 19일, www.washingtonpost.com/news/post-nation/wp/2015/06/19/i-forgive-you-relatives-of-charleston-church-victims-address-dylann-roof/?utm_term=.27b6994b42ef.

8장

1. "What Is Privilege?," National Conference for Community and Justice, https://nccj.org/what-privilege.

2. Sian Ferguson, "Privilege 101: A Quick and Dirty Guide," Everyday Feminism, 2014년 9월 29일, https://everydayfeminism.com/2014/09/what-is-privilege.

3. Daysha Edewi, "What Is Privilege?," BuzzFeed, 2015년 7월 4일, www.buzzfeed.com/dayshavedewi/what-is-privilege. 발췌 수정.

4. Kimberlée Crenshaw, "Demarginalizing the Intersection of Race and Sex: A Black Feminist Critique of Antidiscrimination Doctrine, Feminist Theory and Antiracist Politics," University of Chicago Legal Forum 1989, no. 1 (1989): 149, https://chicagounbound.uchicago.edu/uclf/vol1989/iss1/8.

5. 이 이야기는 훈훈하게 끝났다. 교회는 그가 변하도록 도움을 주었다. 그가 악순환의 고리를 끊을 수 있도록 은행계좌를 개설하고 공과금을 해결하고 그에게 맞는 저축성 예금을 알아봐 주었다. 형제자매들이 사랑으로 이렇게 해 준 덕분에 그는 공동체 의식과 자존감, 삶의 의욕을 얻을 수 있었다.

6. 비판이론에 관해 간단히 짚고 넘어가자. 비판이론은 1930년대 프랑크푸르트학파와 함께 나타났다. 하지만 그 뒤 다양한 형태로 변형되었다. 비판이론의 주된 관심사는 패권, 그리고 패권을 잡은 집단이 힘을 축적하고 휘두르는 방식이다. 지배 집단과 억압받는 집단 모두에서 개인의 정체성은 집단 정체성 안에서 발견된다. 지배 집단은 사회의 기준을 정한 뒤에 그것을 어긴 경우 다양한 형태의 문화적 힘으로 벌을 가한다. 이런 기준과 힘의 구조를 파악하고 흔들고 해체하는 것이 공정한 사회의 주된 의무다. 비판이론의 많은 부분은 당시 주된 세계관 자리를 놓고 경쟁하던 주요 경쟁자 중 하나였던 신마르크스주의(neo-Marxism)를 수정한 것이다. 비판이론은 꽤 날카로운 통찰을 지닌 진단 도구로서 유용한 면이 있지만, 예수님의 제자들을 위한 세계관이나 복음으로서는 부족하다. 하지만 비판이론이 부상하는 상황에서 우리는 정의 문제에서 우리가 무엇을 간과했으며 성경적 정의의 비전과 하나님 나라의 추구를 통해 그런 부분을 어떻게 다룰지 고민해 보아야 한다. 지금은 방어적으로 굴거나 무시해야 할 때가 아니라 온전한 제자도를 전하고 실천하며 우리의 특권을 다른 용도로 사용해야 할 때다.

7. 이는 내가 결과의 평등이 아니라 기회의 평등을 믿는다는 뜻이다. 후자는 실질적 정의와 연민을 추구하는 것이고, 전자는 강압적인 사회적 통제를 지향하는 것이다.

8. Lexico, s.v. "Game Theory," www.lexico.com/en/definition/game_theory.

9. N. T. Wright, "Women's Service in the Church," NTWrightPage, 2004년 9월 4일, http://ntwrightpage.com/2016/07/12/womens-service-in-the-church-the-biblical-basis.

10. Chris Arnade, "Back Row America," *First Things*, 2019년 6월, www.firstthings.com/article/2019/06/back-row-america.

11. Nicholas Kristof, "Evangelicals a Liberal Can Love," *New York Times*, 2008년 2월 3일, www.nytimes.com/2008/02/03/opinion/03kristof.html.

12. Andy Crouch, *Strong and Weak: Embracing a Life of Love, Risk & True Flourishing* (Downers Grove, IL: InterVarsity, 2016), 151.

9장

1. Anand Giridharadas, *Winners Take All: The Elite Charade of Changing the World* (New York: Knopf, 2018), 3.

2. John Ortberg, *The Life You've Always Wanted: Spiritual Disciplines for Ordinary People* (Grand Rapids, MI: Zondervan, 2002), 63. 존 오트버그, 《평범 이상의 삶》(사랑플러스 역간).

3. James G. Friesen 등, *Living from the Heart Jesus Gave You* (East Peoria, IL: Shepherd's House, 2013), 28.

4. Blaise Pascal, "Pascal's Memorial," *Greater Shorter Works of Pascal*, Emile Cailliet and John C. Blankenagel 번역 (Westport, CT: Greenwood, 1948), 117. 옛 대명사와 동사 어미는 현재 독자들의 편의를 위해 바꾸었다.

5. Richard J. Foster, *Celebration of Discipline: The Path to Spiritual Growth*, 2nd ed. (New York: Harper & Row, 1988), 195. 리처드 포스터, 《영적 훈련과 성장》(생명의말씀사 역간).

6. Rick Howe, *Path of Life: Finding the Joy You've Always Longed For*, rev. ed. (Boulder, CO: University Ministries, 2017), 36.

에필로그

1. Dietrich Bonhoeffer, *Barcelona, Berlin, New York: 1928-1931*, Clifford J. Green 편집, Douglas W. Stott 번역, *Dietrich Bonhoeffer Works*, Vol. 10, Victoria J. Barnett and Barbara Wojhoski 편집 (Minneapolis: Augsburg Fortress, 2008), 313-314.

2. Bonhoeffer, *Barcelona, Berlin, New York*, 317.

3. Dietrich Bonhoeffer, Eric Metaxas, *Bonhoeffer: Pastor, Martyr, Prophet, Spy* (Nashville: Thomas Nelson, 2010), 113에 인용. 에릭 메택시스, 《디트리히 본회퍼: 목사, 순교자, 예언자, 스파이》(포이에마 역간).

4. Metaxas, *Bonhoeffer*, 107에 인용된 본회퍼의 글. 에릭 메택시스, 《디트리히 본회퍼: 목사, 순교자, 예언자, 스파이》(포이에마 역간).

5. Metaxas, *Bonhoeffer*, 108. 에릭 메택시스, 《디트리히 본회퍼: 목사, 순교자, 예언자, 스파이》(포이에마 역간).

6. Bonhoeffer, *Barcelona, Berlin, New York*, 315.

7. Dietrich Bonhoeffer, *Conspiracy and Imprisonment: 1940-1945*, Mark S. Brocker 편집, Lisa E. Dahill 번역, Dietrich Bonhoeffer Works, vol. 16, Victoria J. Barnett, Wayne Whitson Floyd Jr., and Barbara Wojhoski 편집 (Minneapolis: Augsburg Fortress, 2006), 1.

8. Dietrich Bonhoeffer, *Letters and Papers from Prison*, Eberhard Bethge 편집, enlarged ed. (New York: Touchstone, 1997), 347-348.

한 분께만 충성하는 제자 훈련

1. Bruce Ellis Benson, *Graven Ideologies: Nietzsche, Derrida & Marion on Modern Idolatry* (Downers Grove, IL: InterVarsity, 2002), 19.

2. Peter Scazzero, *Emotionally Healthy Spirituality: It's Impossible to Be Spiritually Mature While Remaining Emotionally Immature*, rev. ed. (Grand Rapids, MI: Zondervan, 2017), 150. 피터 스카지로, 《정서적으로 건강한 영성》(두란노 역간).

3. Matitiahu Tsevat, Marva J. Dawn, *Keeping the Sabbath Wholly: Ceasing, Resting, Embracing, Feasting* (1989; repr., Grand Rapids, MI: Eerdmans, 2002), 57에 인용. 마르바 던, 《안식》(IVP 역간).

4. John Ortberg, *The Life You've Always Wanted: Spiritual Disciplines for Ordinary People* (Grand Rapids, MI: Zondervan, 2002), 77. 존 오트버그, 《평범 이상의 삶》(사랑플러스 역간).

5. Dietrich Bonhoeffer, *The Cost of Discipleship*, R. H. Fuller 번역 (1937; repr., London: SCM Press, 2015), 115. 디트리히 본회퍼, 《나를 따르라》(복있는사람 역간).

6. Tim Chester, *A Meal with Jesus: Discovering Grace, Community, and Mission Around the Table* (Wheaton, IL: Crossway, 2011), 12. 팀 체스터, 《예수님이 차려주신 밥상》(IVP 역간).

7. Arthur C. Brooks, "The Thrill of Political Hating," *New York Times*, 2015년 6월 8일, www.nytimes.com/2015/06/08/opinion/the-thrill-of-political-hating.html.

8. Augustine, *Our Lord's Sermon on the Mount*, D. S. Schaff 편집, William Findlay 번역, Philip Schaff 편집의 *Nicene and Post-Nicene Fathers: First Series* (1888; repr., New York: Cosimo, 2007), 6:26.

9. Preston Sprinkle, "Love Your…… Enemies? Grace, Nonviolence, Pacifism," PrestonSprinkle.com, www.prestonsprinkle.com/blog/2016/8/31/love-yourenemies.

10. Andy Crouch, *Strong and Weak: Embracing a Life of Love, Risk & True Flourishing* (Downers Grove, IL: InterVarsity, 2016), 151.

11. "What Is Privilege?," National Conference for Community and Justice, https://nccj.org/what-privilege.

12. Ortberg, *Life You've Always Wanted*, 66. 존 오트버그, 《평범 이상의 삶》(사랑플러스 역간).

13. Richard J. Foster, *Celebration of Discipline: The Path to Spiritual Growth*, 2nd ed. (New York: Harper & Row, 1988), 193. 리처드 포스터, 《영적 훈련과 성장》(생명의말씀사 역간).